Ulrike Ley/Regina Michalik

# Karrierestrategien für freche Frauen

REDLINE | VERLAG

Ulrike Ley/Regina Michalik

# Karrierestrategien für freche Frauen

Neue Spielregeln für Konkurrenz- und Konfliktsituationen

REDLINE | VERLAG

**Bibliografische Information der Deutschen Nationalbibliothek**
Die Deutsche Nationalbibliothek verzeichnet diese Publikation in der Deutschen
Nationalbibliografie. Detaillierte bibliografische Daten sind im Internet über
http://dnb.d-nb.de abrufbar.

Für Fragen und Anregungen:
ley@redline-verlag.de
michalik@redline-verlag.de

Nachdruck 2014
© 2005 by Redline Verlag, ein Imprint der Münchner Verlagsgruppe GmbH
Nymphenburger Straße 86
D-80636 München
Tel.: 089 651285-0
Fax: 089 652096

Alle Rechte, insbesondere das Recht der Vervielfältigung und Verbreitung sowie der Übersetzung,
vorbehalten. Kein Teil des Werkes darf in irgendeiner Form (durch Fotokopie,
Mikrofilm oder ein anderes Verfahren) ohne schriftliche Genehmigung des Verlages reproduziert
oder unter Verwendung elektronischer Systeme gespeichert, verarbeitet, vervielfältigt
oder verbreitet werden.

Satz: abc.Mediaservice GmbH, Buchloe; A. Linnemann
Druck: Books on Demand GmbH, Norderstedt
Printed in Germany

ISBN Print 978-3-86881-424-8
ISBN E-Book (PDF) 978-3-86414-094-5

Weitere Informationen zum Verlag finden Sie unter
**www.redline-verlag.de**

Beachten Sie auch unsere weiteren Verlage unter
www.muenchner-verlagsgruppe.de

# Inhaltsverzeichnis

Anmerkung .................................... 9
Einleitung .................................... 10

**1 „Die da oben – wir da unten"?
Frauen auf dem Weg in Führungspositionen** ........ **13**

Erfahrungen von Top-Frauen aus Wirtschaft und Politik .. 13
Kritisches und Selbstkritisches aus dem Berufsleben .... 16
Wie Sie Vorteile nutzen und Vorurteile abbauen ......... 23
Wie Sie von Netzen und Seilschaften profitieren ....... 29
Wie Sie Männer für sich arbeiten lassen ............... 38
Wie Sie Lust an der Macht gewinnen und behalten ...... 44
Notwendigkeit und Unmöglichkeit der Karriereplanung .. 52

**2 Die Spielregeln der Männer
und was wir von ihnen lernen können** ............. **57**

Wie kleine Jungen siegen lernen und große Männer
    angeben ................................... 59
Wie Männer mit Wettbewerb umgehen ................. 63
Sieben Schritte zum Erfolg
    im Kampf „Eine gegen alle" ................... 69
Sieben Erfolgsregeln für das Kämpfen in einer Mannschaft 72
Siege und Niederlagen feiern – Rituale für Frauen ..... 76
Ich bin der Größte ........................... 84
Was tun? Zwei zentrale Verhaltensansätze
    aus dem Dogma und der ersten Ableitung ......... 88

## Inhaltsverzeichnis

**3 Oben ist es kühl – Frauen, die oben angelangt sind...**    91

    Wie Frauen anders und
erfolgreich führen.......................... 91
    Warum Frauen Frauen nicht als Chefinnen akzeptieren
und was Chefinnen dagegen tun können .......... 107
    Von der Angst der Frauen vor der Angst der Männer .... 121
    „Das Private ist politisch" – aber tabu im Beruf ....... 123

**4 Verstand ist nicht alles –
wie Sie mit Gefühlen strategisch umgehen ...........**    127

    Wie Sie Ihre Fassung bewahren ................. 129
    Wie Sie flüchten und dennoch standhalten können ..... 131
    Gefühle gezielt einsetzen – aber authentisch ......... 137

**5 Frauen-Freundschaft und Frauen-Feindschaft ......**    139

    Von Frauen und Freundschaften im Beruf ........... 140
    Kooperation und ihre Fallen .................... 143
    Umgehen mit Täuschungen und Enttäuschungen ...... 149
    Wie Sie Ihre Ziele mit den richtigen
Partnerinnen erreichen ...................... 152

**6 Von Idolen, Vorbildern und Gegenbildern ..........**    157

    Männliche Vorbilder und ihre Grenzen ................ 159
    Vorbild sein ................................ 160
    Das Affidamento-Konzept in der beruflichen Praxis .... 162
    Drei Rollen und ein Dilemma..................... 165
    Die erfolgreiche Frau:
Fünf Varianten und ein Dilemma ............... 167
    Von Vorgängerinnen lernen und ................... 175
    ein eigenes Profil entwickeln ................... 175

*Inhaltsverzeichnis*

**7 Streiten – aber richtig**........................... **179**

    Managementkompetenz „Konfliktmanagement" ....... 180
    Mobbing und Intrige – die beiden Don'ts
        auf dem Weg nach oben .................... 185

**8 Schönsein – aber wie und wie lange?** .............. **193**

    Wie Sie Schönheit und Erfolg bei sich
        und anderen Frauen schätzen können ............ 194
    Auch die bekommt Falten! ....................... 199
    Wie Sie weibliche Waffen im Konkurrenzkampf
        nutzen können ............................. 203

**9 Neue Modelle zur Konkurrenz unter Frauen
und ein Karriereprinzip** ........................ **213**

    Die Seilschaft – eine muss die Letzte sein ............ 215
    Eine wird gewinnen im Wettlauf ................... 216
    Ein Solo für jede Jazzband ........................ 218
    Die Besten im Team – beim Frauenfußball............ 219
    Abhängig von Wind und Wetter – die Segelcrew ....... 220
    Von jedem das Beste: Das KoKon-Karriere-Prinzip ..... 221

**10 Service und Anhang**........................... **225**

    Checkliste Konkurrenz .......................... 225
    Checkliste Konflikt ............................. 226
    Hilfe holen – Coaching und Mediation............... 229
    Zum Nachlesen ............................... 231
    Zum Nachschauen und Nachhören ................. 237
    Netzwerke und Hinweise im Internet und anderswo .... 239

*Inhaltsverzeichnis*

Zum Schluss ein Dank . . . . . . . . . . . . . . . . . . . . . . . . .  240
Allerletzte Ratschläge. . . . . . . . . . . . . . . . . . . . . . . . .  242

Stichwortverzeichnis . . . . . . . . . . . . . . . . . . . . . . . . . .  243

# Anmerkung

Um das Arbeiten mit diesem Buch für Sie möglichst einfach und effizient zu gestalten, haben wir wichtige Textpassagen mit folgenden Icons gekennzeichnet:

 Achtung, wichtig!

 Aufgabe, Übung

 Beispiel

 Tipp

# Einleitung

Karriere, Konflikte und Konkurrenz – das sind die drei Ks von heute. Wenn dann noch Kinder dazukommen, ist für Küche und Kirche erst recht keine Zeit mehr. Karriere geht nicht ohne Konkurrenz – und Konkurrenz nicht ohne Konflikte. Sie wollen das nicht glauben? Dann lesen Sie weiter. Sie wissen das schon längst? Dann lesen Sie auch weiter. Denn wir erleichtern Ihnen den Umgang mit diesen schwierigen Ks.
Sie wollen Karriere machen und fühlen sich daran gehindert? Sie haben bereits Karriere gemacht und andere werfen Ihnen Stolpersteine in den Weg? Oder Sie wollen einfach noch besser werden? Wir haben nicht den „goldenen Weg", weil es ihn nicht gibt. Aber wir haben Tipps und Tricks, neue wie alte bewährte Spielregeln, die Sie ermutigen und befähigen, Ihre Potenziale zu entwickeln und Ihre Karriere besser anzugehen.
Ihr Problem ist nicht der Chef, sondern die Chefin? Nicht Ihr Mitarbeiter, sondern Ihre Mitarbeiterin? Konkurrenz unter Frauen ist kein Tabu mehr; denn seit an Frauen niemand mehr vorbeikommt, seit wir langsam, doch stetig Führungspositionen erobern, treffen wir auf unserem Karriereweg nicht mehr nur auf Männer, sondern auf andere Frauen – Konkurrentinnen. Damit beginnt häufig ein intrigantes Spiel um Macht und Positionen. Bisher galt Konkurrenz unter Frauen als etwas, das zu vermeiden ist, wo es geht, wo man durch muss, wenn es sich nicht vermeiden lässt. Wir sehen Konkurrenz unter Frauen anders: als etwas Notwendiges, etwas, das Frauen wachsen lässt. Deshalb zeigen wir, wie Frauen konstruktiv und erfolgreich konkurrieren und zusammenarbeiten können – mit Frauen und Männern. Dazu werfen wir einen Blick auch auf „die andere Seite": Was können wir von Männern abgucken? Was machen sie „besser"

*Einleitung*

oder einfach nur „anders"? Wie funktioniert Konkurrenz zwischen Männern und zwischen Frauen?
Sie wollen Erfolg? Dann wollen Sie „Streit"! Keine Erfolgsstory ohne Konflikte! Aber entscheidend ist, ob Sie diese Konflikte kompetent managen und ob Sie diese konstruktiv für Ihre Karriere nutzen.
Wer über Karrieremachen nachdenkt, muss über Macht nachdenken. Ein heißes Thema für viele Frauen. „Macht und Konkurrenz – das sind wesentliche Fragen. Wir kommen nicht drum rum, dass wir uns damit lustvoll auseinander setzen", sagt Angela Feldhusen, die Karrierefrauen berät.
Wie könnte der „konstruktive Wettbewerb" aussehen? Dass Frauen Nachholbedarf in Sachen Konkurrenz haben, ist weit verbreitete Meinung. Frauen konkurrieren angeblich mit Frauen immer und überall und können nicht mit Frauen zusammenarbeiten. Von „Zickenalarm" und „Stutenbissigkeit" ist die Rede. Fast jede Frau kann eine Geschichte zum Thema beitragen, mit Empörung und Wut. Was dann folgt, ist gemeinsame Ratlosigkeit. Oder ist das Problem nur, dass Frauen von Frauen etwas anderes erwarten? „Eigentlich gibt es da keinen Unterschied zwischen Männern und Frauen. Nur dass man von Frauen nicht erwartet, dass die mit unlauteren Mitteln, Gerüchten, Hinter-dem-Rücken-Reden und Ähnlichem agieren." (Barbara Pross, Managerin einer Bank). Egal ob wir nun besser oder schlechter sind als die Männer oder als wir selbst erwarten: Konstruktive Konkurrenz ist Übungssache – und eine Sache der Einstellung sowie des richtigen Umgangs mit sich selbst. Denn: Nur wer sich selbst wertschätzt, kann die andere wertschätzen – und von ihr lernen.

Kompetente und effiziente Zusammenarbeit von Frauen mit Frauen setzt einiges voraus: einen Blick auf weibliche Lebens- und Karrieregeschichten, die Reflexion über die Ursachen und Hintergründe weiblicher Konkurrenz und weiblicher Konflikte, die Analyse der heutigen beruflichen Wirklichkeit und einen Perspektivenwechsel. Der Blick auf Frauen, die es geschafft haben, zeigt ihre Strategie und wie konstruktive Konkurrenz im Job funktioniert.

> An der Wiener Staatsoper singen in den 70er Jahren drei Sopranistinnen, drei Weltstars: Erika Köth, Rita Streich und Anneliese Rothenberger. Drei Diven. Die heftig konkurrieren? „Nein", sagt Anneliese Rothenberger, „wir waren gleich gut, mit unterschiedlichen Stimmfärbungen und Stilen. Das haben wir jeweils anerkannt. Die Köth hat nach der Vorstellung oft zu mir gesagt: ‚Das geht mir auf die Nerven, wie gut du heute gesungen hast.'"

Noch ein Beispiel, was Frauen aus Konkurrenz machen können: Auf dem Kongress Womenpower 2004 werden die Rednerinnen zu Beginn vom Moderator kurz vorgestellt. Er erwähnt bei Christine Licci beiläufig die Auszeichnungen, die sie als erste Frau erhalten hat. Die erste Rednerin, Renate Schmidt, Bundesministerin für Familie, Frauen, Jugend, Senioren, fügt in ihre Rede ein. „Ich gratuliere Ihnen, Frau Licci, zu Ihren Auszeichnungen ganz ausdrücklich." Und an das Publikum gewandt: „Ich tue das auch deshalb, damit Sie jetzt klatschen können. Das ging ja vorhin ganz unter."

Wir vermitteln neue Strategien und Spielregeln zu Konflikt- und Konkurrenzsituationen – entwickelt in vielen Workshops und Coachings sowie durch eigene Erfahrung. Für dieses Buch haben wir mit Frauen gesprochen, die in Spitzenpositionen arbeiten: in der Wirtschaft, im Gesundheitswesen, in der Verwaltung und in großen Unternehmen. Mit Frauen, die ihr Unternehmen selbst gegründet haben. Und mit Politikerinnen, weil hier die Mechanismen von Macht und Management, von Konkurrenz und Konflikt für alle zu sehen sind, nicht versteckt hinter den Mauern eines Unternehmens, sondern gefilmt und übertragen auf den Bildschirm – in die Öffentlichkeit.

# „Die da oben – wir da unten"?

# Frauen auf dem Weg in Führungspositionen

## Erfahrungen von Top-Frauen aus Wirtschaft und Politik

Schaffen kann es jede, die es wirklich will, nämlich den Weg nach oben gehen, bis an die Spitze. Und dann ist alles gut, es gibt keine Konkurrenz mehr, keine Machtkämpfe. Frauen leben und arbeiten in Netzwerken und unterstützen sich – ein Amazonenstamm. Sie haben nicht nur Lust an der Macht, sie genießen es zu sagen: „Ich will es so", und sind sicher, dass es geschieht. Sie achten sich, gegenseitiger Respekt für das, was jede geschafft hat, prägt ihr Denken und Handeln. Und natürlich hat jede eine junge Frau an der Seite, die sie besonders fördert. Zukunftsmusik? Visionen?
Werfen wir einen Blick auf die Wirklichkeit, fragen wir die, die es nach ganz oben geschafft haben.

„Ich freue mich über jede, wirklich über jede, die was geschafft hat, ehrlichen Herzens", sagt Viola Klein, eine erfolgreiche Unternehmerin. Heide Simonis, die bisher einzige weibliche Ministerpräsidentin, antwortet auf die Frage: „Beneiden Sie Frau Merkel, dass sie oben ist und sich da fest einrichtet?" mit „Nein, weil ich das für richtig halte, dass Frauen das so machen."

Was haben sie erreicht, jenseits von Macht und Geld, von Perlen und Brillanten? Was haben sie gelernt auf ihrem Karriereweg, dass sie so reden? Es ist die **Wertschätzung** von Frauen, ranggleichen Frauen. Die Verschiedenheit von Frauen sehen sie als Wert, ihre unterschiedlichen Fähigkeiten, Kenntnisse und Charaktere als gemeinsamen Gewinn. Das ist der Dreh- und Angelpunkt. Und sie haben Respekt und Anerkennung für die Leistung der anderen Frau. Sie erkennen sich untereinander schnell, denn Frauen, die viel Verantwortung haben, haben auch viele Ähnlichkeiten – Führungskräfte erkennen sich.
Und wie handeln sie nun? Die Managerinnen zum Beispiel, die sich alljährlich beim Schweizer Management Symposium treffen? Nicht doch Konkurrenz unter Frauen?
„Also in dem Level nicht mehr! Im Gegenteil! Was ich da festgestellt habe, ist eine uneingeschränkte Kontaktfreudigkeit. Die helfen sich einfach. Es ist unausgesprochen, wie ein Regelwerk: Ruft dich jemand an und hat ein Problem, hilf ihr! Und genauso, rufst du an, die hilft dir. Egal was es kostet, die machen einfach." (Viola Klein)
Da sind, sagt Viola Klein, die richtig großen Damen dieser Welt zusammengekommen, die etwas Eigenes aufgebaut haben, etwas Großes – ein Unternehmen. Und die Rituale entwickelt haben für ihre Treffen. Eine Spitzenmanagerin erzählt uns von ihrem Weiber-Stammtisch. „Das ist eine sehr, sehr exklusive Poker-Runde, Frauen, die ich aktiv kennen lernen wollte." Business-Frauen, die alleine Unternehmen aufgebaut haben, eine Anwältin, die international für große Unternehmen arbeitet, „solche

wilden Mädels" treffen sich alle vier Wochen. „Die passen, weil sie gleiche Basics haben, und das interessiert niemanden, wer da was hat." Es ist so ein Wir-Gefühl: „Die brauchen nichts zu beweisen, jede geht davon aus, dass die andere ihren Teil schon gemacht hat, ich brauche nicht zu beweisen, wie toll ich bin." Und überhaupt: „Wir sind da ja die besseren Männer, wir setzen uns ins Literaturcafé alle in Schwarz, mit Brillis, dicker Zigarre und Champagner. Das verunsichert alle." Und wenn es einen Erfolg zu feiern gibt? „Dann muss eine ne Zigarre schmeißen. Da karikieren wir ein Ritual, das ist klar! Das verunsichert Männer unglaublich, wenn Frauen die gleichen Spiele anwenden, das ... und flirten ..."

Bei diesen Treffen wird noch gleich Karriereförderung betrieben: „Wir haben alle eine Frau, die wir fördern, bis die zum ersten Mal Personalverantwortung hat. Das ist kein Programm, das machen wir einfach und das ist spannend."

Hier müssen sie nicht um Zugehörigkeit kämpfen wie unter Männern. Das ist übrigens nicht neu, sondern kopiert: Männer schöpfen schon immer aus ihrer Systemzugehörigkeit, nämlich im Old-Boys-Netzwerk, seit Jahrhunderten ihre Kraft und ihre Macht. Männer kämpfen miteinander und sie verhalten sich untereinander solidarisch. Man(n) konkurriert miteinander, doch gibt es Dinge, die ein Mann niemals einem anderen Mann antun würde. Dafür sind bewährte und feste Regeln etabliert – Spielregeln und Rituale, die auch Frauen brauchen, und wenn Sie weiterlesen, finden Sie dafür viele Vorschläge und Modelle, die Sie ausprobieren und anprobieren können, wie ein Kleid oder einen Anzug, um zu sehen, ob's zu Ihnen passt.

> Seien Sie solidarisch mit den Frauen, die sich mit Ihnen solidarisch fühlen.

Heide Simonis ist in ihrer politischen Laufbahn immer wieder damit konfrontiert worden, eine Frau zu sein: „Immer wieder hieß es: Sie ist die jüngste Frau, die erste Frau, die einzige Frau."

Immer die eine Frau unter Männern zu sein, eine Exotin, das ist typisch für die Karrierefrauen ihrer Generation. Für sie schuf dieser Status einen anderen „Beurteilungsrahmen", als er für die Kollegen galt: „Ich musste immer damit rechnen, besonders scharf unter die Lupe genommen zu werden – fast als sei Weiblichkeit ein Defekt, der durch besondere Leistungsfähigkeit ausgeglichen werden müsse." Soweit die Männer. Und die Frauen? Konnte die jüngste Abgeordnete im Bundestag, das erste weibliche Mitglied im mächtigen Haushaltsausschuss, die erste Ministerpräsidentin, mit der Solidarität, der Unterstützung von Frauen rechnen? Nein, sagt sie, „von den Feministinnen … kam nicht etwa Hilfe, vielmehr hatte ich mit denen immer wieder heftige Zusammenstöße: Sie warfen mir vor, eine ‚männliche Frau' zu sein." Ein Phänomen der 70er und 80er Jahre – und heute?

Erinnern Sie sich noch an Gerhard Schröders Weg ins Kanzleramt? Wie er (noch in Bonn) am Tor stand und schrie: „Ich will hier rein!"?

Renate Künast stand auch am Tor, ein paar Jahre später – in einer ähnlichen Aktion – am 8. März. Sie rüttelte und rief und kämpfte für die Rechte der Frau. Ein paar Jahre später war sie Bundesministerin.

## Kritisches und Selbstkritisches aus dem Berufsleben

„Ich sehe mich als Zweite. Ich brauche nicht die Bühne, sondern die Hinterbühne. Da aber einflussreich." „Ich wehre mich immer, wenn man mich auf so'n Podest stellt, wo ich denke, da war nichts. Ich brauche Anerkennung. Aber ehrlich muss es sein." „Dann musst du diese Machtspiele können. Ich mag das nicht." Dies alles sind Aussagen aus einem Workshop für Karrierefrauen.

*Kritisches und Selbstkritisches aus dem Berufsleben*

„Viel leisten, wenig hervortreten; mehr sein als scheinen", ein preußischer Wahlspruch, dem Frauen offenbar ganz ungeachtet der veränderten Zeiten noch immer folgen.
Die Startlöcher von Männern und Frauen sind heute nahezu identisch, trotzdem kommen viel weniger Frauen als Männer ins Ziel.
Die so genannte „leaky pipeline" bezeichnet den Schwund von Frauen in der Aufstiegsphase. Dieser setzt in den unterschiedlichen Sparten an unterschiedlicher Stelle an.

„Ich bin auf viele Grenzen gestoßen", sagt Regine Stachelhaus, Geschäftsführerin der Hewlett Packard Holding. Männer stellen eben die Mehrheit in den Führungsetagen und die Mehrheit bestimmt die Kommunikation, die Regeln und die Rituale. „Man muss sich ein Umfeld suchen, in dem man nicht seine Energie daran verschwendet, die Ewiggestrigen zu missionieren."

Es sind viele harte Fakten, äußere Barrieren, die den Aufstieg von Frauen zu einem Hindernislauf machen. Das aber ist nicht alles: Wirkungsmächtig sind die inneren Barrieren – und um die geht es jetzt.
Innere Barrieren zeigen sich als Angst vor Konkurrenz, Angst vor Erfolg, Angst, Verantwortung für das eigene Leben zu übernehmen. Innere Barrieren, „das Sich-selbst-aus-dem-Rennen-Nehmen, das Sich-im Hintergrund-wohler-Fühlen und das Ich-muss-nicht-von-allem-Haben sind vielleicht die alarmierendsten Konsequenzen der über Jahrhunderte gewachsenen und tradierten Denk- und Verhaltensmuster." In einer Art „amor fati", einer Liebe zu ihrem sozialen Schicksal, bestätigen Frauen unbewusst die in ihnen tief verwurzelten Geschlechterstereotypen.

## Risiko: Konkurrenz vermeiden

Viele Frauen fürchten sich davor, mit anderen Frauen in Wettstreit zu treten – aus Angst zu unterliegen. Sie glauben nicht, dass sie gut genug sind, um zu gewinnen. Und, schwieriger noch, sie glauben nicht, dass sie es verdient haben, über anderen Frauen zu stehen, oder dass sie das überhaupt dürfen. Konflikten und Auseinandersetzungen gehen Frauen gerne aus dem Weg, sie meiden Situationen, in denen sie sich mit anderen messen müssen. Gleichzeitig möchten sie Anerkennung bekommen, aber ohne darum kämpfen zu müssen. So bleiben viele, wo sie sind, und bekommen nicht, was sie erreichen könnten.

„Konkurrenz ist für mich negativ besetzt. Ich würde sagen ‚Wettbewerb', das ist positiv. Konkurrenz hat immer was mit Druck zu tun. Druck, besser zu arbeiten. Zur Höchstform aufzulaufen. Das ist natürlich positiv." (Katja von der Bey)

Es geht also darum, Konkurrenz nicht zu vermeiden, sondern eine konstruktive, wertschöpfende Wettbewerbsstrategie zu entwickeln. Dazu muss noch ein Hindernis aus dem Weg geräumt werden: „Frauen sind hinterlistiger – anstatt zu sagen, das passt mir nicht, ich mach das so, versuchen Frauen, den Frieden zu erhalten, keinem weh zu tun und trotzdem ihr Ziel zu erreichen, und das geht nicht. Das ist ein Widerspruch, der sich nicht auflösen lässt." (Viola Klein)

Dreh- und Angelpunkt für konstruktive Konkurrenz unter Frauen sind Selbstbewusstsein, Selbstvertrauen und Selbstbehauptung. Die Sportlerinnen kennen das Geheimnis: Die Gegnerin ist niemals die Spielerin auf der anderen Seite des Netzes, die Schwimmerin in der nächsten Bahn, die Hürde, die du überspringen musst. Deine Gegnerin bist du selbst, deine negativen inneren Stimmen, der Grad deiner Entschlossenheit.

Die Vorahnung, dass das Leben anders wird, wenn sie erfolgreicher sind als andere Frauen – Präsidentin sind, Ordinaria, CEO – das hemmt den Elan. Denn wer sich weiterentwickelt, muss die altvertrauten Wege verlassen. Wer weiß, was dann kommt?

*Kritisches und Selbstkritisches aus dem Berufsleben*

> Trauen Sie sich (was zu)! „Ich habe mir nie die Frage gestellt, ob ich Karriere machen will oder nicht, es war klar, dass ich was will – und dass ich Kinder wollte, war auch klar", sagt Viola Klein, Vorstand eines erfolgreichen IT-Unternehmens. Lernen Sie zu siegen, sich einen Sieg vorzustellen und nichts anderes als einen Sieg zu erwarten – auch über andere Frauen.

## Risiko: Grenzen akzeptieren

„Überall auf der Unternehmenslandkarte sprechen Frauen von dem Ort namens Keine-Erlaubnis", sagt die Karriereberaterin Gail Evans. Was sie damit meint?

> Eine Geschichte aus der Kindheit: Erika, ihr älterer Bruder und seine Freunde spielten oft Räuber und Gendarm. Sie war meist das einzige Mädchen. Wenn sie besonders gut war, rief einer der Jungs ihr zu: „Du darfst nicht in den verbotenen Bereich laufen!" Erika wusste nie, wo dieser verbotene Bereich war oder wie sie hineingekommen war, der Zuruf verdarb aber immer all ihre Gewinnchancen. Sie war froh, dass sie mitspielen durfte, deshalb stellte sie die Regeln nicht infrage.

Es sind Jungs, die sagen, dass Mädchen nicht gewinnen dürfen, und Mädchen, die ihnen das glauben. Die unsichtbare Schranke – auch Glasdecke genannt –, welche die verbotenen Machtbereiche schützt, eine Erfindung von Männern? Von Frauen verinnerlicht? Wichtig ist erst einmal, nicht an Mythen zu kleben, was Frauen alles nicht können.
Wer die Grenzen der verbotenen Bereiche übertritt, erfährt oft Folgendes: Die gesellschaftlichen Zwänge haben im Allgemeinen weniger Macht über uns, als wir uns vorstellen, wenn wir uns ihnen unterwerfen. Eine der mutigen Grenzgängerinnen

sagt: „Es ist mir vergönnt gewesen, an meine eigenen Grenzen zu stoßen" – so Angela Merkel 1999 nach dem ersten Jahr als Generalsekretärin der CDU. Und erst wenn man seine Grenzen kennt, „kann man Selbstbewusstsein entwickeln".
So viel, um sich zuzutrauen, die erste Kanzlerin zu sein.
Selbstbewusstsein und Mut sind die Zutaten für Grenzüberschreitungen und eine Vision: „Bist du wahnsinnig?", haben alle gesagt, als sich Viola Klein nach der Wende in Dresden selbstständig macht. „Das ist doch so unsicher!" Sie aber ist sich sicher: „Ich hatte genaue Visionen, ich wusste genau, was ich wollte. Das ist das, was Frauen oft vergessen: sich eine Vision zu machen und daran zu arbeiten. Ich hab viel Lehrgeld bezahlt unterwegs, aber ich hab's geschafft."

> Welches ist Ihre Vision? Entwickeln Sie sie! Und: Das Einzige, was wirklich zählt, ist das Experiment in der Realität. Die Dinge tun und daraus lernen.

## Risiko: Bescheidenheit

„Männer trauen sich eine Aufgabe häufig blind zu. Selbst dann, wenn es an allen Voraussetzungen mangelt. Und man fragt sich: Wieso sitzt der eigentlich gerade an diesem Platz?" Es hat sie nichts weiter gekostet, als ein laut verkündetes Selbstvertrauen und das entsprechende Netzwerk. Dem männlichen Riesen-Ego steht die weibliche Bescheidenheit gegenüber. Frauen „scheitern oft an der fatalen Überzeugung, dass sich Qualität schon durchsetzen wird, und das veranlasst sie, sich nicht genügend zu engagieren und geduldig auf die große Chance zu warten, die von allein niemals kommen wird", sagt Regine Stachelhaus, Geschäftsführerin der Hewlett Packard Holding.

*Kritisches und Selbstkritisches aus dem Berufsleben*

Frauen quälen häufig Selbstzweifel: „Kann ich das denn auch? Und kann ich es gut genug?" Sich selbst etwas zuzutrauen und einfach zu machen, das ist die Grundlage für Erfolge.

> Ein Beispiel: Annette Ernst studierte Germanistik und Romanistik, Theater-, Film- und Fernsehwissenschaft, war „Wetterfee" im Hessischen Rundfunk, schrieb Kurzgeschichten, arbeitete als Journalistin, verliebt sich in einen Kameramann und lernt die Arbeit am Set kennen, die sie fasziniert, sie ist Regieassistentin, mit 36 Jahren dreht sie ihren Debütfilm, mit dem sie gleich den renommierten Grimme-Preis gewinnt. Sie wollte immer schon Filme machen. Warum das so lange gedauert hat: „Ich war einfach zu bescheiden", auch um genug Geld für die Umsetzung ihres Projekts zu verlangen.

Das Bescheidenheitsgebot hindert Frauen, sich darzustellen und dem Chef oder der Chefin zu vermitteln: „Ich bin qualifiziert und tüchtig." Keine sollte auf Anerkennung von außen setzen; die hat man nicht in der Hand. Bleibt Anerkennung aus, werten Frauen dies als Geringschätzung der eigenen Leistungen und das schadet dem eigenen Selbstwertgefühl. Es entsteht eine innere „Low value"-Spirale: Man erkennt mich nicht an, also bin ich nichts wert; also lohnt es sich nicht, in den Wettbewerb zu treten, also erkennt man mich nicht an. Da hilft nur eines: Treten Sie heraus aus der zweiten Reihe, lassen Sie sich sehen, zeigen Sie Ihre Leistungen, machen Sie PR in eigener Sache.

> „Lauft los, Mädels. Ihr habt was gelernt, durch die Bank weg, ihr verfügt über gute Ausbildungen, jetzt lebt sie gefälligst auch!" Gunda Röstel, Projektmanagerin der Gelsenwasser AG

## „Ich" – Verantwortung übernehmen

„Ich dachte: Zum Teufel, die Frauen, die können tun, was sie wollen, die können arbeiten und die können Ideen hervorbringen etc. und dennoch kriegen sie nie die entsprechende Anerkennung – aber es lag eigentlich an mir, ich hätte mich nur durchsetzen müssen. Es war nur so selbstverständlich, dass er die Hauptperson war." Margarete Mitscherlich spricht über ihren Ehemann Alexander, mit dem sie gemeinsam das berühmte Buch „Von der Unfähigkeit zu trauern" geschrieben hatte, das unter seinem Namen erschien. Nach seinem Tod zieht sie sich nicht zurück, verweigert die Rolle der trauernden Witwe, die sein Werk verwaltet. Bald stellt sie auf einem Kongress ihre neuen Forschungsergebnisse vor. Sie trägt ein auffälliges grünes, sehr schönes Kleid; graue Haare, eine attraktive Frau. Ihr berühmter Kollege in der ersten Reihe ist irritiert und ganz fassungslos; er hatte sie nicht erkannt. Während des Vortrags stößt sie ihr Wasserfläschchen um; es fällt vom Pult, rollt über die Bühne, vor dem Podium entlang, auf dem alle wichtigen Männer sitzen. Sie schweigt und sieht der Flasche nach. Wartet, bis einer der Herren ihr eine neue gebracht und die andere aufgehoben hat, lächelt nachsichtig über seine Langsamkeit und setzt ihren Vortrag fort. Nun ist sie die Hauptperson.
Welches war das Rezept für diesen Weg? „Die völlige Verantwortung für mich selbst zu übernehmen."

## Ich bin ich – Eigenständigkeit behaupten

„Ich dachte immer, ich muss so sein wie jemand anderer, damit ich was erreiche. Aber bevor die Leute jemand nehmen, der so sein möchte wie jemand anderer, nehmen sie lieber jemand anderen." (Emma im Film „Kiss and Run")
Die Regisseurin Annette Ernst sagt: „Im Leben ändert sich erst etwas, wenn man sich als Person so akzeptiert, wie man ist. Das zu erkennen ist oft ein langer und schmerzhafter Prozess." Der

Mangel an Selbstvertrauen steht der Karriere vieler Frauen im Wege. Sie zögern: „Anstatt sich auf ihre Talente zu besinnen, verbringen Frauen oft Jahre damit, ihr Können zu verleugnen, sich zu fragen, warum sie so sind und nicht anders, und sich vorzustellen, was sie Tolles machen könnten, wenn sie anders wären. Männer sind da anders. Männer machen einfach."

„Frauen müssen eigenständig sein!" Sie sollten sich überlegen, „was willst du als Frau tun, mit welchen Wertvorstellungen kannst du dich einverstanden erklären, mit welchen nicht", rät Margarete Mitscherlich.

> Authentisch sein und bleiben, echt, weiblich, kongruent, sich nicht verbiegen, sich selbst treu bleiben – das ist der weibliche Weg zum Erfolg.
> Wer authentisch ist, bleibt bei sich, das ist die Innenwirkung. Wer authentisch ist, verschafft sich bei anderen Menschen Aufmerksamkeit, Anerkennung, Akzeptanz, Achtung, Respekt, Glaubwürdigkeit, Überzeugungskraft, Vertrauenswürdigkeit.
> Erst einmal geht es darum, dass Frauen den Mut und den Willen haben, sich auf die Startblöcke zu stellen, zu springen und am Rennen teilzunehmen.

# Wie Sie Vorteile nutzen und Vorurteile abbauen

„Oh, vor zwei Jahren war schon mal eine Frau da", sagte ein Mitglied eines Rotary-Clubs, als Frau Hofmann vorbeikam, Mitglied des Präsidiums der Arbeitgeberverbände. Damit spricht dieser Mann eine Wahrheit aus, die nicht nur für Rotary-Clubs gilt. „Ab dem 12.4. gibt es bei uns eine Frau im Segmentvorstand ‚stainless' – bei 100.000 Mitarbeitern ist das nicht zum

Brüllen!" fragt Karin Lübeck, eine Top-Managerin bei Thyssen-Krupp.

„Was immer eine Frau macht, muss sie doppelt so gut machen wie ein Mann, damit sie für halb so gut gehalten wird. Zum Glück ist das nicht schwer", sagt Charlotte Whitton, Bürgermeisterin von Ottawa.

Woran liegt es dann, dass Männerdomänen nur sehr langsam von Frauen unterwandert werden? „Wenn ein Unternehmer unter gleich Ausgebildeten wählen kann, so wählt er den Mann ... Das größte Hindernis für Frauen sind männerdominierte Unternehmen." (Karin Lübeck)

Was tun, um dieses Hindernis beiseite zu schaffen? Gesetzliche Regelungen wie ein Gleichstellungs- oder Antidiskriminierungsgesetz stoßen auf vehemente Ablehnung – zumindest bei der Wirtschaft. „Wir Unternehmer ersticken in Gesetzen. Da macht es manchmal keinen Spaß mehr, Arbeitsplätze zu schaffen." argumentiert Ingrid Hofmann, Präsidium Deutscher Arbeitgeberverbände, auf der Podiumsdiskussion „Gleichstellung in der Wirtschaft – quo vadis?" in Berlin.

Wer will noch widersprechen, wenn immer wieder das Schlagwort vom „Gift für die Wirtschaft" fällt?

## Ein paar Argumente als „Gegengift"

### Gleichstellung ist eine ökonomische Notwendigkeit
Laut einer Untersuchung der Initiative Soziale Marktwirtschaft vom Februar 2005 sehen die meisten Unternehmen die berufliche Gleichstellung von Frauen sowie stärkere weibliche Präsenz in der Wirtschaft als ökonomische Notwendigkeit an. „Weil Frauen besondere Qualifikationen in die Unternehmen einbringen – zum Beispiel emotionale Intelligenz, Team- und Kommunikationsfähigkeit." Anke Domscheit, Vizepräsidentin des European Women Management Network, benennt die Auswirkungen in ökonomischen Messlatten. „Da, wo Frauen im Vorstand sitzen, ist die Corporate Governance messbar besser, ebenso haben

wissenschaftliche Untersuchungen erhebliche positive Effekte für den Shareholder Value nachgewiesen."
Die Catalyst-Studie von 2004 besagt: Unternehmen mit Frauen im Vorstand sind erfolgreicher. Und Accenture: „Mittlerweile ist unstrittig, dass gemischte Teams bessere Resultate erbringen als gleichgeschlechtliche Arbeitsgruppen. Das wirkt sich in einer besseren Performance (um 68 Prozent besser) wie in einem geringeren Kreditrisiko (um 65 Prozent niedriger) aus .

**Normen verlangen Warnsysteme beziehungsweise Sanktionen**
Was läuft falsch, wenn die Zielvereinbarung „Chancengleichheit" nach mehr als 50 Jahren, Artikel II, Absatz 2 GG, noch nicht erreicht ist? Entweder man verändert die Zielvereinbarung oder man überlegt sich andere Instrumente. „Wenn ich mich nicht anschnalle, piept mich mein BMW in Grund und Boden. Aber was passiert, wenn ein Unternehmen keine Frauen fördert? Nichts!" sagt Karin Lübeck, Thyssen-Krupp, in einer Diskussion auf dem Kongress WorldWomenWork 2005.

**Frauen sind keine Minderheit**
Es ist kein Zeichen von humanitärer Wohltätigkeit, Frauen die gleichen Chancen zu geben, wie Männer sie haben. Frau muss nicht dankbar dafür sein. Mehr als die Hälfte der Menschheit sind Frauen. Und ob eine Person für einen Job geeignet ist oder nicht, sollte nicht von der Anzahl ihrer X-Chromosomen abhängen.

**Frauen sind keine defizitäre Gruppe**
„Es gibt keine Beschäftigung eigens für die Frau, nur weil sie Frau ist und auch keine für den Mann, nur weil er Mann ist: Die Begabungen finden sich vielmehr gleichmäßig bei den Geschlechtern verteilt." Dies ist nicht etwa die Aussage einer Frauenbeauftragten des Jahres 2005, sondern die eines Philosophen des Jahres 400 vor Christus, nämlich Platon. Heutige Verhaltensforscher und Biologen erforschen die Defizite der Männer; und Unternehmensberaterinnen wie Gertrud Höhler

fordern einen „Defizitausgleich für die Männerteams, die allein recht gefährlich leben."

**Mit Frauen lässt sich „Staat" machen**
„Frauenförderung" bedeutet Imagegewinn. „Frauen gehören zum guten Ton." Auch wenn man es Gender Mainstreaming, Managing Diversity, Familienfreundlichkeit et cetera nennt. Man kann es sich vom Image her nicht mehr leisten, es nicht zu tun.

**Nicht jeder, der genommen wurde, ist gut; nicht jede, die abgelehnt wurde, ist schlecht**
„Nein, ich bin keine Quotenfrau! Ich bin einfach gut", sagt Maria Schäfer, eine Führungsfrau. Sie provoziert damit die Frage, was mit den Frauen ist, die nicht genommen wurden. Die vielen Frauen, denen Männer vorgezogen wurden – sind die alle nicht gut? Oder sind die vorgezogenen Männer besser? Seien wir doch realistisch: Nicht immer wird der Beste genommen und nicht immer die Schlechteste abgelehnt. Die 89 Prozent Männer in Führungspositionen sind nicht alle gut oder gar exzellent oder auch nur besser als die Frauen, die den Job nicht bekommen haben. „Wenn ich mir die 150 größten deutschen Unternehmen angucke, die Männer und Frauen in diesen Unternehmen, dann wundere ich mich immer wieder, dass Männer überhaupt noch Karriere machen." (Gisela Erler)
Dies ist keine weibliche Brille: In Norwegen müssen bis 2007 40 Prozent der Aufsichtsratssitze mit Frauen besetzt werden. Zurzeit sind es 20 Prozent. Der konservative norwegische Wirtschaftsminister Gabrielsen begründete diese gesetzliche Zwangsmaßnahme damit, er sei es einfach leid, so viel Inkompetenz zu sehen. Etwas netter formuliert und durch die männliche deutsche Brille von Roland Berger, Unternehmensberater, betrachtet: „Intelligenz ist nach der Gauß'schen Normalverteilung verteilt. Bei den Männern sind wir, was die Jobverteilung angeht, schon ganz am Rand der Kurve angelangt, bei den Frauen noch lange nicht. Wenn wir auf Frauen weiterhin verzichten, bleiben der Volkswirtschaft viele Ressourcen an Intelligenz vorenthalten." sagte er im Rahmen einer Podiumsdiskussion auf der WorldWomenWork 2005 in Berlin.

*Wie Sie Vorteile nutzen und Vorurteile abbauen*

# Vier Fallen und wie man sie erkennt und umgeht

Ob durch Quote, Förderprogramm, Patenschaftsmodell oder schlechtes Gewissen: Dass die seit Jahrhunderten wirksamen Nachteile für Frauen allmählich abgebaut werden, führt manchmal zu einem individuellen Vorteil einer Frau gegenüber einem Mann. Nutzen Sie ihn. Millionen von Frauen werden trotzdem weiterhin benachteiligt.

### Falle 1: Das schlechte Gewissen

Sie sind genommen worden, weil es einen Frauenförderplan gab? Fragen Sie sich nicht: „Warum schaffe ich es und nicht meine Freundin? Warum werde ich genommen und nicht sie? Habe ich es eigentlich verdient?"

> Haben Sie kein schlechtes Gewissen! Dies ist die erste und wichtigste Quotenfalle – die Sie sich allerdings selbst aufstellen.

### Falle 2: Das Nur-wegen-Frau-Argument

Die Behauptung anderer – offen oder indirekt – Sie wären nur genommen worden, weil Sie eine Frau sind, ist eine gut sichtbare Falle. Warum treten Sie hinein?

> Seien Sie sich Ihrer Kompetenzen und Qualitäten bewusst. Reagieren Sie nicht auf die indirekten Unterstellungen; einige sind im Übrigen so indirekt, dass sie möglicherweise aus Ihren eigenen Vorstellungen resultieren. Wenn Sie jemals diesen Vorwurf hören „Sie sind ja eine Quotenfrau", reagieren Sie gelassen und schlagfertig: „Quoten für die Besten waren ja schon lange überfällig." Wenn Sie es schärfer mögen, hilft Folgendes: „Ohne Männerquote hätten Sie Ihren Job nie bekommen."

### Falle 3: Das „Ich hatte es nicht leicht"-Argument

Am meisten trifft der Vorwurf „Nur-Quoten-Frau" aus dem Mund einer Frau, die glaubt, es ohne Quote geschafft zu haben. Die Generation von Frauen, die davon überzeugt waren, sie müssten einfach „ihren Mann stehen". Diejenigen, die hart gekämpft haben – ohne Fleiß kein Preis – und nun glauben, der andern falle alles in den Schoss. „Ich habe auch geackert. Und nun glaubt die, ich serviere ihr die Karriere auf dem silbernen Tablett", sagt Maria Schlüter mit Bitterkeit und dem Gefühl, nicht wertgeschätzt zu werden.

Hier hilft nur ein offenes, wertschätzendes Gespräch. Bestätigen Sie ihr, dass sie gut ist, ja, dass sie es schwer hatte. Sagen Sie ihr, dass Sie sich freuen, dass sie vor Ihnen da war, eine Vorkämpferin ist, und bieten Sie ihr Kooperation an.

### Falle 4: Das Argument: „Wir haben es nicht mehr nötig"

Jüngere Frauen denken häufig, sie hätten die „alten Instrumente" nicht mehr nötig. Die Gesellschaft habe sich doch längst weiterentwickelt – auch weil die Frauenbewegung so einiges getan und erreicht habe. Aber jetzt sei es doch gut! Die „alten Feministinnen" müssten das endlich einsehen.

**!**

Wenn Sie auf eine solche Kollegin, Mitarbeiterin oder Chefin treffen, so tappen Sie nicht in die dritte Falle, die „Altkluge" zu spielen – nach dem Motto „Du wirst schon sehen, wie viele Schwierigkeiten du noch haben wirst". Denken Sie sich Ihren Teil und lassen Sie sie nicht ins Messer laufen.

# Wie Sie von Netzen und Seilschaften profitieren

„Wohin du gehst, nimm immer eine Frau mit." (Gloria Steinem, Gründerin von MS, der amerikanischen BRIGITTE)
Allein sind Sie verloren. Keine Frau kann es alleine schaffen, sie muss es auch nicht. Eine erfolgreiche Frau nimmt immer eine andere Frau mit. Die Männer machen es ja auch so.
„Das Wichtigste ist jetzt, dass man das richtige Umfeld und Netzwerk hat. Da habe ich gute Ratgeberinnen gehabt. Ohne die hätte ich das nicht so schnell geschafft", gibt Viola Klein freimütig zu.
Netzwerke sind schon lange keine alternative Basiseinrichtung mehr, sondern ein strategisches Mittel zur Förderung der Chancengleichheit. Die Europäische Union unterstützt die Netzwerkstrategie europaweit als Erfolgsstrategie, nicht nur ideell. Dies trifft sich mit den Einschätzungen der Frauen, die wir interviewt haben. Katherina Reiche gibt jungen Frauen, die Karriere machen wollen den Erfolgstipp, „sich Unterstützernetzwerke von Männern und Frauen zu suchen und sich selbst Netzwerke aufzubauen, damit sie nicht allein dastehen."

## Vorurteile und Begrifflichkeiten

Während „Seilschaft" immer noch nach Korruption und Bestechung klingt, ist „Klüngeln" – die rheinische Art des Networking – zum positiven Begriff geworden; es wird als Kunst deklariert, die in Seminaren und Zirkeln gelehrt und vertieft werden soll. Vernetzung kam damit weg von der Ecke der alternativen politischen Basisorganisationen, wurde zum Networking und damit zum Erfolgsfaktor und zum Bestseller. Verbände wie Gewerkschaften gründen so genannte „Erfolgs-

netze" und versuchen damit, die scheidenden Mitglieder im Netz zu fangen.

„Ich kann es nicht mehr hören! Netzwerken, Lobbying! Es langweilt mich, frisst Zeit und führt zu nichts. Mir geht es um Inhalte", ärgert sich Carla Schmidt. Ja, das ist verständlich; aber überlegen Sie mal, wodurch Ihre Erfahrungen geprägt sind. Waren Sie lange in Netzwerken mit politischem Anspruch aktiv? Die Netzwerke sprossen aus dem Boden; alles und jede musste miteinander verbunden sein; „Vernetzung" war bereits an sich politisch. Welches waren diese Netzwerke, die Sie so „über" haben? Nehmen Sie sie kritisch unter die Lupe mithilfe der folgenden Kriterienliste und entscheiden Sie dann, ob Sie bei Ihrem Urteil bleiben.

Sie haben bereits funktionierende Netzwerke? Dann müssen Sie nicht in Klüngelseminaren sitzen oder „die Kunst" mühsam erlernen. Wenn Sie aber bereits im Privaten Schwierigkeiten haben, Beziehungen aufzubauen und zu pflegen, werden Sie es voraussichtlich auch im Job damit nicht leicht haben. Dann sollten Sie tatsächlich an sich arbeiten – in einem Workshop oder mit einem Selbstcoaching-Buch. Wenn Sie aber einfach nur bewusst Ihre Netzwerke aufbauen und pflegen wollen, dann werden Ihnen die folgenden zehn Gebote helfen.

## Die zehn Gebote des Netzwerkens

### 1. Klären Sie Ihre Ziele!

Netzwerken ist kein Selbstzweck! Es erfüllt bestimmte Ziele. Diese können individuelle wie gesellschaftliche, politische wie private, kurz- wie langfristige sein. Versuchen Sie, Ihre eigenen Interessen möglichst genau herauszufinden und dazu zu stehen. Wenn Sie nicht selbst von Ihren Zielen überzeugt sind, werden Sie es schwer haben, andere im Netzwerk davon zu überzeugen.

*Wie Sie von Netzen und Seilschaften profitieren*

## 2. Klären Sie Ihren Bestand!

So wie einige dazu neigen, an Silvester oder Geburtstagen, nach Schicksalsschlägen und privaten Enttäuschungen eine Liste der Freundinnen und Freunde zu machen, um herauszufinden, wer noch „übrig ist", auf wen man sich verlassen kann, so sollten Sie beizeiten eine solche Liste Ihrer Bekannten aufstellen, ungefiltert und möglichst emotionslos.

> Nehmen Sie ein großes Blatt und zeichnen Sie „Ihre Kreise" auf: Ihre Freundinnen, Bekannten, Nachbarn, Kolleginnen. Damit Sie nicht den Überblick verlieren, tun Sie es unter der Fragestellung: Welche mögliche Ressource ist er/sie für mich? Was bietet Ihre Nachbarin Ihnen außer dem Ei, das Sie bei ihr im Notfall ausleihen können? Ist sie vielleicht Anwältin im Babyjahr, die Ihnen einen unverbindlichen Rechtshinweis bezüglich Ihrer Mitarbeiterprobleme geben kann? Oder arbeitet sie in einer großen Firma, die Ihr zukünftiger Kunde werden könnte? Vertreibt ihr Mann Computer? Ist sie Vorsitzende des lokalen Unternehmerinnenverbandes? Zu wem bietet sie Zugang? Machen Sie das Gleiche mit Ihren Kolleginnen. Auch diese arbeiten nicht nur in Ihrer Firma, sie sind auch Mütter und Väter, Vereinsvorsitzende, Freizeitsportler, Amateurfotografinnen et cetera. Vergessen Sie auch nicht Ihre „formalen" und „unpersönlichen" Kontakte: In welchem Verein sind Sie selbst? Egal ob Sie im Chor singen oder Tennis spielen: Notieren Sie es als Ressource, als Zugang zu einem Kreis.

## 3. Pflegen Sie Ihren Bestand!

Freundschaften müssen gepflegt werden und Netzwerke auch. Netzwerke sind wie Schuhe: Wenn sie nicht gepflegt werden, gehen sie schneller kaputt. Pflegen Sie Ihr privates Adressbuch! Führen Sie konsequent Buch über alle Ihnen mitgeteilten Veränderungen und nehmen Sie sie zum Anlass, sich zu melden. Sie sammeln Visitenkarten; aber wie und wo? In einer große Schachtel, einer Datei oder gar Datenbank? Egal wie modern Ihre

Sammelmethode ist: Sie bringt nichts, wenn Sie Ihre Sammlung nicht ständig entstauben, neu sortieren und benutzen.

**4. Erweitern Sie Ihren Bestand kontinuierlich**
Beobachten Sie Ihre Kontakte! Ist Ihr Joggingpartner inzwischen Abteilungsleiter? Sind die Kinder der Nachbarin von der Kita auf der Uni gelandet? Hat sie sich von ihrem Ehemann getrennt und einen Liebhaber aus der Wirtschaftsbehörde? Schauen Sie sich um nach neuen Ansatzpunkten für Ihre Netzwerkfäden.

**5. Bewahren Sie Ihren kritischen Blick!**
Im beruflichen Bereich gibt es eine Fülle von Berufs- und Interessenverbänden. Neben dem konkreten Angebot eines Netzwerkes (den Personen, den Serviceleistungen wie Mailinglisten, Homepageverlinkung, Zeitschriften etc.) sowie den Bedingungen einer Mitgliedschaft (Finanzielles, Vertragsdauer, Aufwand etc.) sollten Sie die wahren Ziele des Netzwerks herausfinden. Hier helfen neben den Statuten, der Selbstdarstellung im Flyer, die real geäußerten Worte: zu Ihrer Begrüßung beim ersten Treffen oder in den Pausen auf einem Kongress bei Sekt oder Selters. Ist das Netzwerk im Wesentlichen eines, um sich gegenseitig zu kontraktieren? Nichts dagegen; aber schätzen Sie realistisch ein, ob Sie sich unter Ihren potenziellen Kundinnen befinden. Ist der Verband gegründet, um sich gegenseitig das Leid in der jeweiligen Branche oder auf dem Markt an sich zu klagen? Nichts dagegen, aber ist das Ihr Interesse?
Netzwerke funktionieren wie Werbemails: Wenn Sie einmal in einem Verteiler drin sind, werden Sie in viele Verteiler gelangen.

**6. Sorgen Sie für Balance und achten Sie auf Stabilität!**
Anders als ein Spinnennetz baut Ihr Netz auf lebende Personen, die nur begrenzt als statischer Anknüpfungspunkt dienen wollen. Wie heißt es so schön: Eine Hand wäscht die andere! Wer permanent die Hand aufhält, dem wird sie entzogen. Wer immer nur anruft, um einen Tipp zu bekommen, wird beim nächsten

Mal nur den Anrufbeantworter antreffen oder eine mehr oder weniger durchsichtige Ausrede hören.

**7. Reden Sie darüber, so oft es geht!**
Haben Sie Ihr Netz gebaut, so hilft es nicht, wie eine Spinne zu warten, bis sich jemand drin verfängt. Machen Sie die Augen auf und nutzen Sie die Gelegenheiten, die sich zur „Bestandspflege" bieten, wie Empfänge, Vorträge, Versammlungen et cetera.
„Auf Konferenzen und Meetings in den Pausen mit anderen Teilnehmern smalltalken, Gäste vom Podium und Redner auf ihre Beiträge ansprechen – so erfährt man Insidertipps, so werden Jobs verteilt. Ich mache das ganz bewusst – schon im Interesse meiner Aufgabe als Geschäftsentwicklerin. Aber seitdem ich dabei so aktiv bin, rufen mich immer wieder Headhunter an, die mich abwerben wollen." (Anke Domscheit)
Reden Sie bei diesen Gelegenheiten über Ihre Ziele, Ihre Kompetenzen, über das, was Sie gerade suchen.

Gabriele Schüler, Akademikerin mit zwei abgeschlossenen Hochschulstudien, Berufserfahrung, guten Zeugnissen, hatte gekündigt, weil sie ihre Chefin nicht mehr ertrug, und kam zum Coaching. Sie wusste alles über die neusten Anforderungen an Bewerbungsunterlagen, reagierte auf Stellenanzeigen und machte Initiativbewerbungen, elektronisch wie im Papierformat. Aber auf die Frage „Wer aus Ihrem Netzwerk weiß eigentlich, dass Sie auf Stellensuche sind?" antwortete sie, sie traue sich nicht, öffentlich zu machen, was für einen Job sie suchte. Es war ihr unangenehm, da sie befürchtete, als „gescheitert" angesehen zu werden.

> Bedienen Sie eine Breite von Themen, unterlassen Sie Dauerklagen, machen Sie sich nicht zum Opfer, nerven Sie nicht mit Bitten um Unterstützung, die Ihnen niemand geben kann. Reden Sie nicht einfach über Ihre Situation, sondern überlegen Sie sich eine Kommunikationsstrategie! Und vergessen Sie dabei nicht: Eigenlob stinkt nicht!

Im Jahr 2003 schrieben nur 42 Prozent der westdeutschen und 20 Prozent der ostdeutschen Unternehmen vakante Stellen per Inserat aus. Nach einer Analyse des Nürnberger Instituts für Arbeitsmarkt- und Berufsforschung wurden zwei Drittel aller Jobs allein auf Grund von Empfehlungen vergeben (Analyse des Nürnberger Instituts für Arbeitsmarkt- und Berufsforschung). Die größten Chancen, den Job zu bekommen, hatten die, die von Mitarbeiterinnen der Firma empfohlen wurden. Einige Firmen wie C&A vergeben überhaupt nur noch Jobs über Empfehlungen ihrer Angestellten.

### 8. Denken Sie vorher nach, was Sie sagen!

Die ersten zwei Minuten sind entscheidend, der so genannte erste Eindruck! Deshalb: Erst denken, dann reden! Wem sage ich was wann? Was wird er oder sie damit tun? Wovon will ich wen wie überzeugen? Hierfür müssen Sie Ihre Ziele präsent haben und eine Strategie verfolgen, wie Sie diese erreichen. Welche Ihrer Ziele Sie wem wie vermitteln, ist wichtig für Ihren Erfolg! Reden Sie drüber, wenn Sie einen neuen Job suchen – aber nicht unbedingt öffentlich in Ihrer Firma, es sei denn, es geht um einen internen Stellenwechsel. Erzählen Sie ruhig der größten Klatschbase (egal ob Mann oder Frau), dass Sie gerade ein Angebot der Konkurrenz „selbstverständlich abgelehnt haben", natürlich „unter dem Siegel der Verschwiegenheit". Ihr Marktwert wird steigen. Und wenn Sie als Selbstständige Aufträge suchen: Sprechen Sie über Ihr Angebot – aber erwähnen Sie nicht gleich, dass die Auftragslage schlecht ist.

### 9. Hören Sie zu!

Ob es nun um den Verkauf einer Waschmaschine oder eine Firmenkooperation geht: Das Zentrale an Verhandlungen ist Zuhören – herausfinden, was die Kundin und Verhandlungspartnerin will, ehe man das eigene Produkt anpreist. Netzwerken funktioniert nicht, wenn Sie Ihre Kontaktpartner zutexten. Hören Sie genau zu: Was haben sie zu bieten und was wollen sie geboten haben? Und daran knüpfen Sie an. Dann aber auch direkt und offensiv!

### 10. Vor allem: Hören Sie niemals auf!

„Lebenslänglich" heißt die Empfehlung für Netzwerkerinnen! Es ist eine kontinuierliche Aufgabe oder auch eine Sisyphos-Arbeit. Auch wenn Ihre Kommunikationsstrategie nicht aufgegangen ist, geben Sie nicht auf! Wie Fischer früher täglich nach dem Fang ihre Netze kontrollierten, flickten und verstärkten – insbesondere nach einem großen Fang –, so sollten Sie sich täglich mit Ihrer Netzwerkpflege beschäftigen. Sonst reißt das Netzwerk, wenn es drauf ankommt. „Frauen müssen sich Unterstützernetzwerke suchen von Männern und Frauen. Und sich selbst Netzwerke aufbauen, damit sie nicht allein dastehen."
(Katherina Reiche)

## Netzwerken für andere

Viele Frauen haben Schwierigkeiten, für sich selbst Lobbyarbeit zu machen, für die Freundin, die Kollegin dagegen machen sie es gern! Netzwerke werden nicht nur im eigenen Interesse installiert. Viele haben übergeordnete Ziele wie die Verbesserung der Bedingungen für Frauen allgemein. So gibt es seit 1997 das Betriebsrätinnennetzwerk „Chancengleichheit" in der IG-Metall sowie weitere Netzwerke in der Automobilindustrie, in Klein- und Mittelunternehmen etc., wo Strategien geschmiedet werden. „Es ist ein Generationenvertrag unter uns Frauen. Wir haben eine Verpflichtung gegenüber der kommenden Genera-

tion von Frauen." erläuterte Unger-Seuker, Bundesministerium für Familie, Senioren, Frauen und Jugend auf der Podiumsdiskussion „Gleichstellung in der Wirtschaft" im Februar 2005 in Berlin.
In der CDU-Bundestagsfraktion gibt es eine Gruppe so genannter „jüngerer Frauen" (das heißt unter 35), die aktives Frauen-Networking machen. „Und dann freue ich mich, wenn irgendwo eine jüngere Frau Ministerin geworden ist." (Katherina Reiche)

> Denken Sie dran: Netzwerken nützt nicht nur Ihnen, sondern auch einer Generation von Frauen, Ihren Kolleginnen etc. Das heißt nicht, dass Sie nicht primär für sich selbst sorgen sollten! Aber machen Sie ruhig Partnerinnenschaften! „Ich gehe in dieses Netzwerk und rede gut über dich, du gehst in das andere Netzwerk und redest gut über mich!"

## Drum prüfe, wer sich ewig bindet ...

Sie wollen einem Netzwerk beitreten? Dann klären Sie zunächst sorgfältig durch einen Vergleich Ihrer Ziele und der des Netzwerkes, ob es das richtige ist. Prüfen Sie gleichzeitig, ob es ein Frauen- oder ein Männernetzwerk sein soll. Beides hat Vor- und Nachteile. In Männernetzwerke kommen Sie nicht rein? Bettina Weber, eine Rechtsanwältin, plädiert dafür, Männerorganisationen zu unterwandern, anstatt das nächste Frauennetzwerk zu gründen. Sie machte die Erfahrung: „Die warten nur auf uns und nehmen uns auf mit offenen Armen." Überprüfen Sie das, wenn Ihnen ein Männernetzwerk attraktiv erscheint. Denken Sie auch an „Cross over"-Netzwerke: über Ihre eigene Branche und Ihren Berufsstand hinaus, wie das Netzwerk von Banken und Technikunternehmen „Crossconsult" oder das „Netzwerk ungehaltener Frauen" aus Wirtschaft und Politik, das zurzeit in Gründung ist.

Das Netzwerk, das Sie brauchen, gibt es noch nicht, und Sie wollen selbst eines installieren? Prüfen Sie erst einmal, ob es nicht doch bereits existiert. Denn Netzwerke zu installieren macht viel mehr Arbeit als Netzwerken. Macherinnen institutioneller Netzwerke wie Christiane Wilke vom Netzwerk „Chancengleichheit" des DGB nennen als Voraussetzungen für den Erfolg eines Netzwerks neben der Notwendigkeit von „Scharnierpersonen", der „Spinne im Netz", auch ausreichende personelle und finanzielle Ressourcen. Auch wenn dies die „institutionelle Perspektive" ist: Ganz ohne Ressourcen geht es nicht. Weshalb Mitgliedschaften in Netzwerken meist nicht kostenlos sind. Es sei denn, alles beruht auf Ehrenamtlichkeit oder die Macherinnen haben einen Imagegewinn, kostenlose Werbung oder bekommen staatliche Mittel wie zum Beispiel die Gründerinnenagentur.

## Erfolgsfaktoren für Netzwerke

„Männer machen Netzwerke, Frauen pflegen Beziehungen." Auch wenn wir diese Einschätzung einer Diskussionsteilnehmerin im Rahmen der WorldWomenWork nicht teilen, finden wir darin ein Körnchen Wahrheit. Untersuchungen zeigen einige wesentliche Unterschiede von netzwerkenden Männern zu netzwerkenden Frauen: Männer haben demnach ein Netzwerk, Frauen zwei: nämlich ein funktionelles, sachbezogenes und ein soziales, emotionales. Männer werden qua Funktion „Knoten" in Netzwerken, Frauen nicht unbedingt. Das bringt Probleme mit sich. Natürlich hilft es nicht, zu sagen: „Werfen Sie Ihre beiden Netzwerke zusammen!" Herauskommen könnte ein unentwirrbares Knäuel, in dem Sie sich verfangen. Aber seien Sie sich dieser Unterscheidung bewusst.

## Die Grenzen eines Netzwerks – Karriereplanung

„Frauennetzwerke sind wunderschön, aber solange die Frauennetzwerke keine Positionen vergeben können, nutzt es nichts", so Birgit Gantz-Rathmann in einer Diskussionsrunde auf der WorldWomenWork 2005. Denn „Männerbünde sorgen dafür, dass attraktive Positionen im eigenen Kreis bleiben" sagt Vera Morgenstern, Leiterin des Bereichs Frauen- und Gleichstellungspolitik bei ver.di. Hierüber gibt es laut Margrit Wendt, Vorsitzende des Gewerkschaftsrates ver.di, eine feste Vereinbarung, nämlich: „Wenn du in einer Führungsposition bist, zieh zwei von uns nach. Ich mache es jetzt ähnlich."

Dass Netzwerke bei der Karriereplanung wichtig sind, gilt für jeden Bereich, und zwar nicht allein Frauennetzwerke. Eine, die Wirtschaft, Verwaltung und Politik kennt, Michaele Schreyer, ehemaliges Mitglied der Europäischen Kommission, beschreibt die Schwierigkeiten, dass ein Frauenname für zu besetzende Positionen überhaupt ins Spiel gebracht wird. „Es ist ja gar nicht mal unbedingt chauvinistisch gemeint; aber es geht einfach darum: Wer fällt einem zuerst ein?" Damit Sie es sind und Ihr Name, müssen Sie präsent sein, sich ins Gespräch bringen und im Gespräch bleiben.

## Wie Sie Männer für sich arbeiten lassen

„Nehme ich Günther oder nehme ich Eberhard?" Diese schwierige Entscheidung stellt sich vor jedem Rennen für die Rennrodlerin Diana Restor. Meist greift sie zu dem Schlitten Günther, der zwar älter ist, aber immer noch der schnellere.

Unterstützung suchen bedeutet natürlich nicht, Männer als Schlitten zu benutzen. Im Job gehört zu einem guten Unterstützer mehr: Fachwissen, Intelligenz, Kommunikationsfähigkeit und Kontakte. Auf die Frage „Wer hat Sie gefördert?" bekamen wir immer wieder die Antwort: „Es waren vor allem Männer." Warum? „Männer waren immer in Chefpositionen. Und damit waren es immer eher Männer, die mich unterstützten." (Maria Schäfer, Personal-Managerin einer Bank) Eine Erfahrung, die alle der von uns interviewten Frauen teilen. Viele Frauen haben gute Erfahrungen mit männlichen Förderern gemacht und sagen dies auch deutlich.

Aber häufig sind die Erfahrungen auch widersprüchlich: vor allem nach einer bestimmten Zeit. Förderung ist eben nicht immer bloß reine „Menschenfreundlichkeit" oder „Frauenfreundlichkeit". Sie verfolgt häufig auch massive männliche Eigeninteressen. Beziehungsweise der Förderer verlangt nicht nur Dankbarkeit, sondern direkte Gegenleistungen. Ein Beispiel, das nicht aus einem schlechten Film stammt und auch nicht aus vergangen Zeiten, sondern aus dem Alltag eines international tätigen Konsumgüterunternehmens, Marktführer in Europa, im 21. Jahrhundert.

> Margret Kreutz, Marketingmanagerin, saß eines Abends nach einem Firmenworkshop ihrem Chef und Förderer im Restaurant gegenüber; er forderte sie deutlich, unverhohlen und für alle andern (Männer) am Tisch hörbar auf, nun mit ihm ins Bett zu gehen. Und zwar mit klaren Argumenten: „Sie wollen doch was werden! Zieren Sie sich nicht so! Frau Weber hat sich auch nicht geziert; und Sie sehen ja, dass viel aus ihr geworden ist." Frau Kreutz hatte keine Lust, ihm zu folgen; gleichzeitig funktionierte ihr Repertoire an Verhaltensweisen, ihn abzuwehren, offensichtlich bei ihm nicht; er machte trotz ihrer deutlichen Ablehnung immer weiter. Die andern Männer um sie herum entzogen sich nach und nach, peinlich berührt und offensichtlich ratlos, ob sie etwas tun sollten – und wenn ja, was.

> Nur einer kam auf sie zu, nahm sie bei der Schulter und sagte: „Komm, wir gehen an die Bar." Sie stand auf. Der Chef nahm es zur Kenntnis und sagte: „Kommen Sie bloß nicht wieder an, wenn Sie Probleme haben. Nun müssen Sie allein sehen, wie Sie sich durchkämpfen." Was sie dann auch tat. Ihr „Retter" hatte etwas sehr Einfaches getan – worauf aber kein anderer der anwesenden Männer gekommen war. Ihr „Förderer" belästigte sie nicht weiter – stellte aber seine Förderung ein.

Gute und kontinuierliche Förderer kann man auch selbst fördern – im Gegenzug. Im Februar 2005 wurde Doris Schröder-Köpf zur „wichtigsten Frau des Jahres" gekürt. Warum? Weil sie die Kanzlergattin ist? Nein, weil sie sich für die Interessen der Kinder eingesetzt hat. Für so viel Publicity musste sie sich natürlich bedanken – mit einer Rede im Berliner Hotel Adlon. Sie ging nach vorn, aber hatte das Manuskript vergessen, hinten im Saal bei ihrem Mann. Der stand auf, trug es nach vorn und setzte sich wieder. War das Hilfe? Unterstützung? Oder „Auto-Promotion"? Doris Schröder-Köpf beendete ihre Rede, ihre freie Rede, mit dem Satz: „Reden ablesen habe ich nie gekonnt und kann ich noch immer nicht – vielleicht in der nächsten Legislaturperiode, Schatz." Die scheinbare „Bescheidenheit", das „Ich kann das nicht", wird benutzt für eine Unterstützung für ihren Unterstützer. Ein perfektes Förderungsteam!
Ehemänner als Unterstützer – dieses Modell scheint auch Angela Merkel zu leben. Von ihrem Ehemann heißt es: „Er steht hinter ihr, ist Stütze und Ratgeber." Aber gleichzeitig ist Frau Merkel nach eigenen öffentlichen Aussagen froh, einen Mann zu haben, der in seinem Beruf aufgeht.

*Wie Sie Männer für sich arbeiten lassen*

> Auch Heide Simonis' Ehemann verfolgte diese Strategie, solange sie Ministerpräsidentin war – oder war es die Strategie von Heide? Udo Simonis ist ein Spitzenwissenschaftler. Seine Unterstützung scheint vor allem darin zu bestehen, den Mund zu halten und gar nicht zum Berater seiner Frau zu werden. Denn da hätte er seiner eigenen Einschätzung nach keine Chance. Ein Modell für andere? „Unsere Ehe ist kein Modell, ich kann das niemandem empfehlen."

Es gibt viele politische Gespanne, die alles andere als gegenseitig sind – insbesondere solche zwischen jüngeren Frauen und alten Männern. Eine jüngere Politikerin nannte ihre Strategie „Männer pampern": Den Platzhirschen – meist ältere Männer aus der eigenen wie einer kooperierenden Partei, die sehr von sich überzeugt sind – muss in Gesprächen die weibliche Ehrerbietung der Jüngeren gezeigt werden. „Sonst zicken die." Eine geschickte Strategie, nicht einer einzelnen Frau, sondern in diesem wie in anderen Fällen die abgesprochene Strategie einer weiblichen Komplizinnenschaft, die natürlich anonym bleiben muss, soll sie erfolgreich bleiben, weshalb wir hier leider keine Namen möglicher Vorbilder nennen können. Achten Sie drauf! Sie werden's schon herausfinden.

> Gegenüber jungen Männern hat sich eine andere Strategie bewährt, zumindest für Angela Merkel und zumindest bisher. Während sie in ihrem Büro allein auf Frauen setzt, umgibt sie sich in ihrem politischen Umfeld mit vielen jungen Männern. Weil die „Alten" sie nicht mehr fördern, sondern mit ihr konkurrieren – wie Stoiber – oder nichts mehr zu sagen haben – wie Kohl. Da fördert sie die Jungen, die im Gegenzug ihr gegenüber loyal sind. Und gut aussehen tut es auch.

Heide Simonis dagegen sagt: „Ein Mädels-Camp wie das von Frau Merkel würde mich wahnsinnig machen. Nur Frauen, das geht nicht. Man braucht auch die Ansicht aus dem Blickwinkel eines Mannes." Und Unterstützung von Frauen? Angela Merkel hat ihre Frau Baumann, die ihr angeblich sehr ähnlich sieht und ähnlich ist.

Viele unserer Beispiele beziehen sich – zumindest bei namentlich nennbaren Unterstützern – auf die Politik, da Unterstützung in diesem Bereich am ehesten öffentlich wird und nicht verdeckt läuft. In Spielfilmen ist das Unterstützungsmodell „Schwuler stützt Frau" häufig zu verfolgen. Da Schwule in Führungspositionen noch ähnlich unterrepräsentiert sind wie Frauen, ist dieses Modell zumindest in der Wirtschaft weniger verbreitet. Das bedeutet einen wichtigen Vorteil: Der Faktor „sexuelle Attraktivität" ist minimiert, ein Faktor, der allgemein als problematisch angesehen wird in Unterstützungspartnerschaften. So bietet er Anlass für Spekulationen und Unterstellungen („Die hat den Job über das Bett bekommen!"), kommunikative Unklarheiten („Sie haben mich doch angemacht!") und Erpressungen („Zieren Sie sich nicht so!"). Bedenken Sie dies und setzen Sie auf Klarheit der Rollen!

Altersunterschiede sind nicht unbedingt hilfreich; scheinbare Vater-Tochter-Verhältnisse können die Sache noch weiter komplizieren. „Die Männer, die mich unterstützt haben, das war eher patriarchal. Die haben in mir die Tochter gesehen." (Ellen Seßart) Für sie war dies kein Problem; aber so manche Frau und mancher Mann kommt in Identitätskonflikte und entwickelt plötzlich unpassende Tochter-/Vater-Verhaltensweisen.

Diese Dynamik kann sich auch bei Ihren KollegInnen oder Chefinnen abspielen. Maria Schäfer hat eine gute Unterstützungsbeziehung zu einem Mitglied der Geschäftsleitung, was ihre Chefin gar nicht gut findet. „Sie hat damit ein Problem, dass ich mich mit ihm gut verstehe. Er hat mich viel gelobt, aber obwohl er sie damit ja nicht kritisiert hat – sie hätte es ja auch als toll empfinden können, dass sie so gute Mitarbeiterinnen hat –, hat sie eine Bedrohung gefühlt." Wie früher, wenn Papa die kleinere der Schwestern mehr mochte.

Und wenn Sie dann eine Chance bekommen, Ihr Unterstützer Ihnen einen Weg bahnt? „Chancen muss man dann nutzen,

*Wie Sie Männer für sich arbeiten lassen*

wenn sie sich bieten oder geboten werden – egal ob sie nun von Mann oder Frau kommen." (Katherina Reiche)

> 1. Fällen Sie die Entscheidung für Ihren Unterstützer möglichst selbst – nachdem Sie ihn sorgfältig geprüft haben, beispielsweise welches seine eigenen Interessen sind.
> 2. Vermeiden Sie, zu Rettern zu greifen – die haben nämlich auf jeden Fall Eigeninteressen! So mancher Retter rettet sich selbst!
> 3. Setzen Sie auf Rollenklarheit: „Mentor oder Liebhaber".
> 4. Vermeiden Sie Konkurrenz! Ist er vielleicht schon vergeben? Dann suchen Sie sich besser einen andern. Zumindest wenn „die andere" in Ihrer Nähe ist – räumlich oder inhaltlich.
> 5. Auch ein Unterstützer verlangt Wertschätzung! Sie können seine Unterstützung in konkreten Angeboten schlecht ablehnen. Es sei denn, Sie haben gute Gründe. Aber auch dann riskieren Sie, dass Ihr Unterstützer sich zurückzieht.
> 6. Wertschätzung für Sie kann als mangelnde Wertschätzung für andere aufgefasst werden! Das Problem muss allerdings Ihr Unterstützer in die Hand nehmen, nicht Sie selbst. Weisen Sie ihn vorsichtig darauf hin.

Fühlen Sie sich nicht als Opfer der Männergesellschaft und fordern Sie keine Wiedergutmachung oder Schadensersatz! Auch Klagemauern helfen nicht. Stattdessen lassen Sie Männer sich für Sie einsetzen, sie für Ihr Fortkommen arbeiten, wenn man(n) es Ihnen anbietet.

# Wie Sie Lust an der Macht gewinnen und behalten

„Nicht wer isoliert arbeitet, besitzt Macht, sondern wer am besten mit anderen kooperiert und sie für gemeinsame Ziele zu begeistern vermag." Dies ist die Einstellung von Carly Fiorina Ende 2004, kurz bevor sie als Vorstandsvorsitzende des Computerkonzerns Hewlett Packard gehen musste, geäußert in einer Veranstaltung in der American Academy, Berlin.
Eine erfolgreiche ostdeutsche Unternehmerin, Viola Klein, drückt dies pragmatischer aus: „Ich muss auch wissen, dass ich die zur Not um den Finger wickeln kann und wie ich das mache." (Viola Klein)
Zwei unterschiedliche Sichtweisen von Macht. Zwei unterschiedliche Erfahrungen und Sozialisationen. Welche Sichtweise Ihnen nun auch immer näher ist: Es ist wichtig, dass Sie Ihr Verhältnis zur Macht klären.

## Eine Frage der Definition

Was bedeutet eigentlich Macht? Der Brockhaus sagt dazu, Macht bedeutet Kraft, Vermögen, Können. Angewandt auf den beruflichen Bereich, entrümpelt vom negativen Image, definiert sich das nach Maren Fischer-Epe als „alle legalen und legitimen Möglichkeiten, Einfluss zu nehmen und sich durchzusetzen". Ohne Macht funktioniert keine Institution, keine Firma. Macht sorgt für Klarheit, Sicherheit, Orientierung und Effizienz.
Macht ist eine soziale, komplementäre Beziehung. Zu derjenigen, die die Macht hat, die entscheiden, bestimmen kann, gehört diejenige, die dieses Entschiedene, Bestimmte umsetzt, ausführt. Damit hält Macht immer auch den Umkreis von Menschen, auf die sie wirkt, zusammen. Es entsteht ein Machtrelief, in dem die unterschiedlichen Rollen und Funktionen bestimmt sind. Macht

gehört damit zu Führung automatisch dazu – egal in welchem Bereich und in welchem sozialen Zusammenhang.

Da Macht eine soziale Beziehung charakterisiert, kommt Macht nicht ohne Menschen aus. Moderne Führung setzt heute mehr auf Überzeugung als auf direktive Macht. Denn niemand ist unfehlbar; und komplexe Aufgaben erfordern die Beteiligung verschiedenster Menschen. „Zu den wichtigsten Dingen, die ich im Laufe der Jahre über Führerschaft und Erfolg gelernt habe, gehört es, dass echte Macht an den unterschiedlichsten Nahtstellen entsteht, und die wichtigsten von ihnen sind die Menschen." sagt Carly Fiorina, 2004.

Ähnliches gilt für die Bedeutung des Begriffs „Macht", die Sie für sich persönlich unter die Lupe nehmen sollten. Bei einem Workshop zu Macht und Karriere auf der WorldWomenWork wurden die Teilnehmerinnen gefragt, welches der Begriffspaare ihnen im Alltag am ehesten vertraut sei, am leichtesten falle. Der Großteil der Frauen nannte „Verantwortung und Selbstverantwortung", der kleinste Teil „Macht und Konkurrenz". Bei der Frage, was ihnen am schwersten fiele, war es genau umgekehrt. Dabei hängen beide Paare unmittelbar miteinander zusammen. Macht geht nicht ohne Verantwortung und Verantwortung nicht ohne Macht. Aber die Bewertung ist zumindest unter Frauen mehrheitlich eine ganz andere. Die Erfahrungen von Marita Thiele, dass Führungsfrauen sich vom herkömmlichen Begriff von Macht distanziert haben und stattdessen den Begriff Verantwortung wählen entspricht diesem Beispiel.

Ist Macht ein „menschlicher Grundtrieb", wie Viktor Adler sagte? Wenn ja, dann auf jeden Fall nur ein „männlicher Grundtrieb". Frauen lehnen mehrheitlich Macht für sich ab beziehungsweise konnotieren sie negativ. Wenn sie Macht haben, verneinen sie dies häufig und betonen ihre Abhängigkeiten und Grenzen. So beschreiben Honegger und Heintz die „Listen der Ohnmacht" – weibliche Widerstandsformen, mit Frauen als handelnden Subjekten, Frauen, die Macht ausüben, aber sie für sich als Ohnmacht definierten.

Inzwischen aber ändert sich unter Führungsfrauen das Ansehen von Macht und die Lust an der Macht. Und das ist gut und notwendig! Führungsfrauen definieren heute Macht als „etwas bewegen können" oder „gestalten können". Selbst wenn Sie diese Definition nicht teilen: Sie kommen nicht drum herum, herauszufinden, wie Sie selbst Macht definieren und für sich bewerten. Nach aktuellen Studien sagen Frauen, die eine Führungsposition innehaben, befragt nach ihrer persönlichen Einstellung und ihren Erfahrungen als Frau und als Führungskraft: „Ja, ich habe Lust an der Macht!" (78 Prozent) Macht haben heißt „Dinge bewegen und verändern zu können" (35 Prozent), Einfluss ausüben zu können (22 Prozent), sozialkompetent und verantwortlich zu handeln (21 Prozent), Verantwortung für Menschen zu übernehmen (19 Prozent), laut einer Studie von Accenture. Macht als Möglichkeit, sozialkompetent und verantwortlich handeln zu können, sehen 34,9 Prozent nach einer Studie der Akademie für Führungskräfte.

> Eine, die ohne zu zögern zugibt, Spaß an der Macht zu haben, ist Katrin Göring-Eckardt, seit 2002 Fraktionsvorsitzende der Bündnis90/Die Grünen im Bundestag. „Managerinnen der Macht" wurden sie und ihre Kollegin Krista Sager genannt. Sie haben Macht, aber keine öffentlichen Machtkämpfe – jedenfalls nicht miteinander. Und sie kennen die positiven wie die negativen Auswirkungen der Macht. „Mit der Macht kommt auch der Neid. Und wer Macht hat, wird nicht von allen gemocht. Früher konnte ich damit schlecht umgehen, heute ist das anders."

Macht und Konflikte gehören zusammen – da „frauscht" parteiübergreifende Einigkeit.
Katherina Reiche, MdB der CDU, hierzu: „Macht ist eckig und kantig und sperrig." Und: „Krach gehört zur Macht."

## Machtmittel

Jede beliebige menschliche Eigenschaft und Situation kann zur Entwicklung einer Machtstellung führen. Man kann sich verschiedenster Mittel bedienen, um Macht zu erwerben und auszuüben – redlicher und unredlicher, verdienter und unverdienter, moralisch hoch angesehener und gesellschaftlich abgelehnter. Macht ist nicht unmoralisch, sondern amoralisch. Sie hat nicht per se etwas mit Moral zu tun.
Betrachten wir im Folgenden Macht auf der Grundlage von Kompetenz, Wissen und kommunikativen Fähigkeiten – alles Faktoren, die erst mal als positiv angesehen werden. Macht zu haben und zu ihr zu stehen bedeutet Verantwortung haben und zur Verantwortung gezogen zu werden. Macht und Verantwortung sind aneinandergeschweißt wie siamesische Zwillinge: Rollen- und Aufgabenverantwortung, Selbstverantwortung und soziale Verantwortung der Mächtigen. Damit stellt sich die Frage nach der Klarheit der Rollen wie der Aufgaben, der Selbst-Bewusstheit der Mächtigen und die Frage, was denn „sozial" im jeweiligen Feld (zur bestimmten Zeit an einem bestimmten Ort) bedeutet. Sie selbst müssen klären, was für Sie als Führungskraft wie für Ihr Unternehmen „sozial" und „Verantwortung" bedeutet – am besten in Kooperation mit den Mitarbeiterinnen – im Sinne einer Leitbildentwicklung, eines „mission statement" für Ihr gemeinsames Unternehmen. Wir beschränken uns darauf, Ihnen eine Anleitung zur Selbstreflexion zu geben.
Klären Sie, was Macht für Sie bedeutet. Und dann überlegen Sie, welche Mittel Sie haben, Macht zu gebrauchen.
„Wissen ist Macht", wer kennt nicht diesen Spruch. Wissen meint Fachwissen wie soziales Wissen und seine Anwendung. Wissen als Machtmittel, kann aber auch das Zurückhalten von Informationen, das Nichtkommunizieren sein. Ein Machtmittel ist sicher Autorität – also Anerkennung, Achtung und persönliche Zustimmung. Aber ein Machtmittel kann auch in der systematischen Unterschätzung liegen; Ute Vogt beschreibt es als einen Vorteil, „wenn man unterschätzt wird – und das werden die Frauen immer."

## Macht begrenzen (Macht und Regeln)

„Wenn ich mit den Jungs im Sandkasten spielen will, muss ich ihre Regeln akzeptieren. Wenn ich dann im Sandkasten sitze, dann kann ich diese Regeln nach und nach verändern", sagt Marianne Mittelstedt, Führungskraft in einem Landesversicherungsamt.

Nehmen wir an, Sie sitzen bereits im Sandkasten und haben Macht. Dann braucht diese Macht Regeln, um transparent und wirksam zu sein: Wer entscheidet was und wonach? Wer ist gleichberechtigt? Wie einigen wir uns bei widersprüchlichen Meinungen? Wer entscheidet letztlich? Regeln, die für die Beteiligten klären, was von ihnen erwartet wird, was sie dürfen und was sie nicht dürfen. Da unterscheidet sich die Führung eines Unternehmens nicht vom Führen der eigenen Kinder.

Zu Macht und Regeln gehört aber auch Vermittlung, die dritte Seite des Dreiecks: Was geschieht im Fall widerstreitender Regeln, im Falle von Widerspruch? Vielleicht hilft es Ihnen, Macht positiver zu sehen, wenn Sie sich diese drei Seiten des Dreiecks in Ihrem Unternehmen klar machen und sie so weit wie möglich konkretisieren.

1. Was kann ich in meinem Unternehmen „machen"?
   Wo sind die Grenzen meiner Macht?
2. Welche Regeln gibt es für diese „Machtausübung"?
   Was bestimmen sie und wer hat sie gesetzt? Sind sie transparent? Ausreichend? Zu verändern?
3. Wann wird „Vermittlung" eingeschaltet?
   Wann habe ich mich darum bemüht? Ist dieses Vorgehen adäquat? Veränderbar? Veränderungsbedürftig?

## Macht mehren

Vorausgesetzt, Sie kommen danach zu einer positiven Einstellung zu Ihrer Macht und wollen sie behalten, ja vielleicht sogar mehren: Macht mehrt man, indem man sie teilt. Indem man klare Bereiche von Verantwortung festlegt und abgibt, indem man delegiert.
Nur vergessen Sie nicht: Die Gesamtverantwortung haben letztlich Sie als Führungskraft. Bis zur Konsequenz, die so mancher Minister kennt, indem er sagt: „Ich übernehme die Verantwortung", was bedeutet: „Ich nehme meinen Hut."

## Macht zeigen

Schwierigkeiten bereiten Frauen häufig die „Insignien der Macht". „Äußere Zeichen von Macht strebe ich nicht an", sagt beispielsweise Maria Schäfer. Wenn andere Frauen dies aber tun und es genießen? „Sie legen sich viele Statussymbole zu, also besondere Kleidung, Autos, luxuriöse Reisen, Dinge, die sehr auffallen. Sie wollen, dass man darauf reagiert." Ja, und?
Männer gehen damit selbstbewusster und ungenierter um, geradezu kindlich. So manch ein provinzieller Bürgermeister geht nie ohne seine Bürgermeisterkette aus dem Haus – zumindest nicht, wenn er irgendwen begrüßen oder verabschieden, irgendetwas einweihen oder würdigen muss. Dass man sich damit leicht lächerlich macht, scheint ihm nicht aufzufallen oder ihn gar zu stören. So quälen Männer in den so genannten „besten Jahren" – also mit Bauch- und Glatzenansatz, Rücken- und Knieproblemen – sich in die sportlichsten, tiefer gelegten Porsche, um damit um die Ecke zu fahren, wo sie erwarten, bewundernd begrüßt oder zumindest beachtet zu werden. Und die Geschlechtsgenossen scheinen es „ganz normal" zu finden.
Nicht dass Sie in ähnliche unpraktische Lächerlichkeiten verfallen sollen; aber verzichten Sie, wenn Sie es sich leisten können, nicht auf gewisse Insignien, zumal solche, die auch noch prak-

tisch sind: die Rufumleitung Ihres Handys ins Büro Ihrer Sekretärin, den Abholservice zum nächsten Termin, den superleichten Laptop oder den wunderschönen Füllfederhalter, der garantiert nicht tropft. Welches Modell von Handtasche Sie tragen müssen, wird Ihr Problem nicht im Kreis von Managerinnen sein, sondern nur im Kreis der Ehegattinnen der Manager. Aber seien Sie immer zumindest so markenbewusst, dass Sie Logos nicht adäquater Marken lieber heraustrennen, bevor Sie Ihren Mantel an der Garderobe abgeben. Und verzichten Sie nicht auf Dinge, die Ihnen zustehen: den besonderen Platz am Kopfende des Tisches oder neben dem Vorstandschef, den Parkplatz direkt am Eingang, die Suite im Tagungshotel, die schickeren Möbel oder das größere Büro.
Sollten Sie sich hierzu nicht durchringen können, so seien Sie zumindest verständnisvoll, wenn andere Frauen dies tun.

> **Vorsicht Falle!**
> Ein bekannter Politiker, der lange Zeit zu den beliebtesten zählte, kannte diese Regeln in Bezug auf „größer", „schicker" et cetera von Anfang an, bereits als er in den Bundestag einzog. So nahm er sich als einer der Ersten seiner Fraktion „seine Sekretärin" und „seine Büros" – klassisch ein Vorzimmer und ein Hinterzimmer; er entschied sich natürlich für das größere – und saß damit im Vorzimmer seiner Sekretärin, weil dieses ungewöhnlicherweise nun mal das größere war.

Zum Machtzeigen gehört übrigens auch, andere deutlich und sichtbar zu unterstützen. Hier verbindet sich die eigennützige Komponente mit der sozialen, uneigennützigen Komponente. Allerdings müssen Sie sehr sorgfältig aussuchen, wer das ist. Jede Empfehlung ist auch eine Aussage über Sie selbst! Versagt „Ihre Empfehlung", so fällt dies auf Sie zurück.
Wie wichtig ritualisierte Abläufe sind, angefangen bei der Begrüßung, beschreibt Gertrud Höhler: „Die Frau entritualisiert Abläufe, ohne zu spüren, dass dieser Leichtsinn Systemvertrau-

en kostet – vor allem bei Männern. Angefangen von der Tagesordnung und der anlassbezogenen Anrede – ‚Herr Vorsitzender', während derselbe Vorsitzende in einer Stunde wieder ‚Herr Müller' heißen wird – sorgt die Ritualisierung und die klare Statusmarkierung für den Leiter der Debatte für eine Anspannung, die den Ergebnissen zugute kommen soll. Rituale disziplinieren und die Statusentscheidung für den ‚Vorsitzenden' wertet alle Mitglieder auf."

Funktionsbezeichnungen sind außerordentlich wirkungsvoll. Anke Schäferkordt, die angeblich „mächtigste Frau der deutschen Fernsehbranche", darf sich zwar nicht Geschäftsführerin nennen bei RTL – das ist ein anderer –, höchstens Vizegeschäftsführerin; aber es wurde extra ein neuer Titel für sie erfunden: Chief Operating Officer – COO. Man kann vermuten, sie hat darauf bestanden.

> Achten Sie auf die äußeren Insignien Ihrer Funktion: die korrekte Anrede, die neue Visitenkarte, wenn Sie aufgestiegen sind – mit der neuen Funktionsbezeichnung und in der entsprechenden Ausführung. In einigen Unternehmen wird nämlich ab einer bestimmten Gehaltsstufe ein anderes Papier, ein anderer Druck gewählt.

## Macht delegieren

Einige Frauen verfolgen die Strategie, über ihre Männer Karriere zu machen. So suchte sich die nur mäßig erfolgreiche Schauspielerin Nancy Davis einen Ehemann; den wählte sie aus der Liste der begehrtesten Junggesellen aus, Ronald Reagan, der strahlende Held zweitklassiger Filme. Nancy entwickelte eine Strategie, wie sie ihn erstens bekam, um ihn zweitens erfolgreich zu machen – bis zum 40. Präsidenten der Vereinigten Staaten von Amerika. Sie selbst war die Schattenpräsidentin; sie hatte alle Fäden in der Hand: die Terminplanung, Personalpolitik und vor allem die PR ihres Mannes. Dass er der „Friedensengel" wurde, der Gorbatschow zum Mauerfall aufforderte, hatte längst nicht nur politische, sondern auch persönliche Gründe: Nancy wollte auf jeden Fall, dass es ihr Mann wurde und nicht der Mann ihrer Konkurrentin Raissa.

> **!** Dieses Erfolgsmodell funktioniert nicht immer. Bedenken Sie: Ehe Sie Ihre Energie darin investieren, die Karriere eines Mannes zu steuern, steuern Sie lieber Ihre eigene.

## Macht macht nicht sympathisch!

Wenn Sie von allen geliebt werden wollen, dann lassen Sie das mit der Macht und dem Erfolg – zumindest nicht in einem männerdominierten beziehungsweise männertypischen Beruf. Als Mutter Theresa mag es noch anders aussehen, aber: „Erfolgreiche Frauen in traditionellen Männerberufen gelten ... als egozentrisch oder manipulativ." Dies zeigt zumindest eine Studie an der New York University. Sie müssen damit rechnen, zwar als hoch kompetent, aber als unangenehmer als ein Mann in vergleichbarer Position angesehen zu werden.

# Notwendigkeit und Unmöglichkeit der Karriereplanung

„Wenn eine Chance kommt, nutzen Sie sie! Greifen Sie zu!" (Katherina Reiche)
Der große Fehler, den Karrierefrauen nach Meinung von Experten machen, ist, ihre Karriere nicht zu planen. Auch wenn sie sicher Recht haben, dass ein Mehr an Planung besser wäre: Ist eine solche Planung überhaupt möglich? Entspricht sie den

*Notwendigkeit und Unmöglichkeit der Karriereplanung*

Umständen von Frauenkarrieren? Hildegard Knef antwortete auf die Frage, ob ihre Karriere geplant sei: „Nein. Das ist einfach so gekommen, wenn es so weit war." Sie hat mindestens vier verschiedene Karrieren gemacht. Nacheinander. Immer wenn eine in einer Sackgasse landete. Was sie dann rettete, war – wie sie selbst sagt – die Fähigkeit, wieder aufzustehen.

> Karrierebrüche gehören dazu. Margret Kreutz, Marketingmanagerin, beschreibt ihre berufliche Situation als ein Karussell, das sich dreht, das man nicht anhalten kann, höchstens etwas verlangsamen. Sie wurde eines Tages mit der Aussage konfrontiert: „Bei Ihnen steht jetzt der nächste Karriereschritt an. Sie müssen sich entscheiden. Wir machen Ihnen ein Angebot, das Sie nicht ablehnen können." Das Angebot lag in einer Tätigkeit im Ausland, besser bezahlt, ein Karriereschritt, aber sie wollte nicht. Und wusste, dass dies das Herausspringen aus dem Karussell war.
> Warum diese Entscheidung? „Das Karussell dreht sich nicht nur horizontal, sondern auch vertikal. Es gibt einen Rhythmus: So ungefähr alle fünf Jahre bist du unten. Und da kannst du gar nichts dagegen tun. Das liegt nicht in deiner Hand. Und das wollte ich mir nicht antun."

Viele Frauen erleben es als hilfreich bei der Karriere, unterschätzt zu werden, insbesondere in der Politik; so beschreiben es Angela Merkel und Ute Vogt. Auch Margret Thatcher galt als „normal", als „nichts Besonderes" – bis sie ihre Mission entdeckte: Großbritannien zu retten.

> Ob dies für Sie zutrifft, müssen Sie selbst entscheiden. Es gibt nicht **einen** Weg, **eine** Wahrheit und **eine** Karriere. Aber es gibt Vorbilder, gelungene und weniger gelungene Beispiele, Biographien, die zu Ihnen mehr oder weniger passen.
> Lesen Sie Biographien!

Grundlage Ihrer Karriereplanung ist, sich darüber klar zu werden, was Sie eigentlich wollen. Dies ist für viele der schwierigste Schritt. Aber Sie kommen nicht darum herum. „Wer das Ziel nicht kennt, für den ist jeder Weg der falsche!"
Und wenn Sie das Ziel haben? Planen heißt nicht, dass alles festbetoniert wird. Planen und Zielesetzen dient Ihnen als Stadtplan. Sie können jederzeit Ihre Richtung ändern – wenn Sie sich vorher überlegt haben, dass Sie sie auch wirklich ändern wollen.
Karriereplanung muss sein, ja. Aber sie sollte flexibel sein. Überschätzen Sie nicht sich und die Reichweite Ihrer Wirksamkeit. Gesamtgesellschaftliche Fünfjahrespläne sind schon im großen Umfang gescheitert – mit vielen persönlichen und finanziellen Kosten.

> Machen Sie Pläne, aber mit Bleistift. Seien Sie bereit, sie zu verändern – nach Ihren sich verändernden Bedürfnissen und nach veränderten Rahmenbedingungen.
> Oder seien Sie bereit, sie völlig umzuschreiben. Heben Sie Ihre Pläne auf und schauen Sie, wie sie sich verändern.

Nicht alles Durchkreuzen Ihrer persönlichen Karriere ist gegen Sie gerichtet. Vermeiden Sie ein egozentrisches Weltbild! „Bei mir war es so, dass die Konzernleitung irgendwann eine Gegenabteilung zu unsrer Abteilung gegründet hat, zur Marketingabteilung noch eine Abteilung Forschung und Entwicklung. Wir sollten gegeneinander kämpfen, damit der Umsatz steigt. Ich habe das persönlich genommen, das war mein Fehler." (Margret Kreutz)

> Jemand stellt sich Ihnen in den Weg? Suchen Sie drei Gründe, die nichts mit Ihnen zu tun haben, ehe Sie sich fragen: „War das gegen mich gerichtet?"

Auch wenn Sie sich noch so sehr bemühen und Ihre Karriere planen: Nicht alles ist planbar und nicht alles kommt geplant.
„Das mit dem Haushaltsausschuss, das war nicht wirklich das, was ich bewusst angestrebt habe. Es kam so, weil jemand ausgeschieden war. Und da habe ich zugegriffen.", erklärt Anna Lührmann, jüngstes Mitglied im Bundestag während eines Workshops auf dem Kongress MachtBeratungPolitik, 2005 in Potsdam.

> Greifen Sie zu, wenn es anders kommt als geplant – aber so, wie es für Sie passt.

Nicht alles kann klappen – trotz guter Planung, trotz Fördererinnen, trotz Kompetenz. Also: Was tun, wenn es dann nicht geklappt hat?

> „Man muss einmal häufiger aufstehen als hinfallen."
> (Hildegard Knef)

# 2 Die Spielregeln der Männer und was wir von ihnen lernen können

„Why can't a woman be more like a man?" Das war der Stoßseufzer von Prof. Higgins in „My fair Lady". Zu werden wie ein Mann, darum geht es nicht. Es geht darum, die Regeln der Männer zu kennen, anzuwenden und sie für uns zu nutzen. Frauen haben es nicht leicht in der Arbeitswelt, die nach männlichen Spielregeln funktioniert, das wissen wir ja. Ob sie nicht manchmal – so heimlich still und leise – davon träumen, ein Mann zu sein? „Nein", haben uns alle gesagt, „das nicht, aber natürlich, wir können ja vielleicht etwas abgucken und für uns nutzen."

Haben Sie das schon mal getan: „Ihre Männer" beobachtet? Ihren Ehemann, Ihren Chef, Ihre Söhne, Vettern und Kollegen? So mit Forscherinnenblick? Den Feind beobachten, den Mitspieler (er)kennen, um ihn besser zu verstehen, um besser mit ihm kommunizieren zu können, auch kämpfen zu können. Und vor allem um zu prüfen, was wir von ihnen lernen können.

Dabei ist es besonders aufschlussreich, zu beobachten, wie Männer mit Männern umgehen. Denn Frauen gegenüber gibt es bei vielen Männern eine Beißhemmung – auf die Frauen sich aber nicht verlassen sollten – oder ein Nichternstnehmen als Gegner. Außerdem gelten im Umgang Mann/Frau andere Regeln als im Umgang Mann/Mann.

Egal woher das nun kommen mag – aus den Genen oder aus der Sozialisation –, egal was man nun als Beweis anführt – Wolfsrudel oder menschliche Hirnstrukturen: Es lohnt sich, einen gründlichen Blick auf den heutigen (männlichen) Alltag zu werfen und dann herauszufiltern, was sich zu lernen lohnt und was als bloßes Wissen über den andern wichtig und nützlich ist. Hier unser Ergebnis – als Hinweis für Ihre eigenen Arbeitshypothesen: Die Regeln der Männer beruhen auf einem zentralen Dogma, ähnlich dem Dogma der Unfehlbarkeit des Papstes, und das lautet: „Ich bin der Größte!" Und da „Ich" bedeutet: „Ich, der Mann", lautet die erste dogmatische Ableitung: „Wir Männer sind die Größten!"

Alle konkreten Spielregeln leiten sich hieraus ab. Sie finden das zu einfach? Gut: Es gab die Minderheit, die beim Ersten Vatikanischen Konzil dagegen stimmte. Es gab die Abspaltung der Altkatholiken, die das Dogma nicht anerkannt haben. Es gibt die Reformer und neuere Interpretationen. Aber das Dogma wurde nicht aufgehoben – nicht vom Zweiten Vatikanischen Konzil und auch nicht danach. Das Dogma bleibt ein Dogma. Das muss man wissen, wenn man reformieren will.

Der Leitsatz der Frauen lautet: „Ich bin nicht gut genug" mit der ersten Ableitung: „Aber die andere ist auch nicht besser – oder sogar noch schlechter."

Die Konsequenzen daraus: Während bei Männern die Selbst-PR sehr ausgeprägt ist und das Netzwerken, Seilschaftenknüpfen und Seilschaftennützen ebenso, leiden Frauen unter einer Bescheidenheitszier und einem Lobbyingdefizit.

> Was können wir also von Männern lernen?
> „Von Männern lernen? Das ungenierte Inanspruchnehmen von Kontakten und Verbindungen. Und die Pflege von Netzwerken, die systematische Pflege", sagt Katherina Reiche, CDU-Bundestagsabgeordnete, eine der Jungen mit steiler Karriere.
> Männer helfen sich immer gegenseitig. Das ist wie ein Ritual. Man denkt nicht darüber nach, man tut es einfach. Jeder Mann kennt das Old Boys Network, jeder Mann nutzt es. Die berufliche Netzwerkbildung und Netzwerknutzung ist für Männer selbstverständlich: sich gegenseitig informieren, sich gegenseitig unterstützen, sich treffen und kungeln, um Positionen, um Geld und Macht. Männer fördern Männer.

Und was machen Frauen? Auch sie haben ein Ritual: Frauen in Führungspositionen werden von anderen Frauen mit Argwohn betrachtet, missgünstig behandelt. Frauen behindern Frauen.
Männerrituale bringen Männer weiter; Frauenrituale bremsen Frauen aus. Das muss nicht so sein. Also schauen wir uns die Regeln und Rituale der Männer an, wie wir sie für uns nutzen können. Und wagen wir vorher einen kurzen Blick zurück: Woher kommt das? Damit wir wissen, wie wir es gründlich ändern können.

# Wie kleine Jungen siegen lernen und große Männer angeben

„Männer haben's schwerdings leicht: außen hart und innen ganz weich. Sind als Kind schon auf Mann geeicht."
(Herbert Grönemeyer, „Männer")
Über das Kind im Manne gibt es viele Sprüche. Schauen wir mal, was dahinter steckt.

Wer etwas über die geschlechtliche Teilung der Gesellschaft wissen will, sollte in einen Spielwarenladen gehen. Nein, es gibt keine Schilder „Für Jungen" oder „Für Mädchen"; die braucht man auch nicht. Denn die Regale zeigen deutlich, wer womit spielt. Wenn Kunden anwesend sind, werden sie es Ihnen durch ihre Suchbewegungen bestätigen: Kinder teilen sich auf und Mütter versuchen mehr oder weniger verzweifelt, diese Aufteilung zu durchbrechen.

Der Aspekt der „Gewalt" in Spielen ist dabei ein Nebenaspekt der Grundregel: Kleine Jungen spielen, um zu gewinnen, kleine Mädchen spielen, um Freundschaften zu schließen.

Wir werden nicht als Mädchen geboren, wir werden dazu gemacht!, so lautete ein Buchtitel in den 80er Jahren und verkündete die Richtschnur der neuen weiblichen Erziehung: „Geschlechtsrollen – alles eine Frage der Sozialisation!" Heute wissen wir mehr: Die neuen Ergebnisse von Hirnforschung und Biologie sagen, dass Unterschiede in den Chromosomen die Art des Denkens und Handelns bestimmen. Und zwar vehement: Die genetischen Unterschiede zwischen Männern und Frauen stellen alle anderen Unterschiede im menschlichen Genom in den Schatten.

Erziehung oder Sozialisation bestätigen und verstärken also nur, was längst da ist – und damit basta? Das Y-Chromosom ist der Schlüssel zur Männlichkeit; das X-Chromosom ist der Schlüssel zur Weiblichkeit. Y heißt: Produktion von Androgenen schon im Fötus und achtmal größere Mengen von Testosteron als bei Mädchen. Die Hormone formen den Körper – das ist unbestritten. Aber bestimmen sie auch das Hirn, das Denken und das Verhalten? Mittlerweile lassen sich in der Hirnforschung unterschiedliche Begabungen der Geschlechter feststellen: Mädchen sind verbaler, Jungen räumlicher orientiert. Im Sprachtest sind Mädchen den Jungen überlegen, bei schwierigen mathematischen Aufgaben geht ihr Vorteil verloren. Frauen haben eine stärkere Vernetzung der beiden Hirnhälften, das weibliche Hirn sieht mehr, hört mehr, kommuniziert schneller, schafft Querverweise. Männer haben eine stärkere Verbindung in den Hälften, sie können eng fokussieren: der männliche Tunnelblick, ein Spotlight. Frauen dagegen blicken weiter: die weibliche Landkarte, der Panoramablick.

Daneben gibt es quantitative Unterschiede: das weibliche Gehirn ist um 15 Prozent kleiner, doch 20 bis 30 Prozent mehr Anteile sind der Sprache gewidmet. Zwei Beispiele sollen reichen, um noch einmal zu belegen, dass diese Unterschiede nichts mit Intelligenzgefälle zu tun haben und keine Diskriminierungen rechtfertigen. Erstens: Ein prominentes Männerhirn, das gewogen und mit 170 Gramm als zu leicht befunden wurde, war das von Albert Einstein. Zweitens: Die Sonderschulen sind fest in der Hand von Jungen. „Da stellt sich die Machtfrage nicht mehr", bemerkte der Zukunftsforscher Mathias Horx realistisch auf dem Kongress WorldWomenWork 2005 in Berlin.

Die Gene sind nur ein Teil des Gesamtpakets – je besser wir die Biologie verstehen, umso klarer und bewusster wird die Rolle, die Kultur und Erziehung spielen, meint die Anthropologin Helen Fisher. Wenn Hirnforscher Unterschiede zwischen den Geschlechtern finden, dann heißt das nicht, dass die Unterschiede von Anfang an da waren. Das Gehirn verändert sich im Laufe des Lebens, so Laura Martignon, Professorin für Mathematik und Informatik – eine von 71 Professorinnen in diesem Bereich unter 1200 Männern. Auch Erfahrungen spielen eine große Rolle. Denn anfangs sind Mädchen in Mathematik ja gut. Der Bruch kommt mit der Pubertät; dann gilt: Wer gut ist in Mathe, ist unsexy – es passt nicht zum Selbstkonzept einer jungen Frau und auch nicht zum Mädchen- und Frauenbild von Lehrern, Lehrerinnen und Eltern. Wie auch immer, mehr Gene oder mehr Erziehung: Die Realität hat jedes Vorurteil sowieso längst überholt: Die Mehrzahl der Studierenden sind inzwischen Mädchen und sie haben die besseren Noten.

Die Realität im Berufsleben hinkt nach; sie verändert sich nur langsam – was die Zahlen von Führungspositionen angeht und die Charakteristika der gespielten Spiele: Die Spiele der Jungen bestimmen das Berufsspiel. Denn als die Regeln entstanden, waren kaum Frauen da, die daran hätten mitwirken können. Die

Männer konnten alleine alle Regeln bestimmen und im weiteren Spielverlauf miteinander weiterentwickeln. Hätten wir vielleicht auch gemacht, wenn wir unter uns gewesen wären! Oder haben Sie früher die Jungen gefragt, wie man Hüpfkästchen spielt?

Die Berufswelt ist eine männliche und die Karrierespielregeln sind es auch. Sie sind von männlichen Hirnen ausgedacht, am männlichen Verhalten und an männlicher Sozialisation orientiert, am männlichen Leben ausprobiert. Kleine Jungen rotten sich zusammen, brüllen, rennen, schwitzen, bilden Bolzgemeinschaften: kleine Männer, gesteuert von Testosteron, das ist ihr genetisches Rüstzeug. Schenken wir ihnen Barbiepuppen zum Ausgleich, werden diese früher oder später umfunktioniert, zum Beispiel zur Pistole. Autos haben kein langes Leben, sie werden im Dauerbelastungs-Check aufeinander zurasen, bis eines gewinnt und beide hinüber sind. Jungs sind wagemutig, leichtsinnig beim Klettern oder im Verkehr; aggressiv, selbstbewusst, raumgreifend – das ist männlich. Ziele erreichen sie mit Aggressionen – alles ist Wettkampf. Was zählt, ist der Sieg: Wer kann am weitesten pinkeln, wer ist der Stärkste, wer hat die meisten PS? Kurz: Wer ist der Gewinner?

Erkennen Sie die Unterschiede an. Nutzen Sie sie, wo es geht – Ihr besseres Kommunikationsvermögen beispielsweise in Ihrer Rolle als Verhandlerin. Darüber hinaus: Seien wir geduldig, bis die Evolution diese Mängel ausgerottet hat; auch Wölfe leben inzwischen in Städten und eher einzeln. Bis dahin verändern wir weiterhin die kleinen Jungen und Mädchen qua Sozialisation und die Berufsregeln qua Machterwerb und Einmischung.
**Aber Achtung Falle – insbesondere für Mütter:**
Machen Sie sich nicht verantwortlich dafür, wenn Ihr Sohn ein Macho ist. Wie wär's mit dem Vater?

# Wie Männer mit Wettbewerb umgehen

Marina bewarb sich um den Job der Abteilungsleiterin und mit ihr ihre Kollegin und frühere beste Freundin Angelika. Angelika bekam den Job – obwohl Marina besser qualifiziert und länger in der Firma war. „Die hat mit dem Chef geflirtet, deshalb, die dumme Kuh", erzählte sie ihrem Mann, nachdem die Entscheidung gefallen war. „Nimm es doch sportlich", versuchte er sie zu trösten. Kein Trost für Marina.

Karriere ist ein Wettkampf und es geht ums Gewinnen. Männer wissen das, sie haben das Prinzip gelernt und auch die Regeln dazu. Frauen sehen oft nicht das Wettkampfziel „gewinnen", sie haben gelernt, dass das Gemeinschaftserlebnis des Spiels im Vordergrund steht. Kennen sie die Spielregeln nicht, missverstehen sie die Situation und nehmen die Angriffe im Kampf persönlich, sie rahmen die Handlung anders ein als die Männer, eine „Fehlrahmung" also, bis sie die Regeln beherrschen. „Reframing" ist angesagt: ein „Umrahmen" im eigenen Kopf. Hierfür hilft es, sich den sportlichen Wettbewerb etwas näher anzugucken.

## Klare Gewinnsysteme und klare Gewinnkriterien

Im sportlichen Wettbewerb gibt es zwei Gewinnsysteme: den Wettlauf, bei dem es viele graduelle Gewinnerinnen gibt: drei auf dem Treppchen und einige mehr in den Ranglisten – und das Nullsummenspiel, bei dem nur einer gewinnen kann wie beim Tennis, Fußball etc. Auch im Beruf gibt es beides: Ich bekomme den Job oder die andere; ich bekomme 10, 15 oder 20 Prozent Tantieme. Machen Sie sich klar, dass es nicht um „alles oder nichts" geht. Akzeptieren Sie die Position der „zweiten Siegerin" als eine anerkennenswerte und trainieren Sie weiter.

In beiden Gewinnsystemen sind die Kriterien klar: höher, schneller, weiter, mehr ... Für die Unregelmäßigkeiten und Verstöße gibt es ebenfalls feste Regeln: gelbe Karte, rote Karte, Platzverweis, Wettkampfsperre etc. Die Regeln werden lange vor dem Spielbeginn festgelegt – und gelten nicht nur für **ein** Spiel. Ihre Überprüfung obliegt hierfür bestimmten Personen, deren Urteil man im Zweifelsfall akzeptiert oder akzeptieren muss.

Im beruflichen Wettbewerb sind die Regeln für Sieg oder Verlieren nicht so genormt, die Kriterien weniger klar. Eine externe Überprüfung findet ebenfalls nicht statt. Es entscheidet der Chef oder die Chefin, wer den Spitzenjob bekommt. Dies verschärft die Abhängigkeit der Kämpfenden vom Entscheider. Wie gehen Männer damit um? Sie akzeptieren, dass es so ist. Und warten, bis sie selbst die Entscheider sind.

Dass klare Kriterien die Sache erleichtern, gilt auch für den politischen Wettbewerb. So vergleicht Michaele Schreyer, bis Herbst 2004 Mitglied der Europäischen Kommission, verschiedene Konkurrenzsituationen, beispielsweise im Kampf um die Spitzenkandidatur: „Die Mechanismen waren klar, offen. Die Kriterien der Auswahl ebenfalls. Das ist eine gute Bedingung für Konkurrenz. Dann ist es auch nicht so schwer, eine Niederlage zu akzeptieren."

> Versuchen Sie, die Kriterien möglichst klar und transparent zu machen – als entscheidende Chefin gegenüber den Betroffenen wie für sich selbst. Sind die Kriterien nicht klar und können Sie dies nicht ändern, so machen Sie sich (und andern) diese Unklarheit deutlich; das hilft, Niederlagen zu verarbeiten. Bauen Sie wenn möglich ein System der Kontrolle ein. Dies bedeutet: klare Kriterien des Aufstiegs, eine faire Bewerbungssituation und die Möglichkeit, eventuellen Verstößen oder „Unregelmäßigkeiten" nachzugehen.

*Wie Männer mit Wettbewerb umgehen*

Im Breitensport überwiegen bei Frauen und Mädchen die Wettkämpfe mit „Spielcharakter", das Gemeinschaftserlebnis steht im Vordergrund, weniger der Sieg.
Darüber hinaus bevorzugen Mädchen Disziplinen, bei denen es um Ästhetik geht (Turnen, Eislauf et cetera); der Gewinn besteht häufig nur in Bemerkungen wie: „Ist sie nicht süß? Macht sie das nicht schön?" Wenn der Sport weiter verfolgt wird und Mädchen und Frauen an Wettkämpfen teilnehmen, besteht die Notwendigkeit, die Kriterien „gut" oder „schlecht" im Vergleich zu andern zu definieren, also als „besser" oder „noch exzellenter". Damit wird die Abhängigkeit vom Publikum wie von den Entscheidenden besonders hoch, die Kriterien sind besonders „persönlich" und wenig genormt. Damit begeben sich Sportlerinnen in diesen Disziplinen in eine besondere personale Abhängigkeit.
Im beruflichen Wettbewerb tauchen ähnliche Mechanismen auf – auf Grund unklarer Kriterien. Hinzu kommt eine Neigung von Frauen, Entscheidungen als „persönliche" zu labeln: Es ist „die Chefin, diese intrigante Kuh", die einer die Beförderung verpatzt hat. Es wird ihr persönlich übel genommen.

> Versuchen Sie, zu entpersonalisieren. War es die Person? Gab es klare Kriterien? Welche? Welches sind die (persönlichen) Spielregeln? Und wenn es wirklich „nur" das Persönliche war, wenn es wirklich „persönlich" gemeint ist: Versuchen Sie sich zu distanzieren. Gehen Sie auf den Balkon oder setzten Sie sich in den Helikopter – virtuell (siehe Kapitel 4).

## Die Positionierung in der Mannschaft

In vielen Sportarten geht es um Einzelleistungen und Mannschaftsleistungen. Die Einzelwertung zählt für die Mannschaftswertung. Dabei ist die Positionierung in der Mannschaft von entscheidender Bedeutung. Wer hält den Stress aus, am Schluss zu starten – mit der Möglichkeit, alles „rauszureißen" oder auch alle „reinzureißen"? Chefinnen müssen dies bei der Zusammenstellung eines Teams bedenken.

> Planen Sie die Positionierung ein: Wer ist gut für den „Einstieg", wer für den „Endspurt"? Eine gute Stürmerin ist kein guter Torwart! Und wer schlecht im Sprint ist, ist noch lange nicht schlecht in der Verteidigung!

## Unterstützung von allen Seiten

Ein zentrales Regelsystem im Sport ist das der Unterstützung: Unterstützung durch das Publikum, Unterstützung durch die Mannschaft, Unterstützung durch den Coach. Bei der Bewertung von Sportstätten zählt nicht nur die Bahn, der Berg oder der Boden, sondern das Publikum. Ein gutes Publikum feuert auch die an, die eigentlich keine Chance haben, aber sympathisch sind. Es unterstützt den Wettbewerb an sich und damit alle am Wettbewerb Teilnehmenden, sofern diese die formalen wie die informellen Regeln mittragen. Und dazu gehört auch die Regel eines netten Umgangs mit dem Publikum. Erinnern Sie sich noch an den „Stinkefinger" von Effenberg? Viel von seiner Energie ging in die Aufarbeitung und Wiedergutmachung dieser kurzen Fehlreaktion.

Auch wenn Sie im Beruf selten ein Stadion füllen müssen – es sei denn, Sie sind Profifußballerin oder Rockstar –, gilt es, diese Unterstützungsregeln zu beherzigen.

> Als Führungskraft sind Sie dafür verantwortlich, dass Beifall nie ausbleibt, sondern nur nach Leistung variiert: Beifall nach einem Vortrag ist Pflicht; Aufmunterung gehört zur Personalverantwortung.

> Das Team selbst sollte seine Protagonistin nach außen unterstützen – auch wenn es interne Konkurrenz gibt; dies können Sie als Chefin durch eine entsprechende Teamkultur im Unternehmen fördern.
> Spätestens wenn es Sie selbst trifft – „die Chefin macht eine Präsentation" –, werden Sie von diesem System profitieren, wenn es in Ihrem Unternehmen etabliert ist. Deshalb: Gehen Sie beizeiten mit gutem Beispiel voran. Wobei Sie keine Angst haben müssen, zu übertreiben; denn im Zweifelsfall schlägt zumindest in der deutschen Unternehmenskultur das Pendel eher in Richtung „eisige Kälte" und „beißende Kritik" als in Richtung „zu viel Lob".

Besonders in der Politik ist eine Kultur der Anerkennung wenig verbreitet, worunter viele Frauen leiden. Viele nehmen die fehlende Anerkennung als Geringschätzung ihrer Leistungen wahr, verlassen den Job oder tappen in die Falle, sich selbst ebenfalls gering zuschätzen.

## Sich selber anfeuern

Wie gut auch das Publikum, die Mannschaft oder der Coach sein mag: Im Sport gehört direkt vor dem Start oder Sprung das Selbstanfeuern zusätzlich dazu. Bobfahrerinnen-Teams schreien sich gemeinsam in Ekstase, bevor sie Schwung holen. Stabhochspringer motivieren sich innerlich – durch ein Motto, einen Satz, eine bildliche Vorstellung, die sie für sich aktivieren.
Auch wenn es bei Ihnen im Job nicht um 1 Hundertstel oder 2 Zentimeter geht: Nutzen Sie die Kraft des inneren Beifalls! Bringen Sie sich selbst auf die Erfolgsbahn! Sagen Sie sich „Ich schaffe es" oder „Ich bin gut". Verbinden Sie es mit dem Bild eines konkreten Erfolgs, den Sie hatten. (Wenn Sie mehr dazu wissen und diese Regel anwenden wollen, suchen Sie sich einen mit NLP arbeitenden Coach.)

## In die Kamera gucken

Nicht nur in der entscheidenden Kurve der Rennbahn sieht man gut! Kameras begleiten Sportler inzwischen von der Zeit vor dem Start bis nach dem Sieg, von der entscheidenden Steigung bis zum letzten Winkel im Wald. Sie sind nie allein – sie werden immer beobachtet. Darauf müssen Sie sich einstellen. Und wenn dem so ist: In die Kamera gucken, lächeln, das Siegeszeichen machen und winken.

Auch wenn Sie nicht zu denen gehören, die im Beruf vor der Kamera stehen: Sie sind nicht allein! Ihr Publikum beobachtet Sie! Wenn es Ihnen den Sieg missgönnt, wird es nach Ihren Fehlern suchen. Wenn es Sie unterstützt, möchte es dafür Dank haben und an Ihrem Erfolg teilhaben.

> Schauen Sie in Ihr Publikum und lächeln Sie. Und danken Sie ihm!

## Das Wetter, der Boden, die Bahn

Im Sport ist der Sieg von vielen Faktoren abhängig: Einige kann man beeinflussen – den eigenen Trainingszustand –, andere kann man sich nicht aussuchen wie das Wetter, den Boden, die Bahn. Sieg und Niederlage, beides kann auch an den Außenfaktoren gelegen haben. So hören Sie in Sportkommentaren immer auch Hinweise auf diese Faktoren – als Erklärung für den eigenen Misserfolg. Aber der Erfolg ist immer eine Sache der eigenen Leistung!

Diese Regel fällt Frauen im Beruf schwer. Erfolge werden zumeist extern attribuiert – der richtige Zeitpunkt, das Team, das Glück – Misserfolge intern – meine mangelnde Konzentration, mein fehlendes Wissen, meine Nichtperfektion. Diese Haltung ist schwer zu überwinden – aber Sie müssen daran hart arbeiten. Dies dient nicht nur Ihrer seelischen Gesundheit, sondern auch Ihrem beruflichen Erfolg.

*„Eine gegen alle"*

Eine Personalmanagerin berichtet, dass Managerinnen bei ihren regulären, üblichen Selbstbeurteilungen zumeist das Team herausstellen, Manager jedoch ihre eigene Leistung. Wer solche Zeugnisse nicht zu lesen weiß, kommt zu dem Schluss, dass Männer besser sind als Frauen. Ein fataler Irrtum – für die betroffenen Frauen, die in ihrer Karriere sich selbst eine Bremse eingebaut haben, die Attribuierungsbremse.

„Frauen schreiben sich Hindernisse eher selbst zu, während Männer sie den Strukturen anlasten."

> Beobachten Sie die Regeln des Wettbewerbs, in den Sie eintreten wollen. Und lernen Sie die passenden Regeln. Wenn Sie Tennisregeln beherrschen, sollten Sie nicht versuchen, damit Fußball zu spielen. Aber die Grundregeln sind überall die gleichen: nämlich dass es Regeln gibt, an die man sich hält, dass diese überprüft werden und dass man sie nicht verletzen darf. Hier können Sie sich aus der einen Disziplin für die andere etwas abgucken.

## Sieben Schritte zum Erfolg im Kampf „Eine gegen alle"

Beim „Wettlauf" im Beruf kann nur eine gewinnen; die zweite Siegerin ist eben nur die Zweite, auch wenn der Unterschied nur eine Tausendstelsekunde ist.

❏ **Der erste Schritt:** Betrachten Sie sich als Siegerin!
Viele sagen, dass sie gewinnen wollen, aber sie stellen sich nicht die Situation vor, wie sie als Erste über die Ziellinie laufen. Sie können nicht von sich erwarten, dass Sie die notwendigen Schritte tun, wenn Sie sich die Schritte nicht vorstellen können. Erlauben Sie sich den Sieg und programmieren Sie Ihre Gedanken und Ihr Verhalten auf Erfolg.

- **Der zweite Schritt:** Trainieren Sie!
  Ja, Sie sehen richtig! Erst müssen Sie sich als Siegerin sehen, dann geht es ans Trainieren. Erwarten Sie dann aber nicht, dass alles auf Anhieb und ohne Vorarbeit gelingt. Trainieren Sie durch Handeln, aber trainieren Sie auch im Kopf: Stellen Sie sich genau vor, was Sie tun oder sagen wollen, um Ihr Ziel zu erreichen. Sie sollten sich deutlich sehen und hören können, was Sie sagen. Videorekorder und Kassettenrekorder helfen, damit Sie sich selbst beurteilen können, Ihren Tonfall, Ihre Körpersprache.
- **Der dritte Schritt:** Studieren Sie Ihre Gegnerin!
  Von ihr können Sie viel lernen. Beobachten Sie genau, wie sie mit Konkurrentinnen umgeht. Wo liegen ihre Stärken, wo ihre Schwächen? Nehmen Sie sie als Gegnerin ernst. Entwickeln Sie Strategien, wie Sie aus ihren Stärken lernen und ihre Schwächen für sich nutzen können.
- **Der vierte Schritt:** Werfen Sie einen Blick auf die „Arena"!
  Wenn Sie kämpfen wollen, müssen Sie über die Bedingungen informiert sein. Gehen Sie nicht „blind" in eine Situation hinein. Sollen Sie zum ersten Mal im Sitzungssaal des Vorstands eine Präsentation machen? Dann sehen Sie sich den Raum vorher an, legen Sie fest, wo Sie stehen werden, wo Ihr Zubehör aufgebaut wird, wohin Sie sich bewegen wollen. Proben Sie Ihren Auftritt – möglichst vor Ort. Je vertrauter Ihnen die Umgebung ist, desto besser werden Sie mit der Situation zurechtkommen. Sorgen Sie – wenn möglich – für ein unterstützendes Publikum.
- **Der fünfte Schritt:** Erwarten Sie nicht, geliebt zu werden.
  Grübeln Sie nicht, ob Ihre Konkurrentin Sie nach dem Kampf immer noch mag oder ob sie wütend sein wird. Konzentrieren Sie sich auf Ihre Schritte. Es geht um den besten „Lauf", die besseren Argumente. Sie greifen nicht Ihre Gegnerin an, sondern die Idee, die Aussagen, die sie im Meeting vertritt. Wenn Sie gewinnen, sind die anderen Frauen unterlegen und darüber nicht erfreut. Auch der Sieg hat seinen Preis. Der eigene Erfolg geht auf Kosten anderer, die sich darüber ärgern,

enttäuscht sind und künftig versuchen werden zu gewinnen. Die Verliererinnen sind die Gegnerinnen von morgen.
- **Der sechste Schritt:** Seien Sie konzentriert und aktiv!
  Gehen Sie vor dem Wettkampf die Situation mental noch einmal durch, als Probelauf, und sehen Sie sich als Siegerin. Es kann nur eine Siegerin geben.
  Und nun los! Laufen Sie!
- **Der siebte Schritt:** Feiern Sie Ihren Erfolg!
  Genießen Sie ihn – und halten Sie ihn fest, reden Sie über ihn, verwalten Sie ihn, bleiben Sie am Ball.

Und wenn Sie doch verlieren sollten? Misserfolge zu vermeiden ist unmöglich. Selbst Spitzenmanagerinnen, berühmte Politikerinnen und Stars müssen immer wieder Niederlagen verarbeiten. Sehen Sie Fehlschläge, Prüfungen, Verluste als Herausforderungen. Neues Spiel, neues Glück: Wiederholen Sie die Schritte 1 bis 5, nutzen Sie Ihre neuen Erfahrungen und seien Sie freundlich mit sich selbst. Trösten Sie sich: Nichts gelingt auf Anhieb. Trainieren Sie weiter, lassen Sie sich coachen – für den nächsten Lauf.
Sie haben Angst vor dem nächsten Spiel, vor dem nächsten Auftritt? Gehen wir noch einmal zurück – quasi zum Schritt „0". Die Phase kurz vor dem Start macht Sportlern die meisten Probleme, da die Erwartungen des Publikums auf ihnen lasten. Der Sportpsychologe Strauß nennt daher das Abwälzen von Erwartungen eine „Selbstsicherheitsmaßnahme, um den Außendruck zu verringern." Denn sonst ist die Gefahr des Scheiterns zu groß. Als negatives Beispiel nennt er Franziska von Almsick, bei der der Druck zu Versagensangst führte und sie zum Scheitern brachte. Auch Männer sind davor nicht geschützt. So genannte „Besorgniskognitionen" – das heißt die Furcht, die von anderen in die eigene Person gesetzten Erwartungen nicht erfüllen zu können – befallen laut Strauß auch Männer. Also können wir hier von ihnen nichts lernen.
Jeder Mensch hat eine Wohlfühl-, eine Risiko- und eine Panikzone. Erfolg setzt voraus, sich in die Risikozone zu begeben und sie Schritt für Schritt mit entsprechenden Erfolgen in die Wohl-

fühlzone zu übernehmen. Die Panikzone sollten Sie besser meiden; hier Erfolg zu bringen, ist äußerst unwahrscheinlich.

> Überlegen Sie sich jeweils mindestens eine Aufgabe, eine Situation für jede der drei Zonen, sei sie real passiert oder vorgestellt. Definieren Sie möglichst klar die jeweiligen Anforderungen und Überforderungen. Und überlegen Sie dann, wie Sie Schritt für Schritt von der Risikozone in die Wohlfühlzone gelangen können.

## Sieben Erfolgsregeln für das Kämpfen in einer Mannschaft

Sport ist eine Männerwelt und Fußball erst recht, die Rituale des Sports sind von Männern gemacht und Frauen müssen sich mit diesen Regeln arrangieren; selbst die Weltmeisterinnen im Frauenfußball. Schauen wir uns die Erfolgsregeln hier an.

### Regeln für die Spielerinnen

❑ **Erste Regel:** Richten Sie sich nach der Teamchefin!
Jungen lernen, dass man nur zu einer Mannschaft gehören kann, wenn man sich dem Mannschaftschef fügt und den Mund hält. Vor dem Spiel kann alles Mögliche diskutiert werden, aber wenn das Spiel begonnen hat, erfüllen alle ihre Aufgaben so gut sie können. Mädchenspiele sind gruppenorientiert, demokratisch, daher denken wir, alle Spielerinnen sind gleich. Der Beruf ist ein Mannschaftssport. Denken Sie daran, dass es bei Ihrer Arbeit nicht um Sie geht, es geht um das Team. Nehmen Sie nichts persönlich, reagieren Sie wie ein Profi: Sagen Sie mit breitem Lächeln der Trainerin, dass Sie es

akzeptieren, heute nur Ersatzspielerin zu sein, und kämpfen Sie weiter mit dem Team.

- ❏ **Zweite Regel:** Es geht ums Ganze, um das Team!

  Sie kämpfen für die Mannschaft. Das Team muss erfolgreich arbeiten. Sie sind im Team, weil Sie etwas dazu beitragen können. Also tun Sie es! Seien Sie dem Team gegenüber loyal. Sie müssen die anderen im Team nicht mögen.

  Ein Team ist nur so gut wie die schwächste Spielerin. Stärken Sie sie – spielen Sie ihr den Ball zu – und Sie stärken sich selbst. Achten Sie das Team! Achten Sie die Rollen und Aufgaben der anderen – übertreten Sie nicht die Grenzen. Halten Sie Ihren Drang zur Eigeninitiative im Rahmen: im Rahmen Ihrer Rolle und Verantwortung; eine Verteidigerin soll nicht stürmen, die Torfrau kein Tor schießen. Sie werden als Person nicht unsichtbar, wenn Sie sich in das Team einfügen. Jedes einzelne Mitglied bringt eigene, spezielle Fähigkeiten mit, die nur im Zusammenspiel den Erfolg – ein Tor – ergeben. Nutzen Sie die Talente der anderen für Ihren Schuss.

- ❏ **Dritte Regel:** Abgemacht ist abgemacht!

  Akzeptieren Sie die Vereinbarungen, auch wenn Sie dagegen waren! Kommen Sie nicht mit neuen Verbesserungsvorschlägen, wenn das Spiel läuft. Wenn die Mannschaft geschlossen nach rechts läuft, ist es nicht der Zeitpunkt für die Frage, ob links besser wäre.

- ❏ **Vierte Regel:** Gemeckert wird nicht!

  Kritisieren ist erlaubt, aber nur wenn es der Verbesserung des Teams dient. Nutzen Sie Ihre kritischen Talente nicht zum Kritisieren von Schwächen der Teammitglieder – das schwächt alle, das Team, Sie selbst –, sondern überlegen Sie positive Vorschläge.

- ❏ **Fünfte Regel:** Allein geht nichts!

  Lassen Sie sich vom Team helfen. Glauben sie nicht, dass Sie alles alleine besser und schneller können. Bürden Sie sich nicht mehr Arbeit auf, als Sie müssen, geben Sie den Ball ab. Sie können nicht alles alleine machen – dafür haben Sie Mitstreiterinnen.

❏ **Sechste Regel:** Zeigen Sie sich!
   Zum Spielen gehört, jederzeit präsent und einsatzbereit zu sein, wenn eine andere ausfällt. Oder wenn Sie gefragt sind. Verstecken Sie sich nicht hinter den anderen. Zeigen Sie, dass Sie da sind, bereit sind. Stellen Sie sich in die erste Reihe.
❏ **Siebte Regel:** Akzeptieren Sie die Trainerin, die Chefin!
   Solange sie es ist, ist sie die Chefin! Sie hat das Sagen, auch wenn es Ihnen nicht passt und Sie sich eine andere wünschen. Das heißt nicht: Die Chefin ist heilig! Aber solange sie nicht abgesetzt ist, ist sie die Bestimmerin.

## Eine kleine Anleitung für Chefinnen

Akzeptieren Sie die Chefinnenrolle für sich! Spielen Sie sie gut! Füllen Sie sie aus.
Denn ein Team ohne Leiterin, ohne Ansprechpartnerin ist kein Team.

❏ **Vor dem Spiel, vor der großen Aufgabe:**
   Achten Sie auf eine adäquate Betreuung des gesamten Teams und auf Ihre Fürsorge für die einzelne Spielerin/Mitarbeiterin, agieren Sie also individuell und teambezogen, um die Spielerinnen intensiv und dauerhaft zu binden. Sprechen Sie regelmäßig mit dem gesamten Team und führen Sie Einzelgespräche unter vier Augen. Lassen Sie gemeinsam (!) das letzte Spiel Revue passieren, charakterisieren Sie die Arbeitsweise des Teams und wichtige einzelne Spielsituationen gemeinsam. Loben Sie Leistungsfortschritte und gelungene Aktionen; wenn Sie kritisieren, machen Sie es so konkret wie möglich und zeigen Wege zur Verbesserung auf. Beschreiben Sie teamschädigendes Verhalten (Unpünktlichkeit, Unzuverlässigkeit, mangelnde Konzentration et cetera) und setzten Sie klare Grenzen. Geben Sie die Aufstellung bekannt – so weiß jede, was sie zu tun hat. Das Team muss an sich glauben. Ermutigen Sie sich und das Team vor dem Anpfiff, der

Präsentation eines Projekts, durch ein gemeinsames Ritual, im Fußball ist das ein Kampfruf, im Business ein Motto, ein letztes „Also los!".

❏ **Im Spiel:**
Beobachten Sie den Verlauf – schauen Sie nicht weg, auch wenn Sie anderes zu tun hätten. Geben Sie Tipps und vor allem ermutigen, motivieren Sie, feuern Sie an. Seien Sie entscheidungsfreudig: Wenn es nicht anders geht, wechseln Sie eine Person aus, und zwar schnell! Auch wenn Sie sich damit keine Freundinnen machen.

❏ **In der Halbzeit:**
Beruhigen Sie, lassen Sie Blessuren verarzten; sorgen Sie dafür, dass die Pause eingehalten wird! Benennen Sie Fehler, aber geben Sie gleichzeitig Tipps zur Korrektur. Unterscheiden Sie zwischen individuellen Aussetzern und der Gesamtleistung. Wenn Sie das Team umstellen müssen, tun Sie es. Sie sind verantwortlich für das Spiel. Wenn der Schlusspfiff kommt, ist es zu spät.

❏ **Nach dem Spiel:**
Gehen Sie gemeinsam mit den Spielerinnen zum „Auslaufen". Reden Sie mit Ihnen – egal ob Sieg, Niederlage oder ein Unentschieden. Bei einem Sieg: Feiern Sie, und zwar mit den Mitarbeiterinnen! Geben Sie einen aus! Bei einem Unentschieden: Freuen Sie sich, nehmen Sie eine Atempause als Vorbereitung für den nächsten Sieg. Bei einer Niederlage: Sprechen Sie Ihrem Team Mut zu, muntern Sie die Spielerinnen auf. Aufstehen und weitermachen!

Nach dem Spiel ist vor dem Spiel, egal ob Sieg, Niederlage oder ein Unentschieden.

# Siege und Niederlagen feiern – Rituale für Frauen

„Frauen sind ritualfremd. Das ist ein großes Problem", findet Managementberaterin Gertrud Höhler. Warum? Zum einen, weil Rituale im Businessalltag zentral sind; von der Begrüßung bis zum Verabschieden, vom Lob bis zur Kritik, für alles gibt es Rituale. Und vor allem: Wie man Siege genießt und Niederlagen einsteckt, dafür haben Männer ein zentrales Regelsystem entwickelt.
Warum können wir sie nicht einfach abschaffen? Rituale sitzen tief; es geht nicht so einfach. Und Rituale sind wichtig; sie unterstützen und unterstreichen den Alltag, schaffen Identität und Abgrenzung, dienen der Verständigung untereinander und nach außen. Wenn Frauen da außen vor bleiben, können sie nur verlieren.
Es geht nicht nur darum, alte Rituale zu verstehen, sondern auch darum, neue zu schaffen. Denn Zeremonien dienen der Verfestigung und Legitimation des Neuen. Und selbst wenn wir nicht gleich die gesamte Businesswelt revolutionieren wollen, eine kleine Revolution ist es allemal, wenn wir die Männerherrschaft durchbrechen. Rituale ändern sich nicht von heute auf morgen. Sie brauchen Akzeptanz und Gewöhnung. Deshalb wollen wir etablierte, heute praktizierte Rituale auf ihre Tauglichkeit überprüfen, ihr positives Potenzial herausfiltern und neue, für uns passende Rituale entwickeln. Wir schauen dabei nicht auf fremde Kulturen, in ferne Gesellschaften und Zeiten, sondern wenden uns einem Fundus alltäglicher Rituale zu, der Welt des Sports. Eine fremde und ferne Welt für Sie? Sie sollten Sich damit beschäftigen. Achten Sie mal darauf, wie die Rituale zwischen Konkurrenten im Sport funktionieren. Oder nach Wahlkämpfen. Der Siegerin zum Sieg gratulieren ist selbstverständlich. Der obligatorische Handschlag, Austausch des Trikots, Dank an das Publikum, den Coach und die Ehefrau. Hier unterscheiden sich Sieger und Verlierer nicht. Im Zweikampf hat der Verlierer den

*Siege und Niederlagen feiern – Rituale für Frauen*

zweiten Platz, in der Punktewertung ist der Siebte der Gewinner vor dem Achten. Man ist besser als beim letzten Mal oder zumindest besser, als man selbst dachte.

Dem Verlierer wird für den fairen Wettkampf gedankt – sofern es einer war. Gute Verlierer nehmen dies souverän an, schlechte Verlierer reagieren beleidigt. Sie kennen das: Das gab es schon als Kind beim „Mensch ärgere dich nicht". Die einen nahmen es spielerisch, die andern wurden wütend und warfen mit den Spielfiguren um sich.

Wie schwer es auch für Erwachsene häufig ist, Niederlagen einzustecken, kann man gut an Wahlabenden verfolgen. Da wird noch die Niederlage eingestanden, aber dann der Gegner beschimpft und für die eigene Niederlage verantwortlich gemacht. So etwas wirkt nie sympathisch.

> Danken Sie Ihrer unterlegenen Konkurrentin für die gute Auseinandersetzung. Nehmen Sie als Unterlegene diesen Dank an. Sie können beide davon profitieren.

Was ist, wenn man mal verliert? Ist es wirklich so schlimm? „Man muss nur einfach einmal mehr aufstehen als hinfallen." (Hildegard Knef) Und Hinfallen an sich ist ein Erfolgsrezept, denn wie lernen Kinder laufen? Indem sie häufig hinfallen – und wieder aufstehen. Verlieren ist also Teil des Wettkampfs und jede muss sich damit abfinden. Lernen Sie, Ihr Scheitern mit Stil hinzunehmen. Auch damit können Sie andere beeindrucken.

Vor allem aber: Machen Sie sich nicht selbst fertig. Das machen andere schon genug. Denken Sie daran und sagen Sie es auch: „Nach der Niederlage ist vor dem Sieg." Wichtig sind auch hier Rituale: Verlassen Sie nicht wie der geprügelte Hund das Spielfeld.

> Gratulieren Sie Ihrer Gegnerin – auch wenn's schwer fällt –, loben Sie sie für ihren erfolgreichen Einsatz. Gönnen Sie ihr den Sieg.
> Seien Sie durchaus selbstkritisch. Das wird Ihnen nicht schwer fallen und kommt gut an! Gehen Sie aber mit sich nicht so hart ins Gericht, hören Sie nicht auf Ihren „inneren Richter", wenn er Ihnen sagt, Besiegte sind weniger wert. Niemand ist vollkommen. Trinken Sie den kaltgestellten Champagner trotzdem.

Eine Niederlage ist nicht erfreulich, aber sie ist begrenzt. Sie ändern nichts mehr an der Vergangenheit, „begraben" Sie die Niederlage, schauen Sie nach vorn, stecken Sie sich ein neues Ziel und beginnen Sie, daran zu arbeiten.

Vor allem: Nehmen Sie das Verhalten Ihrer Gegnerin in der Konkurrenzsituation nicht persönlich. Die andere will auch nur gewinnen – so wie Sie. Sehen Sie es als Spiel, bei dem es um die beste Strategie geht. Sie sind die Unterlegene, weil Ihre Konkurrentin besser war. Das bedeutet nicht, dass Sie diese Leistung nicht auch bringen können. Es heißt nur, dass sie sich in diesem Fall besser behaupten konnte. Nehmen Sie der Siegerin nichts übel, das kostet zu viel emotionale Energie, die Sie für das nächste Spiel brauchen. Solange Sie an der Vergangenheit hängen, sind Sie für die Gegenwart nicht gewappnet. Diese Niederlage ist nur eine Facette in Ihrem Leben, ein Ereignis unter vielen. Stellen Sie sich vor, welche Bedeutung dieses Ereignis in fünf Jahren für Sie haben wird.

Niederlagen sind Teil eines Lernprozesses; Sie brauchen sie, um sich zu verbessern, um zu wachsen. Verlieren (können) gehört zum Leben – und das Leben bietet neue Möglichkeiten, um zu gewinnen.

Und die Siegerinnen selbst? Sieger greifen zur Champagnerflasche – groß muss sie sein, sehr groß, übergroß. Und dann wird sie geschüttelt – alle Umstehenden werden begossen. „Schade", denken Frauen meist, „so eine Verschwendung!".

*Siege und Niederlagen feiern – Rituale für Frauen*

Eine Ausnahme ist die Frauenfußballmannschaft Turbine Potsdam, die ihren Pokalsieg mit der Champagnerdusche feierte. Geübt sind Frauen in Schiffstaufen: Hier müssen Frauen zur Champagnerflasche greifen, um sie mit Schwung gegen den Rumpf zu werfen, bis die Flasche zerbricht. Tut sie es nicht, bringt es Unglück.

Es ist selbstverständlich, als Sieger zu jubeln, den Arm mit der Faust gen Himmel zu strecken und laut zu schreien. Gern zeigt man auch die Waffen: reckt die Skier gen Himmel und zeigt deutlich, wer die Sache gesponsert hat.

Steht man auf dem Treppchen, so nimmt man sich gegenseitig bei den Händen. Interessant ist, dass der Sieger in der Mitte steht. Etwas höher, aber umrahmt vom zweiten und dritten Sieger.

> Beobachten Sie solche Rituale. Wettkämpfe sind Extremsituationen, die beruflich ähnlich auftreten können. Lernen Sie aus Ihren Beobachtungen und entwickeln Sie den adäquaten Stil für Siege und Niederlagen: passend zur Unternehmenskultur und passend zu Ihnen selbst. Auch wenn es schwer fällt, in Situationen extremer Gefühle etwas „vorzuspielen": Erstellen Sie Ihr Rollenskript und denken Sie auch an Ihr Publikum in Ihrem eigenen Interesse!

Im Sport wird der Sieger auf den Schultern getragen – von seiner Mannschaft. Auch wenn darunter so manch einer ist, der meint, er sei der eigentliche Sieger. „Zuarbeit" ist wichtig im Sport, nicht nur bei Mannschaftsspielen. Doch kommt auch hier das öffentliche Lob häufig zu kurz: Der, der dem Torschützen die Vorlage gab, wird hinterher gelobt. Aber auch nicht mehr. Doch die Mannschaft selbst wird kollektiv auf dem Boden herumrollen, sich küssen und herzen – männliche körperliche Distanz hin oder her.

Dieses Ritual haben Frauenmannschaften übernommen. Turbine Potsdam gewann 2005 mit 0:3 den DFB-Pokal: „Wie von Sinnen rannten die Potsdamerinnen aufeinander los. Sie fielen sich um den Hals, tanzten und brüllten, wälzten sich auf dem

Rasen und heulten hemmungslos." Der Pokal „wurde erst geküsst, dann in die Luft gereckt und ging dann von Hand zu Hand" – und, wie gesagt, auch die Champagnerdusche fehlte nicht.

> Sport ist Sport und Business ist Business. Wir empfehlen Ihnen nicht, sich mit Ihrem Team auf dem Teppichboden des Versammlungsraums zu balgen. Aber ein kollektiver Handschlag, das Glas Sekt oder die Lobes-Mail an alle mit offener Kopie an die anderen Abteilungen sollten schon drin sein. Entwickeln Sie kollektive Siegesrituale!

Ein gutes Publikum bietet Druck, aber auch Unterstützung. Aufmunternder Beifall, wohlwollende Blicke gehören dazu. Auch wenn Sie kein autoritärer Staatsmann sind, der sich das Publikum bestellt, so sollten Sie dennoch einen Teil davon bewusst platzieren. In Studiosendungen mit scheinbar „offenem Publikum von außen" ist dies längst ein „Muss" für die Pressestellen der jeweiligen Teilnehmerinnen. Egal ob es um eine kleine Präsentation oder eine große Rede geht:

> Platzieren Sie bewusst eine oder mehrere Freundinnen oder zumindest ihnen wohl gesinnte Personen, auf die Sie Ihren Blick richten, die Ihnen bestätigend zunicken und die im entscheidenden Moment mit Beifall beginnen.

Sieg oder Niederlage, machen Sie nicht den Generalfehler: Beim Erfolg sagen Sie, es war der Trainer, der Schnee, die Bahn – und beim Misserfolg waren es nur Sie selbst. Frauen tendieren nämlich zur Fremdattribuierung bei Erfolg und zur Selbstattribuierung bei Niederlagen.
Was beim Lernen hilfreich sein kann – die eigenen Schwächen zu erkennen –, ist in der Außendarstellung behindernd. Und in jedem Fall nicht unbedingt förderlich für Ihr Selbstbewusstsein. Was wir da von Männern lernen können, zeigt ein Beispiel aus

*Siege und Niederlagen feiern – Rituale für Frauen*

der Wissenschaft: Die Universität Magdeburg suchte für eine Untersuchung zur räumlichen Orientierung Versuchspersonen. Die Frauen, die anriefen, sagten mehrheitlich: „Ich kann das nicht, vielleicht kann ich was lernen." Die Männer: „Ich kann der Wissenschaft weiterhelfen."

> Formulieren Sie Ihre Sätze um: Machen Sie aus Ihrem Mangel einen Vorteil – für sich wie für die anderen. Schreiben Sie Ihre Schwächen auf! Und nun formulieren Sie sie als Stärken um! Schreiben Sie Ihr Erfolgstagebuch: Notieren Sie täglich das, was Ihnen gelungen ist, auch die kleinen Erfolge. Sie werden verblüfft sein über die Wirkung.

Verlieren ist in keinem Fall angenehm. Sie können aber lernen, das Beste draus zu machen. Im Februar 2005 entließ Hewlett Packard seine Chefin Carly Fiorina und damit die einzige Frau an der Spitze eines der im Dow Jones notierten Spitzenunternehmen. Sie jammerte und klagte nicht, entschuldigte weder sich noch beschuldigte sie andere: Sie verhandelte eine Abfindung, die sich gewaschen hatte. Und bekam zusätzlich einen Bonus von 7,4 Millionen Dollar für die Erreichung von Zielen, wegen deren Nichterreichung sie angeblich gefeuert wurde. Auch wenn die Börse „erleichtert" reagierte und der Kurs von HP zulegte: Verlasst euch drauf, Jungs: Fiorina kommt wieder! Einer von euch wird sie einstellen! Weil sie einfach gut ist. Im Februar 2005 war sie bereits als Weltbankpräsidentin im Gespräch.
Zur Niederlage gehört auch immer ein Stück Selbstironie – wie Selbstbewusstsein.
Und wenn es dann noch gelingt, die Rituale einfach umzudrehen, ist eine Niederlage irgendwie auch ein Sieg. So holte sich Halle Berry im Jahr 2005 ihre Goldene Himbeere – den Preis als schlechteste Schauspielerin – selbst ab. Damit überraschte und überzeugte sie. „Meine Mutter hat mir beigebracht, Kritik zu

akzeptieren", sagte Berry, während sie in der einen Hand ihren Oscar hochhielt und in der anderen die Himbeere.

> Auch wenn Sie siegen werden: Überlegen Sie sich vorher, was Sie tun, wenn Sie verlieren sollten.

> Auch die Rituale in der Politik werden von Frauen modifiziert, wenn man sie nur lässt.
> Heide Simonis (SPD), Anne Lütkes (Bündnis 90/Die Grünen) und Antje Spoorendonk (SSW), unterzeichneten im März 2005 öffentlich die Tolerierungsvereinbarungen. Danach der bekannte Handschlag und die weibliche Ergänzung: ein Küsschen auf die Wange.
> Im Dezember 2004 wurde Alice Schwarzer vom französischen Botschafter, stellvertretend für das Land Frankreich, die Auszeichnung „Ritter der Ehrenlegion" verliehen. Sie nahm sie an – souverän, aber offensichtlich amüsiert. Damit hat sie dazu beigetragen, dass die „Männlichkeit" dieser Rituale deutlicher wird.

Fast alle Rituale der Ehrung sind allein von Männern für Männer erfunden und von daher für Frauen schwer zu übernehmen. Gute und für Frauen passende Siegesrituale müssen wohl noch entwickelt werden. Ein langer Prozess, der viele kleine, revolutionäre Regelverletzungen verlangt. In jedem Fall brauchen Sie einen Rahmen, um Siegerin zu sein; Blumensträuße müssen überreicht, Doktorhüte aufgesetzt, Laudationes gehalten werden. Das ist nicht Ihre Sache? Das machen die anderen? Das ist nicht Bescheidenheit, sondern Dummheit.

*Siege und Niederlagen feiern – Rituale für Frauen*

Als Gesine Schwan, Präsidentin der Viadrina in Frankfurt/Oder und 2004 Bundespräsidentschaftskandidatin, im Februar 2005 der Preis „Frauen Europas" des Netzwerkes der Europäischen Bewegung verliehen wurde, säumten FahnenträgerInnen mit den Bannern aller EU-Staaten die große Treppe im roten Rathaus von Berlin, über die mehrere Hundert Gäste zum Festsaal schreiten mussten. Während der folgenden langen Zeremonie defilierten die Fahnenträger abwechselnd symmetrisch zu beiden Seiten des Saales oder postierten sich hinter dem Rednerpult, begleitet vom Aufleuchten und Abdimmen der riesigen Kronleuchter. Gesine Schwan hatte sich das sicher nicht ausgedacht oder gewünscht, dankte aber „für die schöne Zeremonie". So weit zu ihrer Akzeptanz der Regeln. Doch dann verletzte sie diese spontan und souverän: Sie hüpfte auf das Podium und umarmte die drei Studierenden herzlich, die eine Laudatio auf sie gehalten hatten.

Wer Regeln verletzen oder verändern will, muss sie kennen, beherrschen – und muss es sich leisten können. Wählen Sie eine Mischung aus „formal" und „persönlich".

Rituale, sagt die Beraterin Silke Foth, sind der mächtigste Zauber der menschlichen Gesellschaft – mächtiger als jede Vernunft, mächtiger als jeder Einzelne. Rituale sind für Frauen wichtig, weil jede Teilnehmerin an einem Ritual dessen Macht verliehen bekommt. Weil jede Nichtteilnehmerin deshalb schon von vornherein auf verlorenem Posten steht: Es ist wie ein Rennen, bei dem schon vor dem Start die anderen als Gewinner feststehen.

# Ich bin der Größte

Rituale von Lob und Kritik verbinden das erste Dogma „Ich bin der Größte" perfekt mit der ersten dogmatischen Ableitung: Gemeinsam sind wir unschlagbar.

## Das Feedback-Ritual

„Wenn etwas los war und alle stehen um den Chef rum und machen da ihre Dienerchen, da gehe ich, das finde ich schrecklich!" (Maria Schäfer) Was machen Männer und Frauen, wenn ein Vortrag, ein Meeting, eine Präsentation zu Ende ist? Männer gehen zum vortragenden Mann, zum Chef und machen ihre Bücklinge: Sie loben den Vortrag, das Konzept, die Argumente, was auch immer. Und Frauen? Sie gehen rasch wieder an die Arbeit. Ihnen ist das Ritual lästig.
Gegenüber Frauen reagieren sie nicht anders. Sie lassen die Referentin nach dem Vortrag in der Luft hängen. Das ist fatal für die Vortragende, die sowieso meist denkt, sie sei nicht gut genug (gewesen); nun bekommt sie nicht einmal Feedback. Aber auch die Zuhörerinnen verpassen eine Chance für sich: die Chance, sich zu zeigen, groß und großzügig, großmütig, sich in den Vordergrund zu stellen, die eigene Sachkenntnis rüberzubringen. Vor der Kollegin wie vor der Chefin.

> Geben Sie Feedback und geben Sie es ehrlich und sachlich zu dem, was Sie persönlich angesprochen hat. Immer lässt sich irgendetwas Interessantes finden.
> Sagen sie: „Dein Beispiel aus dem Marketingbereich hat mich richtig überzeugt." Oder: „Ihre Einleitung hat mich sofort aufmerksam werden lassen." Sie machen auf sich aufmerksam, zeigen sich „groß" und „großzügig".

Das Regelwerk, wie Männer mit Männern im Beruf umgehen, ist hierarchisch fein justiert. Die Entscheidung, wer wann reden darf, wer wann unterstützt wird und unter welchen Bedingungen, wer welchen Witz machen darf und wer wann darüber lacht, folgt strengen Regeln, die der jeweilige Platzhirsch nicht einmal explizit vorgeben muss, weil sie sich unter Männern von selbst verstehen. Susanne Schlichting etwa, Präsidentin des Verwaltungsgerichts, rät: „Als Vorgesetzte müssen Sie nicht denken, weil über Ihre Scherze immer gelacht wird, wären Sie besonders geistreich. Witze der Vorgesetzten sind oft gar nicht komisch und gleichwohl wird stets laut gelacht." Auch Lachen gehört zum Feedback; lachen Sie ehrlich – laut oder leise, verhalten oder überzeugt – aber lachen Sie mit.

## Das Ja-aber-Ritual

Lob und Kritik kommen in der Männerwelt nie allein. Die Regel: Kein Lob ohne Einschränkung. Männer messen sich dauernd, sie fühlen sich angespornt und motiviert, (noch) besser zu werden. Männer lieben das Ja-aber-Ritual, Frauen verstehen es nicht oder falsch. Frauen reagieren auf eingeschränktes Lob eingeschnappt, weshalb wiederum die Männer „einschnappen". „Die zickt", heißt es dann.
Rollen wir's von hinten auf. Beginnen wir mit dem Nein. „Nein, aber ..." heißt für Männer: Nein, vielleicht, später – nichts Absolutes, sondern etwas Relatives, sie machen weiter. Sie wissen, dass Rückschläge und Niederlagen vorübergehend sind. Bei der nächsten Gelegenheit kommen sie wieder mit ihrem Projekt und fragen erneut.
Wie ist das bei Ihnen? Empfinden Sie ein Nein als persönliche Zurückweisung oder als neue Information, mit der Sie arbeiten müssen?
Frauen scheitern oft an ihrer Unfähigkeit, die Bedeutung des Wortes „nein" zu verstehen. Sie fühlen sich gleich als Versagerinnen, wenn etwas abgelehnt wird, wenn sie einen Fehler machen.

Weil sie Aussagen personalisieren, hören sie in jedem Nein eine Bewertung ihrer Fähigkeiten, einen Hinweis darauf, dass ihre Beziehung zu ihrem Vorgesetzten gescheitert ist, und geben auf.

> Wenn jemand Nein sagt, stellen Sie sich vor, was im schlimmsten Fall passieren kann. Ist es wirklich eine Tragödie? Ein Todesstoß? Welche Bedeutung hat es nächste Woche, nächstes Jahr? Nehmen Sie es als Herausforderung! Machen Sie weiter.

## Die Schlechte-Sache-guter-Kerl-Botschaft

Wenn Frauen von Frauen Feedback bekommen – Kritik oder ein „Ja, aber …", denken sie: „Was bildet diese dumme Ziege sich ein? Die weiß immer alles besser, der kann man es nicht recht machen." Das alte Mutter-Tochter-Schema. „Der Projektbericht ist in Ordnung, aber die Grafiken müssen deutlicher rauskommen." Das ist die Botschaft. Gehört haben Frauen: „Ich bin nicht gut genug." Frauen konzentrieren sich auf den sachlichen Mangel, den sie zu ihrem persönlichen Mangel machen. Sie hören nur den Tadel, reagieren frustriert und blockieren damit ihre Chance dazuzulernen.
Es geht um eine Sache, eine Fähigkeit, eine Leistung – es geht nicht um sie selbst, um ihre ganze Person.
Keine Frau (und kein Mann) lässt sich gerne kritisieren, aber Kritik gehört zur Karriere dazu. Also: Hören Sie sich die Kritik an. Und hören Sie genau hin.
Frauen neigen dazu, vor allem mit dem Beziehungsohr zu hören und den Schluss zu ziehen: Ich habe etwas falsch gemacht, ich bin nichts wert. Hören Sie also mit dem Sachohr: Was war richtig, was war falsch? Trennen Sie die Kritik von Ihrer Person – nehmen Sie es nicht persönlich. So war es nicht gemeint. Wenn Sie unsicher sind, holen Sie sich Feedback. Und: Weshalb halten Sie sich für makellos, für perfekt und gegen Fehler jeder Art gefeit? Seit wann fallen Meisterinnen vom Himmel?

*Ich bin der Größte*

Wenn Sie eingeschränktes Lob bekommen, freuen Sie sich über die 90 Prozent Zustimmung und setzen Sie die 10 Prozent Empfehlung um. Gehen Sie im Dreischritt vor:

1. Lob bestätigen lassen
   „Heißt das, der Inhalt ist in Ordnung?" „Ja, ja der Inhalt ist absolut o.k."
   Damit ist klar, niemand wollte Sie heruntermachen. Es war tatsächlich Lob und Anerkennung und eine sachliche Kritik mit dem Hinweis auf das, was noch besser sein soll. Eine Lernchance sozusagen. Machen Sie's wie die Männer, die konzentrieren sich auf das Lob!
2. Prüfen Sie die Kritik auf ihre Berechtigung
   Nicht jede Kritik ist berechtigt. Manchmal verfolgt jemand seine eigenen Interessen und will die Konkurrentin abschrecken. „Mein Professor hat mal gesagt: Eigentlich können Frauen gar keine Wissenschaft machen ... wegen der Hormone." Mit großer Wirkung: „Man denkt dauernd darüber nach: Bin ich auch gut genug? ... Sicher, auch Männer haben Zweifel – aber für Frauen können sie tödlich sein", das sagt die Biochemikerin Christine Nüsslein-Volhard. Sie hat sich nicht abschrecken lassen, im Gegenteil, sie hat weitergemacht. 1995 bekam sie den Nobelpreis.
   Dazu der Rat von Viola Klein, die sich als Unternehmerin im IT-Bereich durchgesetzt hat: „Ich guck dann erst mal nach, so bei mir, was ist denn da dran, und ich wehr mich dann heftig, wenn es nicht an mir liegt."
   Frauen in hohen Positionen können von Männern lernen, „nicht zu selbstkritisch zu sein, nicht von jedem geliebt werden zu wollen und sich in Hierarchien resolut zu positionieren." (Marina Stadler-Bodi)
3. Nehmen Sie Kritik nicht persönlich
   Und wenn Sie selbst in einer Auseinandersetzung Stellung beziehen, so trennen Sie Ihre fachliche, sachliche Meinung von sich als Person – als Frau. Sie treten in einer Diskussion klar, deutlich und massiv auf; aber deshalb sind Sie dennoch

ein netter Mensch! Achten Sie besonders darauf, wenn Sie sich mit Frauen auseinander setzen: Greifen Sie nicht Ihre Gegnerin als Person an, sondern verurteilen Sie die Sachaussage, die Argumente, die Idee.

## Was tun? Zwei zentrale Verhaltensansätze aus dem Dogma und der ersten Ableitung

Beantworten wir die Frage am Anfang des Kapitels: „Why can't a woman be more like a man?" Weil sie eben keiner ist; weil sie anders „gebaut", anders sozialisiert ist, anders tickt. Und vor allem: weil sie kein Mann sein will. Aber natürlich können wir vielleicht etwas abgucken und für uns nutzen.
Seien Sie doch „etwas mehr wie ein Mann". Sie müssen ja nicht gleich glauben: Ich bin die Größte. Aber etwas mehr Selbstbewusstsein, mehr Show, mehr Eigen-PR und Imagepflege könnten Ihnen sicher nicht schaden. Selbstlob stinkt nicht!
Männer sind rituelle Angeber. Schon ihre kleinen Erfolge blähen sie auf, preisen sich selbst in den höchsten Tönen. Aus 60 Prozent Leistung werden so 150 Prozent. Frauen finden das peinlich und unnötig. Sie machen es anders. Ihre 150 Prozent stellen sie wie 40 Prozent dar, wenn sie überhaupt darüber sprechen.
Männer geben mit dem an, was sie beruflich können oder zu können meinen. Frauen geben mit den Größen anderer an: mit dem Können ihrer Kinder, dem Können ihres Mannes, der Größe ihres Hauses, der Marke ihres Porzellans et cetera. Und wenn es ihre Leistung ist, sagen sie immer noch nicht „ich". Probieren Sie's mal anders herum, also: „Ich habe mein Kind so gefördert, dass es ein Super-Abitur gemacht hat." Frauen geben so an, dass andere etwas davon haben, nicht sie selbst. Sie finden

das selbstverständlich, nichts Besonderes und werten sich selbst ab: „Ich hatte Glück, meine Mitarbeiter haben mich unterstützt, das hätte jede geschafft, das ist selbstverständlich, wenn nicht gar Zufall."

Noch eine Beobachtung aus der Männerwelt: Ein Mann macht etwas gut – findet er und mit ihm seine Geschlechtsgenossen; jeder haut jedem auf die Schulter und bewundert dessen Erfolge: „Mann, Klasse!" Jeder ist der Größte und zusammen sind sie unschlagbar, so entsteht Teamgeist. Das können Frauen auch! Probieren Sie's. Lassen Sie die Erfolge nicht vorbeiziehen – egal ob es Ihre sind oder die einer andern: Loben Sie Ihre Kollegin, Ihre Mitarbeiterin, Ihre Chefin. Lob ist eines der Dinge, die sich vermehren, wenn man sie anderen gibt. Verschenken Sie das passende Lob: Handschlag, Blumen, Umarmung, Küsschen, eine Lobes-Mail mit Kopie an alle.

> Zum Schluss ein Abschiedsritual: Tina Rieune-Meyer, Cheftrainerin der Frauenfußballnationalmannschaft, feierte ihren zweiten Europameisterschaftstitel und gleichzeitig ihren Abschied. Nach verdienter Sieger-Zigarre und manchem Tanz setzte sie sich ans Klavier und spielte für ihre Mannschaft: „You'll never walk alone".

# 3 Oben ist es kühl – Frauen, die oben angelangt sind

## Wie Frauen anders und erfolgreich führen

Die Stunde der Frauen? „Frauen sind die besseren Bosse." „Frauen sind in der Wissenschaft unverzichtbar." Glaubt man den zahlreichen Studien zur weiblichen Führungsqualität, dann ist die Stunde der Frauen längst angebrochen. Wir lesen von einer Zeitenwende in den Chefetagen, im Parlament, an Universitäten. Soziale Kompetenz, emotionale Intelligenz machen Frauen in Führungspositionen so wertvoll. Unternehmen profilieren sich mit Förderprogrammen zur Vereinbarkeit von Familie und Beruf, immer noch oder wieder hören wir Quotendiskussionen, es wird immer mehr darauf geachtet, dass auf dem obligaten Gruppenbild mindestens eine Dame zu finden ist.
Die Studien prognostizieren, die Zukunft ist weiblich: Eine Führungsposition ist der Ort für viele Frauen, an dem sie ihr gesamtes Können optimal entfalten können. Und: „Die besonderen Fähigkeiten der Frauen – eine weitsichtige Verhandlungsstrategie, analytisches Zuhören und die Schaffung einer Arbeitsatmosphäre, die Engagement und Kreativität anregt – werden dazu beitragen, die Kluft zwischen den Idealen der Effizienz und der Humanität zu überbrücken." (Sally Helgesen)
Noch ist es so, dass die so genannten Soft Skills – also die Eigenschaften und Inszenierungen, die traditionell Frauen zuge-

schrieben werden wie Einfühlungsvermögen und Emotionalität – in den Führungsetagen theoretisch hoch willkommen sind. Stichwort: emotionale Intelligenz. Praktisch jedoch schaden sie Frauen eher. Und eher lernen Männer in Führungsseminaren Soft Skills, als dass Frauen für hohe Positionen eingestellt werden. Es gewinnt die Kopie, nicht das Original.

Eine Sicht, die nicht nur in Führungsetagen zu finden ist. „Das ganze schöne Land in der Hand einer einzigen Frau!", ruft ein entsetzter Bürger, als Heide Simonis Ministerpräsidentin geworden ist.

## Wie Frauen führen

„Ich leite mein Unternehmen nach weiblichen Prinzipien", sagt Anita Roddick, Gründerin von Body Shop, Umsatz 300 Millionen Dollar (1990). Und welches sind weibliche Prinzipien? Verantwortungsgefühl für andere, die Fähigkeit zu intuitiven Entscheidungen, die Unabhängigkeit von Hierarchien, die Vorstellung, dass die Arbeit in das Leben integriert sein sollte (und nicht umgekehrt), eine verantwortliche Nutzung der erzielten Gewinne, die Erkenntnis, dass die Bilanz zuletzt kommt. (Sally Helgesen)

Befragen wir Führungsfrauen im Interview oder im Coaching, so ist die Antwort immer: Ich will authentisch sein und bleiben. Führung ist für Sie keine Technik, sondern eine Lebenseinstellung. Dazu gehört:

❏ bei sich und anderen Emotionen zulassen,
❏ die Beziehungsebene einbeziehen und gleichzeitig
❏ die Sache voranbringen (Männer führen nur sachbezogen),
❏ die Macht nicht um der Macht willen ausüben, sondern um Einfluss zu nehmen,
❏ nicht „über Leichen gehen", aber offensiv sein,
❏ so führen, dass es für Sie selbst stimmig ist (eigene Werte),
❏ Frau bleiben.

*Wie Frauen anders und erfolgreich führen*

Die individuellen Führungsmuster sind so vielfältig wie die Frauen, die führen. Cornelia Pieper, Parteivorstand der FDP, formuliert ihren Anspruch so: „Ich will so bleiben, wie ich bin, das heißt, dass ich mich als Mensch und wie ich mit meinen Freunden umgehe nicht verändere, dass ich nicht irgendein Stereotyp werde, was ich gar nicht bin und auch nicht sein will, weil es einfach nicht zu meinem Wesen passt. Ich bin unkonventionell, so gebe ich mich halt. Ich möchte das leben, was ich bin, auch in der Politik. Ich finde, darauf habe ich einen Anspruch."

## Schlüsselqualifikation

Frauen sind Führungspersönlichkeiten, die nach eigenen Wertvorstellungen Unternehmen prägen und Menschen führen können. Sie tun dies anders als Männer. Die Aussage einer erfolgreichen Managerin, ihre Führungsrolle gleiche einer Gärtnerin, die die Blumen düngt und gießt, damit sie wachsen und gedeihen können, war eine unglaubliche Provokation. In mehrfacher Hinsicht: Alle Ratgeber für Managerinnen empfahlen bis in die 80er Jahre hinein Männer als Vorbilder und die Aneignung männlichen Verhaltens, um Erfolg zu haben. Wenn Frauen sich schon nicht in Männer verwandeln konnten oder wollten, so sollten sie doch zumindest deren Spielregeln erlernen und anwenden. Der Rat zur Anpassung widersprach aber den konkreten Erfahrungen der Managerinnen. Erfolg hatten sie dann, wenn sich ihre Mitarbeiter zum Beispiel sicher und respektiert fühlten, denn dann leisteten sie die beste Arbeit; wenn sie sie (dem Rat folgend) gegeneinander ausspielten, setzten Ineffizienz und Lähmung ein.
Was nun? Management ist eine rasche und reaktive, eine lebendige und intensive, in keiner Weise vorgeplante Tätigkeit, Management verläuft dynamisch. Kein Wunder, dass bei so viel Dynamik die unterschiedliche Sozialisation im Verhalten „durchschlägt". Deshalb können Frauen nicht wie Männer, Männer nicht wie Frauen managen, warum auch?

Zu den allgemeinen Kompetenzen weiblicher Führungskräfte wie Kommunikationsfähigkeit, Kooperationsfähigkeit, Motivierung, ethisches Bewusstsein, Umstellungsfähigkeit, Frustrationstoleranz kommen spezielle hinzu. Frauen greifen auf ihre besonderen Fähigkeiten zurück, Quer- oder Späteinsteigerinnen zudem auf Erkenntnisse und Erfahrungen aus anderen Zusammenhängen, Stichwort „Familienkompetenz". Susanne Schlichting zum Beispiel steigt nach einer Kinderpause wieder in ihren juristischen Beruf ein und wird schließlich Präsidentin des Verwaltungsgerichtes: „Am meisten habe ich gelernt im Rahmen der Familie. Ich habe drei Söhne verständnisvoll, aber mit klaren Zielsetzungen erzogen. Es ging immer darum, ein gutes Ergebnis zu erreichen, auf der Grundlage, dass jeder sich einbringen kann." Zwischen den Systemen Familie und Business sind die Gemeinsamkeiten größer als die Unterschiede; in beiden Bereichen sind gleiche Fertigkeiten notwendig: Organisation, rationelle Arbeitsplanung, Abwägung zwischen widerstreitenden Ansprüchen, die Fähigkeit, andere anzuleiten, zu fördern, zu beaufsichtigen, unvorhergesehene Zwischenfälle zu meistern, Informationen weiterzugeben. Diese Zusatzqualifikation vertritt Susanne Schlichting offensiv: „Nach meiner Ernennung zur Präsidentin rief mich ein anderer Gerichtspräsident an und fragte: ‚Ja, wieso können Sie das denn?' ‚Wer eine fünfköpfige Familie mit ausgeprägten Individualisten geführt hat, wie ich – mein Mann war mit seinen eigenen beruflichen Aufgaben beschäftigt –, der kann auch ein Verwaltungsgericht leiten', habe ich geantwortet. Er hat gelacht und wurde dann nachdenklich."
Im Coaching berichtet eine Managerin über ihre erfolgreichen Vertragsverhandlungen: „Ich weiß aus Erfahrung, welches von beiden Kindern den Kaugummi bekommen soll, das vierjährige oder das sechsjährige, deshalb kann ich jeden Vertrag aushandeln."
Nicht alle Frauen, die eine hohe Führungsposition erreichen, sind den geraden Karriereweg gegangen. Familienpausen sind so typisch wie Qualifikationen und Erfahrungen aus ganz anderen Berufen. Viola Klein, Vorstand eines großen IT-Unternehmens,

war Leiterin eines Kindergartens: „Meine Spezialstrecke ist eigentlich die Pädagogik für kleine Kinder, wobei ich manchmal lachen muss, viel anders ist das im Unternehmen auch nicht." Kindergärtnerin oder Lehrerin ist für die meisten Menschen die erste Personifizierung weiblicher Autorität im öffentlichen Bereich. Unsere Vorstellung, wie Frauen Macht ausüben und Führungsstrukturen schaffen, ist also bereits vorgeprägt.
„Meine Ausbildung hat mir gut geholfen", sagt Cornelia Pieper. Als sie in die Politik ging, konnte sie schon vor vielen Menschen reden, komplexe Zusammenhänge erklären und mit ihrer Persönlichkeit überzeugen.

## Erfolgsstrategien

Wenn Frauen Karriere machen wollen, was gehört dazu? „70 Stunden arbeiten, weitestgehender Verzicht auf Privatleben, Konkurrenz mit Frauen und Männern. Erfolg ist, wenn ich es schaffe, mich mit einer Konzeption intern und extern durchzusetzen, auch entgegen Widerstand, gegen den Strom zu schwimmen oder auch nur eine Mindermeinung vertreten zu können. Ein Rückgrat zu haben." (Katherina Reiche)
„Beständig sein, zäh, am Ball bleiben, nicht locker lassen, wenn man Tiefs hat, wenn man hinfällt, dass man nicht gleich alles hinschmeißt, sondern den Blick nach vorne richtet und immer seinen Weg weiter geht – und dass man nicht aufgibt, sondern sich treu bleibt und seinen Überzeugungen, das war immer mein innerer Motor. Ich brauche die Bestätigung meiner Arbeit, das Gefühl, dass das, was ich tue, auch gewollt und gebraucht wird." (Cornelia Pieper)
Frauen brauchen mehr Selbstbewusstsein, vor allem aber mehr strategische Planung: „Wo will ich hin? Wie sind die Wege dahin? Wer sind die Menschen? Will ich das wirklich?" (Katherina Reiche) Das ist der erste Schritt. Es folgt der zweite: „Zum Erfolg gehört das klare Wissen, warum bin ich hier, was will ich, was ist mir wichtig? Der klare Anspruch, eine Position auszufül-

len." (Rita Süssmuth) Um Positionen erfolgreich auszufüllen, zum Sichern und Ausbauen von Handlungsspielräumen, zum Umgang mit Grenzen und Hindernissen braucht man Qualifikationen, Mut, Persönlichkeit und vor allem Strategien. „Das Strategische lernen, da haben wir noch Defizite." (Rita Süssmuth)

Das Führungsverhalten von Frauen ist längst untersucht worden. Dabei hat sich gezeigt, dass das Strategiemuster von Frauen so individuell ist wie das von Männern, es gibt aber drei spezifische Grundstrategien:

❏ Individuelle Leistung (Fachkompetenz und Sachlichkeit)
❏ Offensivstrategie (Rechte einfordern, Konflikte austragen)
❏ Integrationsstrategie (Einbringen weiblicher Qualifikationen)

## Grundstrategie: Leistung

Eine hohe Position zu erreichen, das setzt einiges voraus. Die fachliche Qualifikation ist nur die „Eintrittkarte". Während Männer sagen, Karriere funktioniert über Kontakte, Personen und Zufälle, betonen Frauen vor allem ihre Leistung: „Zu meinem Weg gehört ein gewaltiges Arbeitspensum. Ohne fachliche Kompetenz keine Karriere! Da darf man nicht angreifbar sein. Es war mir wichtig, die Funktionen, die ich ausgeübt habe, gut auszufüllen. Das ist ein weibliches Phänomen: Du musst besser sein als die Männer." (Rita Süssmuth) Diese Aussage ist absolut typisch. Fachkompetenz, ein hohes Maß an Engagement, viel Arbeit als Waffe gegen Vorbehalte, Vorurteile gegenüber Frauen in Führungspositionen, von denen alle Frauen ihr Lied singen können: „Meine erste Dozentur, das war hart beim Einstellungsgespräch: Diese unangemessenen Fragen! Nicht fachlich! Aber was ich mir vorstellen würde, vor meinem Mann eine Dozentur zu bekommen! Was denn passieren würde, wenn ich ein Kind bekäme. Wie ich mir das vorstelle, einem Mann den Job wegzunehmen, der acht Kinder hat." (Rita Süssmuth) Das war 1967. Im Auswahlgespräch nach Abschluss der Trainee-Phase 2004 hört sich das so an: „Ich wurde nach dem privaten Umfeld, der weiteren Lebensplanung, wie es mit den Familienplänen aussieht und vor allem nach der Mobilität gefragt", sagt eine Bankerin im Coaching. Kein Mann musste diese Fragen beantworten.

Werfen wir noch einen Blick in die Praxis, genauer auf die Arbeitszeiten, denn hier sind Unterschiede von Männern und Frauen konkret nachweisbar. Dazu gibt es zwei Sichtweisen:

❏ Erste Sichtweise: Frauen engagieren sich für ihren Beruf selten über einen normalen Arbeitstag hinaus. Nach getaner Arbeit eilen sie in ihr privates Leben, zu ihrem Mann und ihren Kindern. Überdurchschnittlichen Einsatz zeigen die Männer: „Die müssen gar nicht bleiben um der Sache, der ‚Bunten', willen. Die sitzen dann da, warten, reden und trinken Wein, bis derjenige, auf dessen Arbeit wir warten, fertig ist", berichtet die Chefredakteurin Patricia Riekel. (Monika Thiel)
Überlange Arbeitszeiten, genauer die Demonstration zeitlicher Verfügbarkeit, sind eine männliche Karrierestrategie. Karriereorientierte Männer arbeiten auch dann noch, wenn eigentlich nichts mehr zu tun ist. Sie verbringen Zeit am Arbeitsplatz, obwohl sie längst zu Hause sein könnten oder sollten. Sie bleiben präsent, zeigen damit überdurchschnittliche Leistungsbereitschaft und Engagement, um sich als unverzichtbare Mitarbeiter zu empfehlen. Dieser „Anwesenheitskult" ist oft keine bewusste Strategie, vielmehr drückt sich hier eine Disposition zu hohem beruflichem Commitment aus. Dies ist kompatibel mit der Darstellung von Männlichkeit und der männlichen Strukturierung von Karriere.
❏ Zweite Sichtweise: Frauen in Führungspositionen, insbesondere diejenigen ohne Kinder, arbeiten länger, 60 Stunden pro Woche und mehr, bei Männern ist bei 60 Stunden pro Woche Schluss (Goos/Hansen) Karriere heißt: „70 Stunden arbeiten, weitestgehender Verzicht auf Privatleben." (Katherina Reiche)

*Oben ist es kühl – Frauen, die oben angelangt sind*

Es scheint so zu sein, dass die Männer anwesend sind und die Frauen arbeiten. Katrin Göring-Eckart, Fraktionsvorsitzende der Grünen im Bundestag, hat daraus den Schluss gezogen: „Keine unnötig langen Arbeitszeiten. In Sitzungen stringente Leitung. Was schaffen." Sie folgt damit ihrer Kollegin Gro Harlem Brundtland, der ersten Ministerpräsidentin in Norwegen, die als Erste ihr Kabinett quotierte und Meetings um 17:00 Uhr beendete. Minister hätten schließlich ein Privatleben. Wir wissen nicht, wie norwegische Männer ihre Freizeit verbringen, unsere Männer/Väter jedenfalls verwenden ihre Freizeit/Teilzeit mehrheitlich nicht für ihre Kinder, sondern für Hobbys, Fitness, für ehrenamtliches Engagement in Vereinen.

Leistung allein reicht nicht, weil sich die Diskriminierungen nicht auf die Fachlichkeit beziehen. Frauen müssen sich ein-, zwei-, dreimal beweisen, bevor sie eine Führungsposition bekommen (bei Männern reicht einmal). Gleiche Chancen? Diese Erfahrung taucht im Coaching regelmäßig auf mit dem Satz: „Es wird einem nichts geschenkt." Das ist die Realität und kein Mythos.
Schon in frühester Kindheit wird Frauen vermittelt, dass sie sich nicht hervortun sollen: Leistung setzt sich durch. Wenn nicht beim ersten Mal, dann eben beim dritten Mal. Im Arbeitsleben ist es aber weit wichtiger, dass die Leistung sichtbar ist und anerkannt wird. Dazu muss sie „verkauft", d.h. der eigenen Person zugeschrieben werden.

> **z.B.** Eine junge Managerin findet heraus, dass ihre Kollegen mehr verdienen. Sie lässt sich coachen und geht zum Vorstand: Sie sagt, dass sie genauso viel verdienen möchte wie die Kollegen. Es sei denn, der Vorstand könne ihr beweisen, dass sie schlechter oder weniger arbeite. Wenn er dies nicht beweisen könne, würde sie es als gerecht empfinden, wenn ihr Gehalt auch rückwirkend angeglichen würde. Die Forderung wird erfüllt, allerdings nur für sie selbst. Das Gehalt ihrer Kolleginnen bleibt unverändert.

> Drehen Sie die Beweislast um und sagen Sie, dass Sie gut sind. Tun Sie dies möglichst früh, das heißt nach dem ersten Beweis Ihrer Fähigkeiten. Sie nutzen damit einfach nur die Chancengleichheit – für sich.

> Der Rat von Angela Feldhusen lautet: „Übereifer ist eine Falle. Verstehen, dass einmal oder anderthalb mal besser auch reicht, das ist das Ziel (I. Angela Feldhusen)

Männer haben keine Scheu sich selbst Eignung und Qualifikation zuzusprechen: „Der Zwerg", sagt Gertrud Höhler, „wirft den Schatten eines Riesen – und hat den Job." Um gleichzuziehen, hat eine junge Managerin für sich eine Argumentation entwickelt, die sie die „Abnick-Strategie" nennt: „Ich bin einfach hingegangen zum Vorgesetzten und habe gesagt: Das, was die machen, die jetzt auf dieser Position sitzen, das reicht nicht, das kann ich besser. Ich würde es auf diese und jene Weise machen. Für die Firma wäre es eine Verbesserung und für mich ein passender Karriereschritt. Ich bin bereit, den Job zu übernehmen, und Sie werden es nicht bereuen. Da hat er ein paar kritische Fragen gestellt, und dann hatte ich den Job."

> „Sichtbarkeit ist extrem wichtig, öfter mal sich selbst fragen: Bringt mir diese Aufgabe auch was mit Blick auf die Karriere oder arbeite ich nur unsichtbar für jemand anderen, Routineaufgaben ohne Herausforderung und ohne Prestige? Sieht das ein Geschäftsführer? Bin ich auch nach außen sichtbar? Sichtbarkeit ist immer nach beiden Seiten wichtig: nach innen und außen." (Anke Domscheit)

## Grundstrategie: Offensive

Es gibt bei der Karriere auch einen starken genetischen Faktor: 50 Prozent der Vorstandsvorsitzenden der größten Unternehmen in den USA sind Söhne von Vorstandsvorsitzenden.

Frauen kommen am ehesten in kleinen und mittleren Unternehmen mit flachen Hierarchien voran. Am besten gründen sie das Unternehmen selbst; am zweitbesten erben sie es.

In dieser Situation lohnt sich ein Training als Hindernisläuferin. Und eine offensive Strategie: Konflikte austragen, gegen Diskriminierung angehen, Nein sagen, Stelle wechseln. „Frauen schauen zu häufig danach, dass sie beliebt sind. Weniger dass sie einen strategischen Erfolg haben. Frauen kommt es erst darauf an, dass man sie mag. Sie wollen Harmonie. Aber Krach gehört zur Macht. Macht ist eckig und kantig und sperrig." (Katherina Reiche)

Selbstbewusstsein, das Wissen um den eigenen Wert, und eine Portion Mut sind dafür wichtig, denn Befangenheit – das Liebsein – richtet Stopp- und Verbotsschilder auf.

Konzentrieren wir uns zuerst auf das, was Frauen am schwersten fällt: das Neinsagen.

Zum Führungsjob gehören Abgrenzungsfähigkeit, Durchsetzungs- und Entscheidungsvermögen. Es gilt, klare Grenzen zu setzen und sich daran zu halten, denn Sie haben im Führungsjob nur begrenzte Zeit, begrenzten Raum und begrenzte Energie. Sie können nicht bei allen nett und beliebt sein, sich nicht mit allen Themen befassen, die andere wichtig finden, nicht jedem gerecht werden. Die Angst davor, Nein zu sagen, hat damit zu tun, dass sich Frauen nicht gerne unbeliebt machen. Karriere machen, Führung übernehmen heißt auch Situationen aushalten, in denen Sie die „Böse" sind oder dafür gehalten werden. Sie, als Person, sind nicht die Böse, es ist Ihr Handeln. Trennen Sie also das eine vom anderen. Nicht leicht, haben wir doch als kleine Mädchen gelernt, freundlich und zuvorkommend zu sein und eben nicht anderen Einhalt zu gebieten. Das Neinsagen ist eines der unentbehrlichen Werkzeuge, wenn Sie ein Ziel erreichen wollen.

> Passen Sie sich nicht mehr an, als Sie müssen. Kommunizieren Sie Ihre Qualitäten. Sagen Sie, was Sie wollen und was nicht. Fragen Sie, wenn Sie mehr Gehalt wollen, mehr als ein Nein kann Ihnen nicht passieren. Und Sie wissen ja, Nein heißt nicht Nein für immer.

Zur Offensivstrategie gehört für Katherina Reiche, Beruf und Familie zu haben und für alle sichtbar zu vereinbaren. „Es gab gegen mich Angriffe im Wahlkampf – aus den eigenen Reihen und der Öffentlichkeit. Wir sind Gefangene eines Mutterbildes, das es sonst nirgendwo gibt auf der Welt. Das muss man ändern. Durch ein positives Vorbild, beispielsweise die Kinder mitzubringen in den Job, in die Politik."

Woher nimmt sie das? Es ist ihr „Frauenerbe" aus der Sozialisation in der DDR: „Unsere Mütter haben es uns vorgelebt. Wir haben ein bestimmtes Selbstbewusstsein. Wir sind es gewohnt, dass Frauen aus unterschiedlichen Berufsfeldern ihre eigene Perspektive einbringen." „Meine Kinder zeigen mir, was wirklich wesentlich ist, das relativiert viele Berufsprobleme", sagt eine andere berufstätige Mutter im Coaching.

Verzicht auf das Familienleben, auf Kinder, ist der Preis, den viele Frauen zahlen, aber nicht zahlen wollen. Henry Mintzberg hat in seiner berühmten Studie „The Nature of Managerial Work" nachgewiesen, dass Manager sich keine Zeit für ihre Familie nehmen. Sie richten sich eher zu Hause ein Filialbüro ein, als dass sie mit ihren Kindern spielen, ins Theater oder Konzert gehen. Geistige Isolation, emotionale Verarmung kann daraus resultieren. Die andere Seite des erfolgreichen Mannes ist „stille Verzweiflung": „Nach 30 Jahren Ehe kenne ich meine Frau immer noch kaum, meine Kinder, die im Internat leben, gar nicht." Werden sie entlassen, pensioniert und die Insignien der Macht fallen weg, wird die innere Leere überdeutlich, einige halten das Leben nicht aus, Depression und Herzinfarkt sind häufige Folgen. Trotzdem: Sie würden alles noch einmal so machen.

Für Frauen öffnet sich hier ein Dilemma. Es heißt Tabuzone Teilzeit. Für Frauen auf dem Karriereweg – nicht aber für Männer –, die betreuungspflichtige Kinder haben, sind die Angebote von flexiblen Arbeitszeiten oder Erziehungsurlaub gedacht. Machen sie von diesen Angeboten Gebrauch, unterstellt man ihnen, dass sie nicht zielstrebig genug seien und eine Spitzenposition nicht ernsthaft anstreben. „Nachdem sie Louis bekommen hatte ... stellte sie fest, dass sie ... ausgebootet worden war ... sie hatte für ein paar Monate nicht auf die Karriereautobahn geachtet und sich auf der Mama-Spur wiedergefunden. (Die Mama-Spur kann ohne weiteres für eine Verbindungsstraße gehalten werden; man kann hunderte von Meilen darauf fahren, bevor man mitkriegt, dass sie nirgendwohin führt.) Karen dachte, sie könnte ihren Job in vier Tagen schaffen und an einem dieser Tage zu Hause arbeiten. Ihr Chef war derselben Meinung und das war das Problem. Wenn Karen das hinbekäme, sagte er, würde sie damit einen ‚ungünstigen Präzedenzfall' schaffen." (Alison Pearson) Die Unterbrechung oder Einschränkung von Arbeitszeit von Frauen in hoch qualifizierten Berufen lässt Männer auf zu geringe Verfügbarkeit schließen und das schließt von Beförderungen aus. Dieses Verhalten passt nicht in die traditionelle Karrieredefinition.

Es mangelt in den Unternehmen an Kreativität und Flexibilität im Umgang mit neuen Arbeitszeitmodellen im Führungskräftebereich. Glauben Sie nicht an männliche Mythen, etwa dass Vollerwerbstätigkeit und Kinderhaben Emanzipation ist und dass Führungsjobs unteilbar sind.

> Wenn Sie das Beste wollen aus beiden Welten, Kinder und Berufstätigkeit, dann seien Sie offensiv! Fordern Sie Teilzeitarbeitsplätze für Führungskräfte. Geht nicht, gibt's nicht! Führen Sie einen doppelten Terminkalender: Der Tagesablauf der Kinder ist sichtbar und nachvollziehbar, Sie wissen, wo das Kind ist. Das wissen Sie sowieso? Na ja, der Tipp ist eigentlich für Väter.

## Grundstrategie: Integration

Allein das Einbringen weiblicher Qualifikationen und Fähigkeiten ist sicher eine verkürzte Wahrnehmung der Integrationsstrategie. Obwohl die Ergebnisse schon hier hervorragend sind: Wenn Frauen aufsteigen „verändern sie auch die Männer", sagt Marina Stadler-Bodi, Geschäftsführerin bei Lever Fabergé. „Die Frauen lehren sie zuzuhören, sachorientiert zu diskutieren und dabei gleichzeitig Beziehungsaspekte zu berücksichtigen."

Da, wo Frauen im Vorstand sitzen, ist die Corporate Governance messbar besser, ebenso haben wissenschaftliche Untersuchungen erhebliche positive Effekte für den Shareholder Value nachgewiesen. „Ich finde solche Arbeitssituationen einfach genial, wenn es eine gute Mischung gibt aus persönlichem Verstehen, Männer und Frauen, die sich auch attraktiv und Klasse finden. Dann lösen sich die Probleme. Wenn man nicht pikiert ist, dass man als Frau angesprochen wird, dann gibt es eine unglaubliche Offenheit, gut miteinander zu arbeiten und auszukommen." (Goos/Hansen)

Männer integrieren und „verbessern", den Erfolg des Unternehmens steigern, das sind Ergebnisse, aber noch nicht die Strategie. Frauen, die offensiv mit der Integrationsstrategie arbeiten, begreifen Management als kreisförmigen Prozess – oder umgekehrt: Das Prinzip des Kreises ist Integration. Als Modell dient das Netz einer Spinne: In der Mitte/im Zentrum der Organisation sitzt die Chefin (ist eher Herz als Kopf des Ganzen); drum herum liegt der erste Kreis, das Führungsteam, dann der zweite Kreis – die Mitarbeiter/Teams, die dem ersten Kreis verantwortlich sind usw. Alle Kreislinien sind durch Querungen miteinander verbunden.

Das „Oben/Unten" einer hierarchischen Struktur ist abgelöst durch ein Beziehungsgeflecht, das ein Miteinander voraussetzt. Das Netz fördert eine breite, direkte und lockere Kommunikation und verzichtet auf die hierarchische Befehlskette mit eingebautem Informationsfilter. Die Chefin begreift sich als „Sendestation", die von überall her Signale auffängt und sie dorthin funkt, wo sie gebraucht werden.

Die Chefin steht nicht allein und einsam an der Spitze, sondern im Zentrum der Dinge. Menschen in Verbindung bringen und fördern, das ist ihre Stärke. Nicht das alte „Teile und herrsche", nicht der individuelle Erfolg ist der höchste Wert, sondern der gemeinsame Weg zum Ziel.

Es erinnert an Mädchenspiele, den Wechsel der Akteurinnen bei „Himmel und Hölle" oder beim Seilspringen, an Improvisation, Flexibilität, Kooperation, die Übernahme verschiedener Rollen bei den Spielen „Mutter und Kind".

Keine Utopie! Sally Helgesen hat dieses Modell schon 1990 beschrieben, als Ergebnis von Gesprächen und Beobachtungen von Managerinnen in Spitzenpositionen: Interactive Leadership, die dialogische Führung, die auf Förderung von Partizipation beruht, auf dem Teilen von Wissen und Macht, der Transparenz und Berechenbarkeit von Führung und der Verbreitung von Enthusiasmus.

- ❏ Seien Sie offen: Die Mitarbeiter wollen ein transparentes Führungsverhalten, das berechenbar ist. Sie wollen wissen, woran sie sind.
- ❏ Seien Sie zugänglich: Demonstrieren Sie mit der „offenen Tür" ihre Ansprechbarkeit, Ihr „offenes Ohr". Die Qualität von Beziehungen hat Priorität, alle Mitarbeiter bekommen Rat, alle können ungefiltert Vorschläge und Ideen einbringen. Ihre Sekretärin agiert als Mittlerin, nicht als abwehrendes Schild.
- ❏ Agieren Sie als „Sendestation", geben Sie Informationen weiter, delegieren Sie, so müssen Sie nicht alles selber machen. Sie teilen Macht (Wissen), aber Sie wissen ja: Durch Teilen wird Macht mehr.
- ❏ Beziehen Sie in Ihre Visionen gesellschaftliche Aspekte mit ein. Achten Sie bei Entscheidungen auf die Auswirkungen auf „das Ganze" (global, auf Gesellschaft, Umwelt, nicht nur das Unternehmen). Sie haben eine umfassendere Verantwortung.

*Wie Frauen anders und erfolgreich führen*

Bedeutende Veränderungen treten dann ein, wenn Wertewandel und ökonomische Notwendigkeit zusammentreffen, das ist jetzt der Fall: Es gibt genügend qualifizierte Managerinnen und die Notwendigkeit der Umstrukturierung erfordert ihre besonderen Fähigkeiten. „Die Aufgaben suchen sich die Arbeitskräfte", prognostiziert Gertrud Höhler. Unternehmen erkennen mittlerweile in den Frauen ein immenses Potenzial für den Führungsnachwuchs. „Mixed Leadership" heißt das Zauberwort: das Zusammenspiel weiblicher und männlicher Führungskräfte. Eine gewaltige Innovation für alte, verstaubte Managementstrategien; die Defizite der Männer werden die Frauen ausgleichen und umgekehrt.

Der männliche Fehler ist sein Riesen-Ego, der weibliche Fehler ist ihre Bescheidenheit. Frauen bringen zur Abgrenzungsstärke und Risikobereitschaft der Männer die Bodenhaftung, Empathie und emotionale Intelligenz ein. Sein zielgerichteter „Tunnelblick" wird durch ihren „Panoramablick" ergänzt: „Für einen Mann ist das Leben eine Straße, für Frauen ist es eine Landkarte – wir denken immer an die Abzweigungen und die Umgehungsstraßen und daran, umzukehren, während sie einfach nur die Überholspur lang pflügen." (Alison Pearson)

Der Unterschied reicht zurück bis in die Jäger-und-Sammler-Gesellschaften: Die Männer gehen gemeinsam auf die Jagd, erlegen das Wild – das ist das Ziel und der Höhepunkt. Die Frauen bauen Feldfrüchte an, sammeln Nahrung, eine nie enden wollende Arbeit. Die eigentliche Tätigkeit ist wichtig. In gemeinsamer Arbeit wird daraus eine Stärke: „aufgabenorientiert statt egofixiert" heißt das Vorgehen.

Für Frauen heißt das: Was gebraucht wird, habe ich (die Soft Skills), was da ist (Hard Facts), brauche ich nicht mitzubringen. Ein Ende der Selbstzweifel, der Bescheidenheit, der dreifachen Leistung zeichnet sich da ab.

## Zusatzstrategien

Neben den Grundstrategien entwickeln Frauen individuelle Zusatzstrategien, die sie erfolgreich machen und erfolgreich bleiben lassen. Rita Süssmuth, Professorin, Bundesministerin und Bundestagspräsidentin, sagt: „Ich hatte Strategien. Die ‚Drehtürstrategie': ‚Ich komme wieder', ohne zu sagen, wann. Die ‚Maulwurfstrategie': so zu tun, als hätte ich mich von der Idee verabschiedet – und dann an anderer Stelle damit wieder ankommen. Das war so mit der Reichstagsverhüllung und auch bei Vergewaltigung in der Ehe. Die ‚Überraschungsstrategie': nicht berechenbar sein! Unabhängigkeit bewahren!"
„Auch Angela Merkel hat ihre besondere Strategie", sagt die junge Abgeordnete Katherina Reiche. „Sie hat die Mechanismen der Macht begriffen. Sie hat eine gute Strategie, weiter zu denken als Männer. Sie hat gute Nerven und viel Mut." Prof. Dr. med. Gabriele Kaczmarczyk, Frauenbeauftragte der Charité, sagt: „Mein Konzept war immer, wer sich nicht wehrt, wird platt gemacht – das versteht, wer in der homosozialen Männerbastion Universitätsmedizin aufgewachsen ist." Ruth Wagner, Präsidentin des hessischen Landtags und zuvor stellvertretende Ministerpräsidentin, ist mit der Nachhaltigkeitsstrategie erfolgreich. Sie trägt die ihr wichtigen Positionen so lange vor, „bis es alle kapiert haben".
Eine sei hier noch nachgereicht, die „Strategie der Ganzheit", des Kraftziehens aus der Verbindung von Arbeit und Privatleben. Die extreme Spaltung der Identität (nur Arbeit) führt zu Entfremdung, zur inneren Leere trotz beruflichem Erfolg. Frauen (und Männer) sind viel leistungsfähiger, wenn es ein privates Leben gibt und wenn das private Leben stimmt und funktioniert. Diese Balance aus Arbeit und anderen Interessen – Kinder, Familie, Kunst sammeln, lesen, Theater, Musik, reisen, Freundinnen – verhindert geistige Isolation und ermöglicht persönliches Wachstum.

Rezepte für die weibliche Führung gibt es nicht. Die Grundzutaten sind Wille, Kampfgeist und Disziplin und der strategische Einsatz weiblicher Prinzipien.

Eines können und wollen wir Ihnen nicht verschweigen: Die wirklich mächtigen Frauen in Deutschland haben keine formalen Qualifikationen, lenken aber doch Konzerne. Friede Springer ist Eigentümerin des mächtigen Springer-Verlags, Liz Mohn regiert den Bertelsmann-Konzern, Johanna Quandt führt BMW, Gloria von Thurn und Taxis hat ein Fürstentum, Ulla Berkéwicz gehört der Suhrkamp Verlag und Brigitte Seebacher-Brandt verwaltet das Willy-Brandt-Erbe. Die weibliche Übernahme erfolgte nach einer besonderen Strategie: Heirate einen mächtigen Mann, lerne von ihm, mach' dich unentbehrlich, warte, bis er stirbt: die Witwenstrategie.

# Warum Frauen Frauen nicht als Chefinnen akzeptieren und was Chefinnen dagegen tun können

Frauen werden befördert, aber als Chefinnen werden sie nicht akzeptiert. Sie treffen auf eine Mauer von Ablehnung. Männer lassen sie spüren: Du bist keine von uns. Und Frauen lassen sie spüren: Du bist keine mehr von uns.

## Das Übergangsstadium

Frauen begegnen sich heute in anderen Bereichen als noch vor 30 Jahren, also nicht nur privat, sondern auch beruflich, und sie gehen anders miteinander um. Die neue Situation hat zwei Seiten: Die Frauen konnten noch nie ihre Persönlichkeit so frei entfalten. Eine viel höhere Zahl steht wirtschaftlich auf eigenen

Füßen. Frauen brauchen keinen Mann, der die Brötchen verdient und ihnen Brillanten kauft. Sie können frei entscheiden, ob sie mit einem Mann zusammenleben wollen oder nicht. Ob sie alleine leben wollen oder mit einer Frau, ob sie mit Kindern leben wollen, alleinerziehend oder in einer Familie. Diese neuen, lange ersehnten und erkämpften Möglichkeiten lösen aber auch Unbehagen und Ängste aus: „Die Fröste der Freiheit".

Frauen können einander nicht mehr so behandeln wie noch vor 30 Jahren. Der Kontext hat sich verändert. Natürlich haben sich auch die Beziehungen am Arbeitsplatz verändert. Frauen verfügen über Sekretärinnen, Frauen haben eine weibliche Vorgesetzte, Frauen in Führungspositionen haben gleichrangige Kolleginnen, Frauen haben Geschäftspartnerinnen.

Wer irgendein Forum im Internet zu weiblichen Chefs aufsucht, findet die bekannten Klischees: launisch, empfindlich, unsicherer als Männer. Falsche Schlangen, losgelassene Karrierefrauen, die das Leben im Büro zur Hölle machen. Wie Männer sind sie, von Ehrgeiz zerfressen, nur die Karriere im Sinn, jederzeit bereit, einer anderen Frau in den Rücken zu fallen. Fazit: Frauen können nicht zusammenarbeiten.

Tatsächlich ist die Belastung für Frauen nicht die Arbeit, sondern das psychologische Umfeld.

Für Frauen in Führungspositionen existieren keine Regeln, wie sie mit anderen Frauen umgehen müssen, und sie treffen gleichzeitig auf die Ängste der Männer, die Frauen könnten die Macht an sich reißen und sich mit anderen Frauen verbünden.

Welches sind die Probleme der Männer mit Chefinnen? Nach einer Studie der Akademie für Führungskräfte werden Vorbehalte und Abwehrmechanismen benannt und jede hat in ihrem Berufsleben Widerstände erlebt, wenn sie sich als Führungskraft gegenüber Männern durchsetzen musste: 68 Prozent der Frauen nennen Unterschätzung, 50 Prozent Arroganz, 39 Prozent Abwertung, 29 Prozent Neid, 25 Prozent Misstrauen. Kein professionelles Verhalten der Männer! Einige der Befragten sprechen Männern die „Fähigkeit, mit Frauen fair zu konkurrieren" ab. Konfrontiert mit einer weiblichen Vorgesetzten reagieren Män-

ner plötzlich so emotional aufgebracht wie es Frauen zugeschrieben wird; gemessen am tradierten Geschlechterbild ist eine Chefin eine „Bildstörung". Die Chefinnen selbst reagieren nervös im Umgang miteinander: weil sie einerseits meinen, sie müssten anderen Frauen gegenüber nett sein, und andererseits fürchten, sich auf eine Frau doch nicht so verlassen zu können wie auf einen Mann. Die Frauen fühlen sich in der Falle. Das ist eine Konstellation, die sehr großen Stress erzeugt, eine Konstellation, in der das Verhalten von Frauen als „zickig" erscheint.
Wie sollen sie sich aber nun verhalten? Bis zu welchem Grad können Frauen freundlich oder freundschaftlich miteinander umgehen? Wo liegt die Grenze? Wie sollen sie die Handlungen der anderen Frauen interpretieren? Wir können hier zuerst einmal ein erhebliches Erfahrungsdefizit konstatieren – und dass es noch keine Regeln gibt.

## Chefinnen: sehen und gesehen werden

Sind es die Probleme der Chefinnen oder die der Angestellten von Chefinnen?
„Ich habe mir bewusst eine Chefin gewünscht. Ich hatte immer nur Chefs. Ich hatte die Nase voll von Männern: so viele schwache Exemplare. Ich hatte so eine Sehnsucht, dass es eine Frau anders machen könnte." (Maria Schäfer)
Viele Frauen wünschen sich Chefinnen, da sie ihre Chefs selten toll finden. Doch dann sind sie häufig enttäuscht.
Maria Schäfer, Bankmanagerin, beklagt die Konkurrenz ihrer Chefin ihr gegenüber bezüglich der Beziehungen zum Vorstand: „Sie hat ein Problem damit, dass ich mich mit ihm gut verstehe. Er hat mich viel gelobt, aber obwohl er sie damit ja nicht kritisiert hat, hat sie eine Bedrohung gefühlt. Sie hätte es ja auch als toll empfinden können, dass sie so gute Mitarbeiterinnen hat."
Konkurrenz zwischen Chefinnen und Mitarbeiterinnen hat viele Facetten: Wer hat die besseren Beziehungen, wer ist jünger, hübscher, wer darf welche Gefühle zeigen?

Einige Aussagen zur Illustration, gesammelt von Shere Hite: „Meine Chefin ist eine richtige Zimtzicke. Es ist schwierig, mit ihr auszukommen. Ich glaube, sie ist eifersüchtig, weil ich jünger bin."

„Sie hat ständig Wutausbrüche. Es kommt jeden Tag zu einer Krise. Sie hat ja das Recht, die Nerven zu verlieren, aber ich kriege immer alles ab, und sie behauptet, ich sei an allem schuld. Ich kann meine Chefin aber auch verstehen. Ich glaube, sie strengt sich sehr an. Manchmal erklärt sie mir alles und ich kann dann auch ihre Seite verstehen." „Ich arbeite, so gut ich kann, und ich bin jedes Mal so fertig, dass ich abends in meinem Zimmer sitze und heule."

Wenn Frauen für einen Mann arbeiten, bekommen sie Gehalt und Beförderungen. Als Gegenleistung erledigen sie ihre Arbeit, kümmern sich um ihn, versorgen ihn (vielleicht sogar mit Sex), unterstützen ihn, ohne je eine berufliche Konkurrenz zu sein. Eine klare Sache.

Wie läuft das, wenn Frauen für eine Frau arbeiten? Dann ist noch unklar, was passiert. Leistung und Gegenleistung sind nicht abschließend definiert und berufliche Konkurrenz ist nicht ausgeschlossen. Die Frauen sind noch dabei, es herauszufinden. Die andere Seite der Medaille – die Chefinnensicht auf ihre Mitarbeiterinnen. „Ich habe übrigens zwei Sekretärinnen. Ja, ich habe eine wichtige Position. Manchmal muss ich sie anschreien, sie krempeln einfach nicht die Ärmel hoch, wie sie es für einen Mann tun würden. Sie können durchaus etwas leisten. Doch wenn ich nett und verständnisvoll bin, denken sie, ich bin eine Freundin, eine von ihnen. Die eine sagt, sie habe ihre Periode, die andere berichtet mir vom Streit mit ihrem Freund, kommt deshalb zu spät zur Arbeit und wartet dann auf seinen Anruf. Und ich soll dafür Verständnis haben. Wenn nicht, bin ich die Zicke. Ich frage mich aber, ob sie das auch von einem Mann erwarten würde. Natürlich nicht. Sie bilden sich auch ein, einen höheren Status zu haben, wenn sie für einen Mann arbeiten. Ich muss mich also wie eine Zicke benehmen, auch wenn sie mich dafür hassen. Wenn der Laden laufen soll, ist das die einzige

Lösung." „Ich finde einfach keine gute Mitarbeiterin. Meine wartet nur darauf, um 17 Uhr alles fallen zu lassen, egal was gerade ansteht. Würde sie sich mehr engagieren, wenn ich ein Mann wäre? Manchmal habe ich den Eindruck, sie hält mich für ihre Mutter und sie ist die trotzige Tochter, die sich auflehnt und das alles für toll hält. Dabei ist sie fünf Jahre älter als ich. Dann denke ich wieder, sie hält sich für die Mutter, die die Wutanfälle ihrer schrecklichen Tochter erduldet. Es geht ja um das Überleben meines Unternehmens. Ich fürchte, die meisten haben ähnliche Vorurteile. Meine kommt wenigstens jeden Tag zur Arbeit."
Was steckt dahinter? Warum reagieren Frauen „zickig"? Und warum werden ihre Reaktionen als „zickig" empfunden?
Eine große Verunsicherung durch die neue Rollenverteilung ganz sicher. Die Chefin weiß nicht, wie sie die Mitarbeiterin behandeln muss, und umgekehrt ist es auch nicht besser. Es kommt noch etwas anderes hinzu. Frauen werden zickig und schwierig, weil sie ständig in die Verteidigung gedrängt werden. Fast alles, was eine Frau tut, kann negativ interpretiert werden.
Führungsfrauen sind zwar oft von ihren Fähigkeiten überzeugt, sie können sich aber der gesellschaftlichen Resonanz nicht sicher sein. Sie befürchten, nicht akzeptiert zu werden in ihrer Rolle als vollwertiges Mitglied der Gesellschaft. Die Chefin, weil sie sich nicht mit einem normalen Job zufrieden gibt, die Mitarbeiterin, weil sie keine Karriere gemacht hat. Wie verhält man sich ihnen gegenüber? Wie ernst sind sie zu nehmen?
Diese Fragen werden kaum jemals ausgesprochen, dennoch liegen sie weiblichen Beziehungen zugrunde. Die Zweifel am eigenen Wert führen dazu, dass Frauen auch den Wert anderer Frauen infrage stellen. Das führt zu labilen Beziehungen und Kämpfen. Doch diese Situation ist veränderbar.

## Die Rolle

Chefin sein, eine Spitzenposition ausüben, Macht haben, das ist ein traditionell „verbotener Bereich". Durch eine Glasdecke abgeschirmt. „Könnte es sein", fragt Gail Evans, „dass die Glasdecke nur ein nahe liegender Ort zum Luftholen ist und wir noch nicht wissen, wie wir von dort aus weiterkommen?" Zum Weiterkommen, zur Karriere gehört, die Rolle Chefin spielen und ausfüllen zu können.

## Macht

Cornelia Pieper ist eine Frau mit Macht, Generalsekretärin der FDP, eine erfolgreiche Wahlkämpferin, sie hat in Sachsen-Anhalt unglaubliche 13,3 Prozent geholt, sie hat einen maßgeblichen Anteil daran, dass die FDP wieder eine gesamtdeutsche Partei ist.
„Piep, piep, piep, ich hab euch alle lieb", ist ein Porträt Cornelia Piepers überschrieben. Mitverfasst von einer Frau – einfach bösartig und gemein. Kein Einzelfall.
Frauen haben Frauen gegenüber Vorurteile. Sie haben gesellschaftliche Vorurteile der Männer übernommen. Die sie oft für Tatsachen halten. Und „Austeilen" ist immer auch eine Selbstoffenbarung: Ich habe meine Emotionen nicht im Griff, ich muss zeigen, dass ich alles besser weiß und dass ich mich als Frau bedroht fühle. Seit Freud wissen wir, dass Aggressionen immer ein Zeichen von Unsicherheit sind. Wer derart bösartig, überzogen, bissig, lieblos, rücksichtslos, aggressiv, hart mit anderen umgeht, wie geht die mit sich selbst um? Genauso. Deshalb ist sie es so gewöhnt.
Wenn Ihnen eine Frau so kommt, denken Sie nicht: Mit mir stimmt was nicht. Das Problem haben nicht Sie, sondern die Aggressorin. Und: Lassen Sie das Problem dort und machen Sie weiter. „Frauen fangen immer sofort an zu fragen, ob es den Charakter verdirbt, wenn man nach Macht strebt und wenn man

sie hat, sie dann auch einsetzt. Wir sollten uns dafür aber nicht genieren. Macht, sprich Mehrheiten bei nachvollziehbarer Kontrolle, ist nichts Unanständiges. Männer werden von solchen Sachen nie geplagt. Sie schlafen wunderbar, mit und ohne Macht.", meint Heide Simonis.

Chefinnen verfügen über Macht. Wenn Sie als eine Chefin betrachtet werden, die den Umgang mit der Macht beherrscht, haben Sie Einfluss. Sie sind eine Autoritätsperson.

Ihre Handlungen und Ihre Entscheidungen müssen Sie nicht vorab darlegen, die Freiheit zu handeln gehört zu Ihrer Position. Sie sind die Chefin, Sie legen den Rahmen fest und bewachen die Grenzen, Sie bestimmen die Richtlinien, das bedeutet auch, dass Sie auf Verstöße mit Sanktionen reagieren (müssen). Das heißt, Sie sind auch dafür verantwortlich, dass es anderen, Ihren Mitarbeiterinnen, manchmal schlecht geht.

Chefinnen sind „gute Mütter" und „böse Mütter". Beides gehört zur Rolle. Und: Sie können nicht alle glücklich machen – das ist nicht Ihr Job.

Das fällt Frauen schwer, haben sie doch oft den Drang, „nett" zu sein und von anderen geliebt zu werden. Die ganze weibliche Sozialisation läuft darauf hinaus, das ist unser „Frauenerbe". Aber nicht jedes Erbe müssen wir antreten.

„Ich möchte nicht, dass die Leute was tun, weil ich die Chefin bin, sondern dass die Leute das tun, weil sie in mich Vertrauen setzen, dass ich das kann, dass ich das weiß, dass ich Führungsqualitäten habe", sagt eine junge Managerin. Wer als Chefin „nett" sein und geliebt werden will, wird sich nicht durchsetzen und als Chefin scheitern. Vertrauen in Fähigkeiten und Qualifikationen – das ist gut, aber ohne die Anerkennung der Position „Chefin" wird das nichts. Sie sind nicht als Sympathieträgerin eingestellt worden. Es gehört auch zu Ihren Aufgaben, anderen Dinge aufzutragen, die Sie selbst nicht erledigen müssen, und Verbote anzuordnen, die für Sie nicht gelten. Sie werden also auch Maßnahmen treffen, die andere nicht glücklich machen. Nicht alle werden mit Ihrem Vorgehen einverstanden sein. Das müssen Sie aushalten. In einer Führungsposition verfügen Sie über Macht, die Sie einsetzen müssen, auch um Ihre Mitarbeiter zu motivieren. Angestellte tun nicht irgendwie automatisch das Richtige, weil sie die Chefin nett finden. Im Gegenteil. Wenn Sie es schaffen, Achtung und Respekt Ihrer Mitarbeiter und Mitarbeiterinnen zu erringen, sind Sie gut! Herzlichen Glückwunsch! Mehr können Sie nicht erreichen.

> Fühlen Sie sich nicht schuldig, Macht auszuüben, sie ist das Handwerkszeug der Chefin. Geben Sie sich die Erlaubnis, sich durchzusetzen. Arbeiten Sie an Ihrem Verständnis von Macht.
> Sie sollen nicht geliebt werden, Sie wollen gewinnen!

## Chef-Rituale für Chefinnen

Zum Führen gehören Rituale; Rituale steuern Gemeinschaften, sie symbolisieren Zugehörigkeit (wer gehört dazu und wer nicht), die Rangordnung (wer gehört wohin), Loyalität (auf wen können wir uns verlassen) und Geben und Nehmen (Ausgleich für Leistungen). Wenn Sie auf Chef-Rituale verzichten, werden Sie als Vorgesetzte nicht akzeptiert. Mitarbeiterinnen erwarten Führungsrituale.

Frauen, die führen, wollen oft als kompetente, partnerschaftliche Führungskräfte wahrgenommen werden und verzichten oft in bester Absicht auf Führungsrituale – sie sabotieren sich als Chefin damit selber. Wer als Führungskraft akzeptiert werden will, muss führen. Oder: Wenn Sie eine Chefin sein wollen, dann verhalten Sie sich wie eine Chefin. Rituale vermitteln Orientierung und stellen eine Rangordnung her – so verschaffen Sie sich Respekt!

Wie machen es die Männer? Typische Chef-Rituale kennen wir alle: Zu spät zu Meetings kommen, Sekretärin beim Vornamen nennen, auf der Schreibtischkante der Mitarbeiterin sitzen, hinter ihr stehen, die Hand auf ihrer Schulter, Aufgaben verteilen, die Füße auf den Tisch legen – das darf nur der Chef. Was darf die Chefin? Alles, was der Chef darf? Nicht nötig, einiges reicht, um den Rang als Chefin festzuklopfen. Nehmen Sie das, was zu ihnen passt, wo Sie sich nicht verbiegen müssen. Rituale müssen passen, stimmig sein, sonst wirken sie nicht.

## Insignien der Macht

„Ich mache meinen Job gut, also brauche ich die Erfolgssymbole nicht", ein großer, folgenreicher Irrtum. Sie sollten die Aura Ihrer Macht darstellen, so wie es zu Ihnen passt, durch Ihre Kleidung, die Größe des Büros, die Visitenkarte, die Größe des Autos.
Verzichten Sie nicht darauf, weil es Ihnen nicht wichtig ist. Sie müssen in Ihrer Machtposition gesehen werden – hinter einem großen Schreibtisch zum Beispiel, sonst glaubt es keine(r). Die Männer rechnen sich immer aus, wer Erster und wer Letzter ist, und der Erste hat seine Symbole.
Imponiergehabe ist Frauen fremd. Aber: Sprechen Sie über Ihre Erfolge, auch vor Ihren Mitarbeitern. Geben Sie an. Ihre Erfolge motivieren Ihr Team.
Längst haben Frauen „ihre" Symbole entwickelt bzw. traditionell männliche für sich umgewidmet: „Frauen fallen in Männerrunden auf – das ist unser Vorteil. Aber im einheitsgrauen Businesskostüm vergibt frau sich wieder etwas. Ich will erkannt und wieder erkannt werden. Wenn ich als Frau schon auffalle, dann auch richtig – also gern mal ein rotes Kostüm oder eine orange Tasche." (Anke Domscheit) Und schon sind die Wünsche für die Ausstattung künftiger Positionen formuliert: „Ich habe kein Auto. Ein Mann würde darauf sicher nicht verzichten. Aber selbst Auto fahren? Nein, dazu habe ich gar keine Lust. Wenn ich eins brauche, fahre ich Taxi. Mein Traum wäre ein Auto mit Chauffeur, der fährt, während ich lesen, arbeiten oder entspannen kann, er (oder sie) sucht einen Parkplatz und holt mich immer pünktlich an der Tür ab. Das würde mir gefallen."
(Anke Domscheit)

> Gucken Sie sich Machtrituale bei Frauen (und Männern) ab, die zu Ihnen passen. Üben Sie sie ein und achten Sie auf die Wirkung.

## Führungstipps und Rituale

### Körpersprache

Die Ritual-Expertin Silke Foth schlägt vor, bedeutungsvolle Sprechpausen einzulegen. Wenn die Chefin sich plötzlich unterbricht und eine Mitarbeiterin schweigend anschaut, dann weiß jede, dass gleich etwas Wichtiges passieren wird. Bedeutungsvolle Blicke: Frauen können besser als Männer Blickkontakte halten und als Rangritual einsetzen (funktioniert besonders gut bei Männern).

Im Meeting aufstehen, umhergehen und weiterreden, am besten mit bedeutungsvoller Stimmführung, also mit der Stimme langsamer werden und tiefer sprechen. Und die Mitarbeiter mit Namen ansprechen: „Frau Schmidt (Herr Meier), nun kommen Sie mal zum Ende!"

### Delegieren

Wer als Chefin nicht delegiert, sondern alles selber macht – „Die können's nicht so gut wie ich, da mache ich es doch gleich selber!" –, wird dafür nicht anerkannt und nicht respektiert. Sie sind keine Sachbearbeiterin, sondern Chefin, also geben Sie Aufgaben ab. Das machen jetzt andere für Sie. Pflegen Sie hier Ihre „Faulheit": „Das mache ich nicht selber!" Agieren Sie als „Sendestation".

### Anweisen

Frauen reden indirekt: „Man sollte mal …", „Es wäre schön, wenn …" – und werden nicht verstanden und als Chefin nicht ernst genommen. Also reden Sie deutlich, sagen Sie, was Sie

*Warum Frauen Frauen nicht als Chefinnen akzeptieren*

wollen: Sagen Sie „Ich will, dass ... Bitte machen Sie ..." Nicht bis irgendwann sondern „bis morgen, 14:00 Uhr".
Klare Kommunikation schafft Transparenz und Berechenbarkeit und vermeidet Irritationen.

> Reden Sie wie eine gute Mutter: freundlich, aber bestimmt. Aber hüten Sie sich davor, eine Mutter zu sein. Für Männer gibt es das Modell des Patriarchen: Streng, aber gütig sorgt er für den Laden und alle, die bei ihm „in Lohn und Brot sind".

## Sich durchsetzen

Viele Frauen akzeptieren keine Frau als Vorgesetzte. Die Anerkennung als Chefin wird verweigert, der Rang infrage gestellt, sie wird angezickt. Die Mitarbeiterinnen lassen es die Chefin spüren, indem sie immer alles besser wissen, offen widersprechen, hinter ihrem Rücken schlecht über sie reden, Anweisungen schlecht oder gar nicht durchführen, Äußerungen nicht für voll nehmen, skeptisch hinterfragen, Zweifel anmelden, sie bei ihren Vorgesetzten anschwärzen, über ihre Kleidung, ihr Aussehen lästern. Das eigentliche Problem ist das Problem der Anerkennung, deshalb kommen Sie mit Zurechtweisungen hier auch nicht weiter.

> Klären Sie die Positionen: „Damit es klar ist: Ich bin hier die Vorgesetzte, Sie sind die Mitarbeiterin. Wenn wir unterschiedlicher Meinung sind – die Entscheidungen treffe ich. Und das bleibt auch so!"

## Sich abgrenzen

Wie viel Privatheit darf sein – wie viel muss sein? Alles ist akzeptabel, was sich nicht auf die Arbeit auswirkt, wobei man auch über persönliche Krisen einmal reden darf. Als Chefin müssen Sie wissen, wie Sie jemanden einsetzen können. Wen Sie auf Geschäftsreise nach Taiwan schicken können und wen nicht – abgesehen von der fachlichen Qualifikation. Ein Klima des

Vertrauens ist dafür wichtig, aber schicken Sie keine missverständlichen Botschaften: also kein Wechselspiel zwischen „Wir sind Freundinnen" und sachlicher Anordnung und beurteilender Strenge. Als Chefin stellen Sie Zeugnisse aus und entscheiden über Beförderungen. Das ist der Unterschied, der nie vergessen werden darf und der für beide Seiten klar sein muss.

Der Blick nach oben und nach unten ist bei Chefinnen und Mitarbeiterinnen aber nicht derselbe, die Interessen sind verschieden. Abgrenzung ist die Voraussetzung, um sich selbst und die eigenen Interessen behaupten zu können.

> Lassen Sie sich nicht zu stark in persönliche Angelegenheiten involvieren und bringen Sie eigene persönliche Dinge nur klug dosiert zur Sprache.

Halten Sie Distanz nicht nur zu den Mitarbeiterinnen, sondern auch zum Job.

„Gelassener sein. Sich nicht fertig machen. Abhaken. An sich abperlen lassen. Dinge nicht so persönlich nehmen und nicht mit nach Hause und nicht mit ins Bett. Differenzieren, was hat mit mir zu tun und was mit meiner Rolle. Job ist Job – und Wettbewerb ist Wettbewerb. Es werden einen nie alle lieben und das ist ganz normal so." (Anke Domscheit)

> Reflektieren Sie die richtige Mischung aus Nähe und Distanz, aus freundschaftlicher Kollegialität und professioneller Distanz. Halten Sie die Distanz zum Job.

### Loben

Lob ist das, was alle Mitarbeiterinnen am meisten vermissen. Also loben Sie, seien Sie verschwenderisch, Lob ist die einfachste Maßnahme, Mitarbeiterinnen zu motivieren und zu Höchstleistungen zu animieren. „Männer glauben, es gibt einen bestimmten Lobkuchen, der nur einmal verteilt werden kann. Sie denken, ihre Leistung wird weniger bemerkenswert, wenn sie verraten, dass auch andere dazu beigetragen haben. Für mich ist das Unsinn und schlechtes Management. Durch Teilen wird doch mein Lob nicht weniger! Ich kann Lob abgeben an diejenigen, die dazu beigetragen haben, aber ich mache natürlich deutlich, was meine eigene Leistung war." (Anke Domscheit)

> Mitarbeiterinnen, die Sie beim Lobverteilen nicht vergessen, die geben sich beim nächsten Mal erst recht Mühe. Lob motiviert zu Leistung und Erfolg. Und der fällt auf Sie zurück.

### Respekt ausdrücken

Wenn Sie selber respektiert werden wollen, dann respektieren Sie Ihre Mitarbeiterinnen und zeigen Sie es Ihnen. Gratulieren Sie zu Erfolgen und persönlichen Anlässen, nutzen Sie dazu die Öffentlichkeit von Meetings, Teamsitzungen etc. Vergessen Sie die Blumen nicht!

Laden Sie Ihre Mitarbeiterinnen gelegentlich zum Essen ein; bedanken Sie sich für besonderes Engagement und machen Sie Ihren Mitarbeiterinnen auch „einfach mal so" eine Freude: Bringen Sie zum Beispiel Kuchen mit (wenn Sie nicht backen, dann lassen Sie backen oder tauen Sie auf).

Das funktioniert auch anders herum: Eine Chefin findet ab und an morgens auf ihrem Schreibtisch ein Blumensträußchen – frisch gepflückt. Kein stiller Verehrer, sondern eine Mitarbeiterin, deren Weg zur Arbeit durch Schrebergärten führt.

Wenn Sie fortgeschritten sind, machen Sie weibliche Komplimente – von Frau zu Frau, über ein schönes Kleid beispielsweise.

> Die richtige Mischung macht's: emotionale Faktoren – Höflichkeit, Freundlichkeit, begrenzte Offenheit – und vor allem Respekt. Emotionale Intelligenz ist das Erfolgsrezept. Sie wissen schon, wie man das macht.

Da war doch noch was? Ach, ja, die Gefühle.
„Wir sind nun mal mit Gefühlen ausgestattet. Und wenn sie da sind, sind sie da. Punkt." (Angela Feldhusen)
Aber Gefühle zeigen? Dazu gibt es verschiedene Standpunkte: „Ich selber habe mir Mühe gegeben, keine negativen Emotionen zu zeigen, obwohl es nicht immer leicht ist." (Susanne Schlichting) Und: „Ich bin ziemlich ausgeglichen. Aber wenn ich explodiere, dann schäumen die Gefühle über. Es ist ja auch ein Zeichen, dass man Mensch geblieben ist." Und die Reaktionen? „Es kommt darauf an. Die Mehrheit findet es gut. Und mir hat es auch gut getan. Man darf es aber nicht übertreiben." (Cornelia Pieper)
„Emotionale Magersucht", das ist die Diagnose von Gertrud Höhler über die Spitzenmanager. Sie plädiert dafür, Gefühle strategisch in den Arbeitsprozess zu integrieren, um die Bindung und Motivation der Mitarbeiter zu fördern. Mehr noch: Eine Managerin plädiert dafür, Gefühle gezielt einzusetzen, um sich durchzusetzen: „Aber wenn etwas mal überhaupt nicht läuft, wenn es stinkt, dann sollte frau auch sagen, es stinkt. Man muss es nicht immer vornehm umschreiben." (Angela Feldhusen)
Ein Tabu allerdings gibt es: Tränen. „Nicht öffentlich weinen. Solche Bilder sind zu missbrauchen." (Katrin Göring-Eckardt) Sind diese Bilder einmal gemacht, tauchen sie immer wieder auf – in der Presse oder im Kopf der anderen. Sie rät: „Nicht auf Gefühle verzichten. Aber nicht die Klischees bedienen. Frauen die weinen, gelten als labil."
Frauen sind unterschiedliche Persönlichkeiten mit verschiedener Emotionalität und ihre Arbeitssituationen sind auch nicht gleich. So reichen die Standpunkte von: „Ich will so bleiben, wie ich bin. Dass ich mich als Mensch nicht ändere. Ich bin vielleicht zu unprotokollarisch, zu unkonventionell. Ich bin nicht so festgelegt" (Cornelia Pieper) bis zu: „Wenn Gefühle dann mal nicht passen, dann packe ich sie in meine Schatzkiste." (Angela Feldhusen)

> Sie müssen sich nicht verbiegen; reagieren Sie adäquat und so, wie es für Sie angemessen ist: „Nicht kreischend, pöbelnd, sondern in der mir eigenen Form ungehalten sein und damit geduldig und hartnäckig auf sich aufmerksam machen." (Angela Feldhusen)

Hier bin ich die Chefin! Neben Führungskompetenz und Ritualen gehört dazu noch etwas – unter Frauen: „Frauen die oben sind, zicken nicht. Die passen auf. Die kennen die Falle." (Katrin Göring-Eckardt)

## Von der Angst der Frauen vor der Angst der Männer

„Dich hat er auf einen Sockel gestellt und mich hat er in seinen Armen." (Kim zu Jules kurz vor ihrer Hochzeit mit Bob. In „Die Hochzeit meines besten Freundes".)
Auch wenn Männer Macht bei Frauen erotisch finden können, heißt dies noch lange nicht, dass sie hiervon angezogen werden. Als die amerikanische Außenministerin Condoleeza Rice im Februar 2005 die amerikanischen Truppen in Wiesbaden besuchte, überschlugen sich die amerikanischen Berichterstatter über ihr Äußeres: Sie trug Schwarz, einen Rock, der über dem Knie endet, einen militärisch geschnittenen schwarzen Mantel mit sieben Goldknöpfen, der die Reporter an Keanu Reeves „Matrix" erinnert, und kniehohe Stiefel mit hohen Absätzen. „Rice's coat and boots speak of sex and power", eine „Dominatrix" nannten sie sie.
„Wer mächtig ist, wird eben nicht nur bewundert, sondern auch beneidet und angegriffen", sagt Heide Simonis: „Für Männer wächst mit der Macht noch ihre Chance, geliebt zu werden, vielleicht nicht von anderen Männern, die respektieren oder

fürchten sie eher, aber dafür von Frauen, die dazu neigen, Macht an Männern erotisch zu finden, egal wie der Betreffende im Einzelnen aussieht oder sich aufführt. Mächtige Frauen aber werden keineswegs mehr geliebt. Sie müssen sich im Gegenteil gewaltig anstrengen, damit sie trotz ihrer Macht noch attraktiv wirken."

„Jetzt bin ich Nobelpreisträgerin. Aber das erhöht meinen Wert in den Augen der Männer nicht. Im Gegenteil. Ich werde dadurch für sie noch monströser.", weiß Elfriede Jelinik.

## Das Mate-Matching-Problem

Lieben wir schöne dumme Männer, wie Männer schöne dumme Frauen lieben? Nein! Nach Mathias Horx' Zukunftsstudie ist dies das große Problem bei der Partnersuche. Während Männer relativ bescheidene Ansprüche haben, müssen männliche Partner für Frauen nicht nur eine Gewissheit für die Beteiligung an der Brutpflege und eine relative finanzielle Sicherheit bieten, sie müssen auch noch äußerlich attraktiv sein. Für die gebildeten Frauen – und davon gibt es schon mehr als die entsprechenden männlichen Exemplare – müssen sie auch noch intelligent sein. Denken sollten sie können. Am besten mit Titel: Professoren sind weit verbreitet unter den Prinzgemahlen. Angela Merkel hat ihren Joachim, Heide Simonis ihren Udo. Alle (Ehemänner wie Ehefrauen) bestehen darauf, ihre eigene Position und Karriere zu haben, gar ihr eigenes Büro – auch nach der Emeritierung –, „damit er mir nicht auf den Füssen steht", wie Heide über ihren Udo sagt. Neben der berühmten und kompetenten Ehefrau und ihrer eigenen Karriere haben diese Männer zusätzlich noch das Mitleid der Geschlechtsgenossen. „Wie hält Ihr Mann das aus?", wird die Gattin gefragt.

Welcher Mann tut es sich etwa an, eine Kanzlerin zu nehmen! Gut, dass Angela Merkel schon verheiratet ist! Einige Männer allerdings nehmen sich sogar eine Königin. Ihnen ist nicht nur Mitleid sicher, sondern gar Bewunderung. Gyles Brandreth, der

ein Buch über „Philip und Elizabeth" geschrieben hat, gesteht, Philip eindeutig interessanter zu finden als die Queen. Warum er über die Queen geschrieben hat? „Prinz Philip gehört zu den wenigen Männern auf der Welt, deren Dasein total durch das Leben ihrer Frau bestimmt wird. Also musste ich ein Doppelporträt schreiben." Über welche der vielen Frauen an der Seite großer Männer ist so etwas schon einmal gesagt worden!
Was tun?

> Bleiben Sie Frau. Was anderes bleibt Ihnen sowieso nicht übrig. Und wenn ein Mann Probleme hat mit Ihrer Macht, so muss er sich daran gewöhnen; gönnen Sie ihm das Gefühl, manchmal der Mächtige zu sein, wenn er es braucht.

# „Das Private ist politisch" – aber tabu im Beruf

„Es waren immer Frauen, die mich gefördert haben. Das waren auch echte Freundschaften. Wir haben sogar teilweise zusammengewohnt." (Katrin Göring-Eckardt)
Eine solche Identität von Förderinnen, Freundinnen, Wohngenossinnen und Kolleginnen ist selten. Sie geht auch nur vorübergehend gut: so lange, bis aus Förderinnen und Freundinnen Konkurrentinnen werden.
Ob die Einheit oder die Trennung von Arbeit und Leben das Ideal ist, ist sehr unterschiedlich. In der DDR beispielsweise wurden selbstverständlich die schulischen Belange der Kinder, die organisatorischen Alltagsbelange der Ehemänner und die täglichen Belange der Mütter während der Arbeitszeit geregelt. Dabei waren nicht nur das fehlende Telefon und die frühen Arbeitszeiten der Grund hierfür; es war auch die Einstellung, dass beides zueinander gehört. Und zwar zu Recht.

Im Westen wurde die Trennung mehr oder weniger strikt eingehalten – zumindest im „normalen" Berufsleben; die Einheit war Ideologie von Minderheiten, von verschiedenen sozialen Bewegungen.

Heute – im wiedervereinigten Deutschland – bleibt das Private weitestgehend ausgespart, obwohl die meisten Ehepartner sich am Arbeitsplatz kennen lernen und Kollegen wichtig sind für das Wohlbefinden, vor allem von Frauen. „Frauen freuen sich am Arbeitsplatz am meisten auf ihre Kollegen: 28 Prozent der Arbeitnehmerinnen motiviert dieser Punkt im Berufsalltag. Für Männer ist es dagegen mit 34 Prozent am wichtigsten, mit ihrem Wissen etwas zu bewirken, die Freude auf die Kollegen spielt nur bei 16 Prozent eine Rolle.", jedenfalls nach einer Umfrage der Gesellschaft für Rationelle Psychologie in München. Während Männer sich im Job „auf neue Aufgaben freuen" (22 Prozent, aber nur 9 Prozent der Frauen), freuen Frauen sich darauf, neue Menschen kennen zu lernen (Männer 6 Prozent). Ergeben sich hieraus Affären, so ist es klug, dies geheim zu halten, besonders wenn verschiedene Hierarchieebenen beteiligt sind. Sonst wird es schwierig.

Die Hauptregel ist also: Trennung der Ebenen „Privates" und „Beruf". Spontane und unregulierte Wechsel sollten Sie meiden – insbesondere gegenüber Männern; die haben nämlich große Probleme damit, zumindest wenn er von Frauen kommt. „Niemals private Waffen auf der beruflichen Bühne benutzen", rät Gertrud Höhler. Sie meint damit vor allem „die erotische Karte". Frauen können die Karte schnell wieder zurückziehen, Männer haben damit Schwierigkeiten. „Die Durchmischung beider Sphären, Eroberer und Chef, Liebhaber und Vorgesetzter, Bewunderer und beruflicher Förderer, macht ihm doch große Schwierigkeiten", was bedeutet, dass ihr Ansehen bei ihm nicht steigt, sondern fällt. „Rollenüberlagerungen" erträgt er schwer; das ist ihm häufig zu kompliziert.

Egal wie Ihr Ideal aussehen mag: die Vereinigung von Beruf und Privatem, Sach- und Beziehungsebene, Erfolg und Erotik, in den wenigsten Fällen sind die anderen so weit. Also lassen Sie's besser, wenn es möglich ist.

Was tun mit Kindern? Im Büro sind sie meist nur per Foto auf dem Tisch sichtbar. Anrufe werden möglichst vermieden. Einige Frauen versuchen es auch anders. Katherina Reiche erzählt von ihrer Zeit, als ihre erste Tochter noch klein war, wie ihr Büro wie ein Spielzimmer aussah. Nicht, dass sie keinen Babysitter hatte. „Aber mein Kind gehört zu mir. Und in der Zeit, als ich noch stillte, musste es eben in der Nähe sein." Auch jetzt nimmt sie ihre Tochter selbstverständlich mit zu Empfängen und Besuchen im Wahlkreis.

Die Ausgliederung des Privaten, auch des Privaten der anderen, ist ein Selbstschutz für Führungsfrauen. Gerade Frauen lassen sich leicht verstricken in das Netz privater Interessen, haben Verständnis und leiden darunter. Andere überreagieren. „Was ich an Chefinnen furchtbar finde, ist, dass sie immer den Boss rauskehren. Und total dichtmachen." (Michaela Schmidt, Abteilungsleiterin)

---

Auch wenn die Verbindung von Privat- und Berufsleben für Sie ein Ideal ist – versuchen Sie, das eine und das andere zu trennen; vereinbaren Sie Regeln für den Umgang damit und beachten Sie die bereits aufgestellten:

❏ Bereich definieren
   Definieren Sie, in welchem der Bereiche Sie sich befinden. Wenn Sie im Beruf über Privates reden wollen, machen Sie es deutlich.
❏ Haltbarkeit testen
   Lassen Sie die Menschen nur das von sich wissen, was Sie auch morgen oder übermorgen wahrscheinlich noch möchten, dass sie es wissen.
❏ Adressatin überprüfen
   Machen Sie sich klar, wem Sie vertrauen.

- Folgen kalkulieren
  Wenn Sie Privates von sich geben, kalkulieren Sie die möglichen Konsequenzen. Wenn Sie in der Öffentlichkeit stehen, entscheiden Sie klar, was Sie „von sich" preisgeben und was nicht. Für „Homestorys" taugen Dinge, die weniger wichtig sind, aber unverfänglich, und die gut ankommen.
- Gleiches mit Gleichem
  Wenn Ihnen eine Kollegin aus ihrem Privatleben erzählt, kontern Sie mit einer Story ähnlicher Tiefe. Gegenüber Ihrer Mitarbeiterin dosieren Sie Ihr „Privates" sparsam, aber lassen Sie es nicht aus. Nehmen Sie bereits Bekanntes und garnieren Sie es mit einer Kleinigkeit – dem Rezept für den letzten Apfelkuchen, dem Hinweis auf Ihre Lieblingsfernsehserie.
- Hierarchien berücksichtigen
  Das Gleiche wirkt anders gegenüber der Mitarbeiterin, Kollegin oder Chefin. Was für die eine bereits eine Anbiederung sein mag, ist für die andere normaler Smalltalk. „Die Höhere gibt den Rahmen vor" – den Sie dann ausschöpfen können oder nicht, aber auf keinen Fall überschreiten. Genauso wie Sie bei Bewerbungsgesprächen nicht schicker als Ihr Gegenüber auftreten sollten. Seien Sie nicht „nicer" und „persönlicher" als Ihre Chefin.

# Verstand ist nicht alles – wie Sie mit Gefühlen strategisch umgehen

„Ich bin für Gefühle und für Lippenstift", sagt Katrin Göring-Eckardt, Fraktionsvorsitzende von Bündnis 90/Die Grünen im Bundestag.

Frauen gelten generell als emotionaler als Männer oder – was besser klingt – sie besitzen mehr emotionale Intelligenz im Vergleich zu Männern. Managementtheorien gehen heute davon aus, dass dies ein Vorteil ist, den Männer nachzuholen hätten. In der Managementpraxis wird aber aus der „emotionalen Intelligenz" häufig das Label „emotionale Unberechenbarkeit" oder Labilität. Dahinter stecken zwei unterschiedliche Klischees – das Klischee „Manager" und das Klischee „Frau", die sich nur geringfügig überlappen, während die Klischees „Manager" und „Mann" quasi identisch sind. So kann die Managerin nur eines von zwei Rollenbildern erfüllen, nicht jedoch beide gleichzeitig; Inkongruenzen und Widersprüchlichkeiten sind damit angelegt und werden Frauen im Zweifelsfall zum Nachteil ausgelegt.

Besonders deutlich, und zwar öffentlich, wird der Kampf mit Klischees und um Kongruenz in der Politik. Die grüne Parteivorsitzende, Claudia Roth, wurde nicht zuletzt auf Grund ihrer warmen, kontaktfreudigen und gefühlsbetonten Art in die Position gewählt. Gleichzeitig muss sie aber ständig damit rechnen, dafür nicht geschätzt, sondern angegriffen und in Bezug auf ihre Kompetenz hinterfragt zu werden, besonders von der Presse, die sie unter anderem „Heulsuse der Nation" und „Bundesbesorgnisbeauftragte" nannte. Ein Dilemma.

Die mangelnde Steuerung von Gefühlen wird als Karrierehindernis aufgebaut – und ist es auch in großem Maße. Ob man das für gut oder für schlecht hält, es ist nun einmal so. Sozialkompetentes Verhalten aber setzt voraus, mit Gefühlen umgehen zu können – den eigenen wie denen der anderen; dafür muss man sie erkennen. Hier haben Frauen viele gute Voraussetzungen – wenn sie die verschiedenen Ebenen der Kommunikation bewusst wahrnehmen und unterscheiden, vor allem die Sachebene und die Beziehungsebene, und einkalkulieren, dass der andere (Mann) dies möglicherweise nicht so gut kann wie sie.

Kluge Pragmatikerinnen beziehen den „Emo-Faktor" in ihr Handeln grundsätzlich ein.

Dabei sollten Sie die Unterschiede zwischen Männern und Frauen bedenken: Auch wenn Sie davon überzeugt sind, dass Frauen einparken können und Männer zuhören, so sollten Sie nicht darüber hinwegsehen, dass es Unterschiede gibt: egal ob es die Gene, die Hormone, die Instinkte oder die Sozialisation ist – oder der Wille!

Gertrud Höhler meint, es sei ein Trugschluss, dass Frauen einen „emotionalen Überschuss" hätten im Vergleich zu Männern. „Der emotionale Stress, mit dem Männer leben, ist objektiv größer als jener der Frauen." Der Unterschied beruht danach nur auf einem aktiveren Verdrängungsprogramm. „Während Frauen Stress verbal und kommunikativ abarbeiten, neigen Männer dazu, entweder mit Flucht oder mit Attacke zu reagieren, was auch auftrumpfen bedeuten kann." „Egal ob Sie nun an die Theorie des ‚Reptilhirns' und die entscheidende Rolle von Hormonen wie Adrenalin und Testosteron im beruflichen Alltag von Managern glauben – die alltägliche Erfahrung bestätigt zumindest, dass der Großteil der Männer unsicherer ist im Umgang mit Gefühlen, den eigenen wie fremden. Also seien Sie diskret."

> Überraschen Sie einen Mann nicht, wenn er gerührt ist. Er selbst wird schon genügend überrascht von sich selbst sein. Wenn Sie ihm Anerkennung aussprechen wollen für seine Emotionalität, so warten Sie besser damit, bis er sich wieder beruhigt hat. Ansonsten wirkt es eher negativ verstärkend.
> Von Kollegin zu Kollegin gilt: Sagen Sie, dass Sie das Gefühl wahrgenommen haben. Drängen Sie sich nicht auf: Trösten Sie nicht unaufgefordert und weinen Sie nicht gemeinsam.

Vielleicht wird sich in der Praxis die Erkenntnis durchsetzen, wie wichtig Emotionen für Führungspersönlichkeiten und für das Management sind. Forscher und Unternehmensberater sehen in Emotionen die Möglichkeit, die Firma mit Energie zu versorgen, und in emotionaler Intelligenz eine Quelle für nachhaltige Effektivität in internationalen Unternehmen. Bis diese Quelle aber ungehindert sprudeln kann, ist noch eine Weile nötig, in der sie behutsam Meter für Meter aus ihrem Betonbett befreit und im weiteren Verlauf entkanalisiert wird.

Und bis dahin wird unprofessioneller Umgang der Chefs mit Gefühlen viele Milliarden verschlingen. Es ist also eine Frage ökonomischer Einsicht, „Gefühlsmanagement" zu beherrschen.

# Wie Sie Ihre Fassung bewahren

„Man sollte möglichst nicht die Fassung verlieren" – hier sind sich unsere Interviewpartnerinnen einig. „Weinen in der Öffentlichkeit? Nein, solche Bilder sind zu missbrauchen. Man sollte nicht die Klischees bedienen; Frauen, die weinen, gelten als labil." (Katrin Göring-Eckardt) Auch wenn Sie nicht unbedingt in aller Öffentlichkeit und im Beisein von Presse managen: Mitarbeiter sind auch Öffentlichkeit und „Bilder" bedeuten auch Bilder im Kopf.

Die Fassung bewahren heißt nicht, Gefühle zu unterdrücken, sondern kontrolliert mit ihnen umzugehen. Gefühle kann man nicht direkt beeinflussen – weder die eigenen noch die der anderen. Denn Gefühle sind Bewertungen unserer Wahrnehmungen, die weitgehend ohne bewusste Steuerung entstehen und ablaufen. Aber die Definition weist uns auf zwei Instrumentarien hin, mit denen sich der Kurs ändern lässt: erstens durch Änderung unserer Bewertungen des Geschehens und zweitens durch Veränderung der Wahrnehmung. Beides geht nicht auf Knopfdruck, aber im Laufe eines Lernprozesses.

*z.B.*

Ein Beispiel aus dem Coaching. In einer Klinik wird eine neue Abteilung eröffnet. Der Chefarzt will, dass die beiden neuen Oberärztinnen Caroline Wilke und Anette Müller der Presse, den Honoratioren und den Krankenkassenvertretern die Abteilung vorstellen. Caroline Wilke trägt ihren weißen Kittel, wie immer, Anette Müller unter ihrem offenen Kittel ein auffälliges, enges Kostüm und Stöckelschuhe. Nur mit ihr möchten die Presse und das Fernsehen die Interviews führen, als sei die Kollegin gar nicht da.
„Was soll ich tun?", fragt Caroline Wilke im Coaching. „Ich will mich nicht so aufbrezeln, aber ich will beachtet werden, das ist doch nicht gerecht!" Was störte Caroline Wilke daran, dass die Presse nicht mit ihr redete? Sie wurde nicht anerkannt. Und das hatte sie gekränkt. Worum ging es den Pressevertretern? Nicht um fachliche Kompetenzen; es ging ihnen darum, wer sie mehr „anzog", wen sie attraktiver fanden. Attraktiver in welcher Beziehung? Für die Interviews. Für die Fotos, den Fernsehauftritt. Und kompetent war Anette auch. Gesehen, wahrgenommen zu werden hat auch mit Verpackung zu tun. Daran würde Caroline künftig denken, dazu müsste sie Anette ja nicht kopieren. Und was war sonst noch passiert? Der Professor aus der Nachbarklinik hatte sich intensiv mit ihr über ein neues Forschungsprojekt unterhalten und gefragt, ob sie Interesse hätte.

> Schauen Sie genau hin:
> 1. Welches Gefühl ist es?
>    Versuchen Sie möglichst genau zu unterscheiden: Ist es Wut oder Ärger? Verletzung oder Enttäuschung?
> 2. Was ist eigentlich passiert?
>    Was habe ich gesehen oder gehört, als ich wütend, ärgerlich, neidisch wurde? Habe ich es gesehen oder vermutet? Selbst gehört oder wurde es mir gesagt?
> 3. Worum geht es?
>    Geht es um die Person, die vor mir steht? Geht es mir um jemand anderen? Welches könnten die Gründe sein für dieses Gefühl?

Emotionsmanagement heißt zunächst, die eigenen Gefühle zu verstehen und dann zu kontrollieren. Ob Sie dann über Ihre Gefühle sprechen – und wenn ja, wie –, ist ein zweiter Schritt und Ihre Entscheidung. Lassen Sie sich nicht zu einem Ausbruch verleiten. Dies bedeutet allerdings nicht Emotionslosigkeit oder absolutes Pokerface.

# Wie Sie flüchten und dennoch standhalten können

Die Analyse emotional schwieriger Situationen fällt Ihnen schwer? Sie brauchen einen „Nothilfekoffer", wenn Sie merken, „es überkommt" Sie, Sie drohen von Ihren Gefühlen übermannt zu werden, wollen dies aber nicht? Da es in der jeweiligen Situation schwer ist, sich gezielt anders zu verhalten, bereiten Sie sich kurz-, mittel- und langfristig vor.

## Kurzfristige Maßnahmen

1. Tief durchatmen – bis in den Boden
   Wenn uns Gefühle überwältigen, halten viele von uns automatisch die Luft an – aus Angst, das Gefühl und sein Ausdruck, zum Beispiel die Angst und das Weinen, würden sonst unkontrolliert aus uns herausbrechen. Dies hilft vielleicht, den direkten Ausbruch zu verhindern, aber die indirekten Zeichen – zittern, Erstarrung etc. – werden umso deutlicher. Atmen Sie weiter. Stellen Sie beide Füße ganz auf – im Sitzen wie im Stehen – und lassen Sie Ihren Atem bis in den Boden fließen. Das gibt Ihnen einen sicheren Stand.
2. Sich umschauen
   Lenken Sie dann Ihre Konzentration von Ihren Gefühlen hinaus in Ihre Umgebung: Fassen Sie etwas an, den Tisch zum Beispiel, schauen Sie durch das Fenster in den Himmel, riechen Sie den Kaffeeduft aus Ihrer Tasse. So bringen Sie sich wieder in Kontakt mit der Außenwelt.
3. Sich trennen
   Beobachten Sie, wie Ihr Teil, der gerade von extremer Angst oder Wut geschüttelt wird, Ihren Körper verlässt und an die Decke schwebt. Zurück bleibt der Teil, der nicht ängstlich, nicht wütend ist, der sich unter Kontrolle hat. Verweisen Sie Ihren wütenden Teil unter Ihren Stuhl, in Ihre Aktentasche oder schicken Sie ihn vor die Tür.
4. Auf den Balkon gehen
   Wenn sich dieser Teil nicht lösen lässt, gehen Sie einfach als gesamte Person raus, auf den Balkon – real oder in Ihrer Vorstellung. Sollten Sie es real tun, so denken Sie daran, wie Sie es tun: möglichst ruhig und gelassen – oder mit einer unverbindlichen Entschuldigung. Wer hinausgeht, muss auch wieder hereinkommen. Machen Sie sich die Rückkehr von daher nicht schwer.

*Wie Sie flüchten und dennoch standhalten können*

5. In einen Helikopter steigen
   Eine andere Möglichkeit ist, über der Szene zu schweben und sich alles von oben anzuschauen, indem man virtuell in einen Helikopter steigt. Das führt zur Distanz und zum Überblick.

Wenn Sie mit den obigen fünf Regeln Ihre Emotionen in den Griff bekommen, einen „Ausbruch" verhindert haben, so waren Sie bereits erfolgreich. Doch wie geht es weiter?

## Mittelfristige Interventionen – persönliche Rituale

In vielen Fällen sind die Emotionen, die Sie in den Griff bekommen haben, auch nach genauer Prüfung gerechtfertigt und adäquat. Auf das kurzfristige „Fassung bewahren" sollten mittel- und langfristige Reaktionen folgen: im Interesse Ihrer seelischen wie körperlichen Gesundheit und Leistungsfähigkeit. Besonders negative Emotionen werden meist zurückgehalten. „Ich selber habe mir Mühe gegeben, keine negativen Emotionen zu zeigen, obwohl es nicht immer leicht ist." (Susanne Schlichtung, Präsidentin des Verwaltungsgerichtes)

> Barbara Schmidt war so richtig sauer auf ihre Mitarbeiterin, Frau Huber; sie hatte die entscheidende Präsentation verpatzt – und war sich dessen noch nicht einmal bewusst. Die Verhandlungen mit dem Co-Contractor waren geplatzt, damit der Gesamtauftrag infrage gestellt. Barbara hatte einmal tief Luft geholt – hörbar –, war einmal virtuell über den Anwesenden geschwebt, um dann das Meeting ordnungsgemäß zu Ende zu bringen. Als die Gäste höflich verabschiedet waren, sagte sie noch zu Frau Huber: „Wir reden darüber." Zu mehr war sie nicht mehr in der Lage, wobei Frau Huber an ihrem Tonfall sicher gemerkt hatte, dass sie sauer war, wusste aber wohl immer noch nicht, warum.

> Aber das wollte sie ihr heute nicht erklären. Sie verließ das Büro früher als gewöhnlich. Barbara Schmidt ließ ihren Wagen stehen und ging zu Fuß durch den Regen bis nach Hause. Als sie dort ankam, war sie zwar immer noch sauer, aber sie konnte in Ruhe ihre Kinder davon abhalten, die letzte Tüte Nudeln in den Farbeimer zu werfen, ohne sie gleich anzubrüllen.

> Bewegung baut Aggressionen ab; sie klärt den Kopf und das Herz. Wenn zu Fuß gehen nicht reicht, tut es vielleicht Joggen oder Squash. Wichtig ist, dass Sie eine adäquate Methode finden, die möglichst schnell und ohne viel Aufwand angewandt werden kann. Die Psychotherapeutin Isabelle Filliozat empfiehlt, zum Aggressionsabbau auf Kissen einzuschlagen und/oder zu schreien. Eine erfolgreiche Methode, aber tun Sie's nicht in der Öffentlichkeit.

Marianne Mittelstedt greift zum Hut: „Keine Gefühlsausbrüche! Aber manchmal nehme ich schon in meinem Zimmer den Hut und schmeiße ihn gegen die Wand." Margret Thatcher griff angeblich zur Handtasche und schlug damit wild um sich.
Suchen Sie zum Gefühlsabbau Ihre alltagstauglichen Variationen. In Krisen und schwierigen Situationen entwickeln Menschen entsprechende Rituale wie den Besuch bestimmter Orte, Strandspaziergänge gegen Regen und Sturm etc. Die eher männliche Variante des „Sich-mal-so-richtig-volllaufen-Lassens" ist meist weniger erfolgreich, die Strategie „Ins Bett gehen und erst mal schlafen" schon eher; Voraussetzung ist allerdings eine zumindest kurzfristige Verdrängungsfähigkeit, die einschlafen lässt, was wiederum anscheinend stärker bei Männern ausgeprägt ist.
Nach der Entladung – egal ob das Gefühl nun groß oder kleiner war – sollten Sie aber nicht so tun, als wenn nichts gewesen wäre. Das Gespräch mit der Mitarbeiterin Frau Huber muss geführt werden; es wird vielleicht nicht ihre letzte verpatzte Präsentation sein. Sammeln Sie nicht weiter „Ärgerpunkte"

gegen sie; sonst kann es sein, dass Sie sich bei einer der nächsten Situationen nicht zurückhalten können und einfach platzen – in Anwesenheit der Verhandlungspartner. Kommen noch kleinere Ärgerpunkte dazu – dass sie ihre Kaffeetassen auf den Computer stellt oder Sie ihr Parfüm nicht mögen –, ist die Gefahr groß, dass das Fass überläuft, und zwar möglicherweise an einem Punkt, der unverständlich und ungerechtfertigt ist. Dann kann Ihr Wutausbruch möglicherweise mehr Ihnen selbst schaden, als dass er Frau Huber zur Einsicht führt.

## Längerfristige Maßnahmen – Entspannung

In jedem Fall sollten Sie eine Entspannungstechnik beherrschen. Wählen Sie die, die für Sie am besten passt: für Ihre Persönlichkeit und zu Ihrer Situation.
„Ich habe früh schon Yogatechnik gelernt, was mir sehr geholfen hat. Beobachten und aushalten. In den Schmerz atmen und ihn beobachten. Sich nicht damit identifizieren. Die Dehnungsfähigkeit nimmt dann zu." (Krista Sager)
Erforschen Sie die Ursachen der Anspannung; nehmen Sie sich dazu Hilfe, eine Stressberatung beispielsweise. Und lassen Sie auch die Möglichkeit nicht aus, zu prüfen, ob Sie möglicherweise den Job wechseln sollten. Nicht alle Ursachen von Stress sind in Ihnen selbst begründet beziehungsweise nicht alle Ursachen können Sie selbst aus der Welt schaffen.

## Was nicht hilft – verbergen und verdrängen

Gesunderhaltend und effektiv ist ein bewusster Umgang mit Gefühlen: Kontrolle, wenn Kontrolle nötig, herauslassen, wenn herauslassen nötig und möglich, und in jedem Fall Bewusstheit über das, was passiert ist. Sie versuchen, Ihre Gefühle grundsätzlich zu verbergen? Ihre Mitarbeiter werden merken, welches der

Hintergrund Ihrer Botschaft ist, zumindest wenn die dahinter liegenden Gefühle sehr stark sind. Merken Sie erst zu Hause an Schulterverspannungen, Magenschmerzen, Schlaflosigkeit oder Alpträumen, dass irgendetwas nicht so ist, wie es sein sollte? Auch dann ist es noch nicht zu spät! Gehen Sie auf die Suche nach den Ursachen; lernen Sie Ihre Stressoren kennen und versuchen Sie, diese zu vermeiden.

Die Ratschläge zu „mehr Gefühl im Beruf" sind im Übrigen keinesfalls nur im Sinne Ihres eigenen Wohlergehens gedacht; nein, es geht hier nicht nur um Wellness, sondern auch um Ökonomie. Denn die Gesundheitsschäden verursachen Kosten: für die Versicherungen, für Ihre Firma wie für Sie selbst. Sie haben noch keinen Gesundheitsschaden? Sie haben sich nämlich einen Panzer zugelegt im Beruf? Dann wundern Sie sich nicht, dass Menschen Ihnen gegenüber misstrauisch sind. Dass Ihre Mitarbeiter zu lange warten, bis sie Ihnen von ihren Problemen im Betriebsablauf berichten oder dass Sie in Verhandlungen „den Kontakt nicht finden".

Margret Kreutz, eine erfolgreiche Marketing Managerin eines internationalen Konzerns, musste erkennen, dass ein Panzer keine berufliche Erfolgsstrategie ist. „Im Marketing und im internationalen Bereich, also besonders im internationalen Marketing, sind weibliche Fähigkeiten gefordert. Wenn es dir gelingt, Leute zur Kooperation zu bringen, dann ist das die Voraussetzung und Bedingung für Erfolg. Nach einer Weile habe ich gemerkt, dass ich die Kraft verloren habe, weniger handlungsfähig war. Weil ich mich auf dem Weg dorthin verhärtet habe. Zugemacht habe. Da ging mir das, weshalb sie mich eigentlich eingestellt haben, das, was sie von mir wollten, verloren, diese Lebendigkeit, Leute einbeziehen zu können. Und da habe ich gekündigt." (Margaret Kreutz)

Nicht nur, dass Sie selbst durch Panzerung Ihren Erfolg riskieren: Sie stiften Ihre Mitarbeiterinnen an, ebenso zu verfahren. Konsequenz: Die offene Arbeitsatmosphäre geht verloren. Und die brauchen Sie überall dort, wo Kreativität, Innovation und Wandel gefragt sind.

# Gefühle gezielt einsetzen – aber authentisch

„Gefühlsäußerungen kommen nicht schlecht an. Die Mehrheit findet es gut."
Cornelia Pieper sagt dazu im Interview: „Ich bin ziemlich ausgeglichen. Aber wenn ich explodiere, dann schäumen die Gefühle über. Es ist ja auch ein Zeichen, dass man Mensch geblieben ist." Alle Frauen, mit denen wir geredet haben, sind sich einig: „Nicht auf Gefühle verzichten!" Aber alle stecken sich persönliche Grenzen: „Man darf es aber nicht übertreiben." (Cornelia Pieper) Oder: „Man muss die Grenze ziehen für sich zwischen Zicke, Mannsweib und immer nur lieber Tochter." (Karin Lübeck)
Wenige gestehen, Gefühle auch zu benutzen. „Ja, wir sollten Gefühle gezielt einsetzen, um uns durchzusetzen – so wie es Männer ja auch machen." (Katrin Göring-Eckardt)
Was ist hier lauter und was bereits unlauter? Wer Gefühlsausbrüche spielt, begibt sich auf glattes Eis und muss aufpassen, dabei nicht auszurutschen. Ein Vorstandsmitglied verließ häufiger scheinbar wutentbrannt den Raum, wenn er an der anstehenden Abstimmung nicht teilnehmen wollte. So entzog er sich der Verantwortung und hatte die Möglichkeit, die Entscheidung der anderen mit scharfen Worten zu kritisieren. Er verlor bald seine Glaubwürdigkeit im Team.
Und der Einsatz so genannter „weiblicher Mittel"? „Charme kann weiterhelfen, muss aber nicht" (Katherina Reiche) Das sieht die Beauftragte für Chancengleichheit bei Bosch, Anastasia Mavridius-Bögelein, genauso. „Frau bleiben" ist ihr Erfolgsrezept. Was das heißt, ist sicher individuell verschieden. Und gewisse Gesten wie „Taschentuch fallen lassen", einen Ohnmachtsanfall oder einen Weinkrampf inszenieren sind sowieso überholt. Es überzeugen weniger Inszenierungen als Authentizität – zu den eigenen Gefühlen zu stehen. Manche Menschen

weinen schneller als andere – „haben nah am Wasser gebaut". Weinen setzt andere Menschen unter Druck, weshalb es häufig als „gespielt" wahrgenommen wird, um es abzuwerten und nicht ernst nehmen zu müssen. Die wenigsten werden im Job ein Weinen schauspielern – schon weil ihnen dafür die Begabung fehlt. Aber wenn Sie zum Weinen neigen, kalkulieren Sie ein, was es mit Ihrem Gegenüber macht: Fühlt er/sie sich hilflos, wenn er/sie Sie scheinbar hilflos sieht? Ist Ihr Gegenüber das von Ihnen gewohnt und kann damit umgehen? Abwertend: „Ach das schon wieder" oder gelassen: „Es hört gleich wieder auf"? Gefühlsäußerungen werden eingeordnet in das Gesamtbild der Person; wenn sie „passen", bewegen sie weniger, aber sie ecken auch weniger an.

> Finden Sie einen Stil, der zu Ihnen passt, den Sie vertreten können: vor sich selbst und vor Ihrem Publikum. Das heißt: Seien Sie authentisch. Das schließt Veränderungen selbstverständlich ein.

Dabei haben Sie auch Chancen, zum Idol zu werden, wenn Sie Intelligenz und Gefühl miteinander verbinden. Zumindest in Dänemark. Die dänische Umweltministerin Hedegaard gilt als Star: Die Zeitungen schreiben, sie sei „in aller Herzen mit ihrem Charme, ihrer Eleganz und Intelligenz, ihrem politischen Flair und dem Glänzen in ihren Augen".

> Kluge Pragmatikerinnen beziehen den Emo-Faktor in ihr Handeln grundsätzlich mit ein. Seien Sie aufmerksam und dabei gelassen. Humor und Witz helfen dabei.

# 5 Frauen-Freundschaft und Frauen-Feindschaft

„Es waren fast immer Frauen, die mich gefördert haben. Immer Frauen, die schon weiter waren als ich. Da waren echte Freundschaften dabei. Von daher gab es eine Verschränkung von Beruf und Privatem." (Katrin Göring-Eckardt)

Die Einheit von Beruf und Privatleben ist nicht für alle Menschen das Ideal; aber die Mehrheit der Frauen hat den Wunsch, im Job Freundinnen zu finden. Damit kommen unweigerlich viele Gefühle ins Spiel: Liebe, Treue, Vertrauen, aber auch Eifersucht und Neid. Und nicht selten wird aus der Freundin die ärgste Feindin. Bei Ihnen ist es fast so weit? Sie müssen schnell handeln? Hier die wichtigsten Grundregeln für den Umgang mit Freundinnen und potenziellen Feindinnen im Unternehmen.

❏ Definieren Sie, was privat ist und was beruflich: Wenn Sie ein gemeinsames Essen zusagen, klären Sie, ob es eine private Verabredung ist, bei der auch mal kurz über den Job geredet wird, oder ein berufliches Geschäftsessen, bei dem auch mal nach den Kindern gefragt wird.
❏ Entwickeln Sie klare Regeln und Rituale: beispielsweise „Persönliches nur dienstags nach der Arbeit".
❏ Machen Sie sich die unterschiedlichen Interessen klar, Ihre eigenen wie die Ihrer Freundin. Geht es Ihnen nur um die berufliche Sache oder auch um Freundschaft? Was will Ihre Freundin? Wo gibt es Interessenüberschneidungen, wo Widersprüche?

❏ Und wenn es dann doch zur Feindschaft gekommen ist? Es gibt viele Geschichten über Enttäuschungen bis hin zum „Verrat": Die Freundin hat Ihnen den Freund oder den Job weggenommen – die Storys der Vorabendserien sind Realität. Wenn Sie diese Freundin nicht lebenslänglich verlieren wollen, so gestehen Sie sich und ihr die Verletzung ein: Reden Sie darüber. Und vereinbaren Sie Funkstille – bis Sie Ihren Wert fernab dieses „Betrugs" für sich geklärt haben, wertschätzen und wieder nutzen können.

Damit Sie in Zukunft nicht mehr in die Situation kommen, ganz schnell handeln zu müssen, im Folgenden ein näherer Blick auf die Dynamik von Freundschaft und Feindschaft, Kooperation und Konkurrenz.

## Von Frauen und Freundschaften im Beruf

*z.B.*

„Mit zwei Freundinnen auf dem Siegespodest zu stehen, das war besonders toll." Annie Friesinger im Rückblick auf ihre Goldmedaille im Eisschnelllauf. Wie hat sie es nun gemeint? War es die Unterstützung durch die Gewinnerinnen der Silber- und der Bronzemedaille? Oder war es der Triumph der Goldmedaillengewinnerin über ihre Freundinnen? Wir hätten sie das sicher gefragt; aber den Reporter schien es nicht zu interessieren.

So widersprüchlich wie die Aussage von Annie Friesinger ist das Verhältnis von Freundschaft und Beruf.
Sie sind mit der Kollegin ein Herz und eine Seele – wie beste Freundinnen teilen Sie alles? Sie arbeiten zusammen und Sie wissen alles von der anderen? Das beste Rezept für ein erfolg-

reiches Unternehmen, hat jedenfalls eine Gallup-Umfrage ergeben. Mit der besten Freundin als Kollegin arbeiten Sie siebenmal engagierter – ein „Power-Verhältnis". Jedenfalls so lange, bis eine Krise kommt – im Beruf oder in der Freundschaft. Dann haben Sie zwei Probleme gleichzeitig: eins mit der Freundin und eins mit der Arbeit.
Also seien Sie vorsichtig! „Passen Sie auf! Sagen Sie nie etwas Privates über sich!", so handhabt es Christine Hundhammer, eine Marketingmanagerin, die ihre Kolleginnen erst dann zu Freundinnen werden lässt, wenn es Ex-Kolleginnen sind.
Das ist nicht leicht – für beide Seiten. Machen Sie den Praxis-Test an einem Beispiel: Im Büro neben Ihnen zieht eine neue Kollegin ein. Sie ist kooperativ und freundlich, aber sie grenzt sich ab: An persönlichen Kontakten ist sie nicht interessiert.
Wie reagieren Sie? Sind Sie verletzt? Fragen Sie sich, ob Sie etwas getan oder gesagt haben, das die Neue verletzt haben könnte? Ist es Ihnen gleichgültig? Akzeptieren Sie die Situation leichthin? Bieten Sie (trotzdem) einen persönlichen Kontakt an?
Für viele Frauen sind freundschaftliche Beziehungen zu Kolleginnen so wichtig, dass sie vergessen, die Distanz zu wahren. Frauen leben und arbeiten gerne beziehungsorientiert, sie können Distanz schlecht aushalten. Denn das heißt auch: alleine zu sein. Aber: Mit zu viel Nähe stellen Sie sich eine Falle. Sie brauchen die Distanz, um berufliche Meinungsverschiedenheiten neutral austragen zu können. Das setzt voraus, dass Sie die Rollen klären und Grenzen ziehen.
Verwechseln Sie Ihre Kollegin nicht mit Ihrer Freundin oder gar Ihrer besten Freundin; und suchen Sie in ihr nicht **alles**. Das geht in Ehen und Liebesbeziehungen schief und genauso in Freundschaften. Zu wirklichen Freundinnen werden Frauen über Jahre und Jahrzehnte; wahre Freundschaft baut auf eine gemeinsame Entwicklung; sie braucht ein Vertrauen, das über Jahre gewachsen ist und auch schon Schwierigkeiten überstanden hat. „Neue Freundinnen" gibt es natürlich; aber gerade im Beruf ist eine Freundschaft besonderen Belastungsproben ausgesetzt; das Risiko des Scheiterns ist besonders groß. Denn im Zweifelsfall

verlieren Sie nicht nur die Freundin, sondern auch die Kollegin, nicht nur die Freundschaft, sondern auch noch den Job.

> **!** Wenn Sie mit Ihren Kolleginnen eng befreundet sein wollen, haben Sie bald viele Ex-Freundinnen und einen Ex-Job.

Beachten Sie die folgenden drei Spielregeln:

1. Setzen Sie nicht alles auf eine Karte!
   Diversity ist das Schlagwort zum Erfolg in der Wirtschaft! Sie brauchen dazu mindestens eine Freundin, eine beste Freundin, eine gute Bekannte und eine Kollegin.
2. Klären Sie, welche Karte Sie in der Hand haben!
   Klären Sie die Rollen und Funktionen, die eine Person für Sie hat. Und wenn sie sich überschneiden – wenn Ihre Kollegin doch zur Freundin wird –, setzen Sie ihr bewusst verschiedene Hüte auf: den der Kollegin, den der Freundin, nacheinander und bewusst, unterschiedlich von Situation zu Situation. Besser ist es jedoch, Sie können sie in unterschiedliche Kostüme stecken: das Businesskostüm der Kollegin, den Freizeitanzug der Freundin. Dies erleichtert nicht nur den beruflichen Umgang, sondern entlastet auch den privaten.
3. Stimmen Sie Ihr Verständnis der Spielregeln miteinander ab!
   Organisatorische Regeln zwischen Ihnen beiden gehören dazu: Privates nur in der Mittagspause oder nur am Wochenende, aber auch Grundsätzliches; im Zweifelsfall geht Führungsverantwortung vor Freundschaft. Dies ist besonders wichtig, wenn eine von Ihnen die Chefin der anderen ist. Da Sie auf Dauer eine Freundschaft nicht verheimlichen können, ohne Gerüchte und Unterstellungen zu nähren, sollten Sie die für andere relevanten Regeln Ihrer Freundschaft auch nach außen kommunizieren. Zum Beispiel: Keine Sonderrechte für meine Freundin in puncto Arbeit.

# Kooperation und ihre Fallen

Frauen sind Freundinnen und Kolleginnen und sie haben Interessen – Frauen sind solidarisch, aber nicht immer, sie sind „Schwestern" und Konkurrentinnen. Zwei Seiten einer Medaille. Und oft ist die gegensätzliche Interessenlage unklar: Die eine setzt auf Frauensolidarität und erwartet, dass sie gefördert wird, die andere hat Angst vor Konkurrenz und wird jede Unterstützung unterlassen – vereinbart haben sie nichts. Oder: Die eine steht immer in der Öffentlichkeit, die andere zieht die Fäden im Hintergrund. Beide tun, was sie am besten können, und sie sind sehr erfolgreich. Doch es gibt ein Aber. Im Rückblick sagt die eine: „Ich war für sie eine Konkurrenz, weil ich immer in der Öffentlichkeit stand. Ich weiß, dass ich ihr damit weh getan habe. Das war stimulierend, weil wir es für uns klären mussten, es war ein Ansporn, sich mehr Gedanken zu machen." (Ellen Seßar)
Bleiben die Interessen und die Erwartungen diffus, kommt es früher oder später zum Konflikt, dann werden aus Freundinnen, Kolleginnen, Kooperationspartnerinnen plötzlich Feindinnen. Plötzlich und unerwartet toben Gefühle: Wut, Zorn, Neid, Eifersucht, die eine fühlt sich von der anderen betrogen, verraten und verkauft: „Das hätte ich nie von ihr gedacht!"
Interessen klären, das ist für erfolgreiche Verhandlungen zentral und dies gilt auch für berufliche Kooperationen. Kooperationen sind für Frauen eine besondere Herausforderung. Kooperieren heißt Macht teilen und im Umgang mit Macht sind noch nicht alle Frauen geübt; so gibt es (versteckte) Machtkämpfe, zum Beispiel darum, wer das Projekt in der Öffentlichkeit vertritt und sichtbar ist. Kooperieren heißt zudem Vergleiche zulassen – sich vergleichen, das tun Frauen heimlich still und leise zwar dauernd: Frauen messen sich an Frauen, an der Freundin, der Kollegin, der beruflichen Konkurrentin: Was hat sie, was ich nicht habe? Ist sie schöner? Erfolgreicher? Selbstbewusster? Besser? Aber in einer Geschäftspartnerschaft von anderen ver-

glichen und bewertet zu werden, darin liegt eine große Herausforderung. Macht teilen, Vergleiche zulassen, das setzt Selbstbewusstsein voraus, die Fähigkeit, sich zurückzunehmen, der anderen den Vortritt zu lassen, der anderen den Erfolg zu gönnen. Genau hier liegt das Lernpotenzial in Kooperationen, nämlich in der gemeinsamen Arbeit zu wachsen.

Kooperationen beginnen mit der Idee „Gemeinsam sind wir stark". Egal ob Sie auf wechselseitige Allianzen setzen oder auf Joint Venture, die Interessen (höheres Einkommen, bessere Geschäftskontakte, Marktmacht, größere Reputation) sind klar. In Kooperationen unterstützen sich Partnerinnen gegenseitig mit ihren Fähigkeiten, Ressourcen, ihrem Know-how, sie treten gemeinsam auf, sie sind gleichberechtigt. Sie tragen im Joint Venture die gemeinsame Verantwortung für gemeinsame Projekte oder sie setzen auf wechselseitige Allianz, wo mal die eine, mal die andere akquiriert, wo sie abwechselnd im Windschatten der anderen laufen. Soweit die Theorie. Schon aus diesem Überblick wird der enorme Klärungsbedarf für die praktische Umsetzung deutlich. Die zentrale Frage lautet: Wer hat welches Interesse an der Kooperation? Warum will ich die Kooperation gerade mit dieser Partnerin?

Die Kooperations-Expertin Ulrike Bergmann hat die Fallen und Fallstricke in Kooperationen benannt. Alles dies sind Instrumente, wie Feindschaft entstehen kann:

## Erste Falle: Unklare Erwartungen

Alle, die miteinander kooperieren, erwarten Vorteile, Gewinne, Erfolge, eine größere Marktmacht. Die harten Fakten in einer Kooperation. Zum materiellen Gewinn kommt der immaterielle, wie Image, Bekanntheit, Austausch. Weil sie meist die Motivation zur gemeinsamen Arbeit sind, lassen sie sich relativ leicht klären. Aber daneben gibt es die vielen tatsächlichen, oft unbewussten ganz persönlichen Gründe für die Zusammenarbeit: Bedürfnisse nach Zugehörigkeit (nicht allein arbeiten), nach

Anerkennung (der eigenen Ideen und Fähigkeiten), nach Wertschätzung (die gemeinsame Freude nach einem Erfolg). Was genau will ich haben und was die andere? Was bin ich bereit zu geben? Wie viel Nähe und wie viel Distanz zur Partnerin wünsche ich mir? Wie viel kann ich zur gemeinsamen Arbeit beitragen und was soll die andere tun? Was hat sie, was ich nicht habe, also welche Ergänzung erwarte ich? Was will sie noch von mir? Und ich von ihr?

Das sollten Sie miteinander besprechen oder spielen Sie das von Ulrike Bergmann entwickelte KooperationsSpiel©, dabei finden Sie heraus, ob Sie die richtigen Partnerinnen füreinander sind.

## Zweite Falle: Unklare Ziele

Wer will was erreichen und vor allem: Wohin soll die „Reise" gehen? Ist das nicht detailliert besprochen, dann arbeiten zwei gemeinsam und marschieren doch in verschiedene Richtungen. Legen Sie Ihre gemeinsamen Ziele fest – schriftlich – und tragen Sie auf einem Zeitstrahl ab, was Sie bis wann erreicht haben wollen.

## Dritte Falle: Geld

Die eine ist großzügig im Umgang mit Geld, die andere investiert lieber wenig. Die Frage der Qualität der Flyer für ein gemeinsames Projekt ist für viele Kooperationen die erste Bewährungsprobe: Machen wir das Layout selbst oder beauftragen wir eine Grafikerin – und wenn ja, zu welchem Honorar? Welches Papier leisten wir uns, welchen Druck und welche Auflage? Wenn Sie hier die berühmten Dollarzeichen in den Augen der anderen aufleuchten sehen, klären Sie die Bedeutung von Geld.

> Treffen Sie klare Vereinbarungen über Erwartungen und Wünsche, die Ziele und die Strategie. Schreiben Sie's auf – dann wissen beide, woran sie sind.
> Legen Sie fest, wer welche Aufgaben übernimmt und warum. Sie wollen ja die Stärken und Schwächen ausgleichen. Wer ist wofür verantwortlich? Respektieren Sie dabei die Unterschiede, denn von den Unterschieden profitieren beide.
> Klären Sie die harten Facts: Geld und Rechte! Jede hat ihr persönliches Verhältnis zum Geld: Für die eine hört beim Geld die Freundschaft auf, für die andere beginnt sie dort erst. Was machen Sie mit den Einnahmen, welche Ausgaben sind nötig, wie werden Leistungen verrechnet? Wem gehören die Rechte bei Veröffentlichungen, Patenten et cetera? Schließen Sie Verträge. Das ist nicht kleinlich, sondern besonders im Konfliktfall äußerst hilfreich.

## Vierte Falle: Persönliche Differenzen

Bevor eine Kooperation überhaupt beginnt, müssen zwei sich kennen lernen und prüfen, ob die Chemie stimmt. Wenn Sie sich nicht mögen, lassen Sie es, da nützt es nichts, wenn die harten Fakten stimmen. Intuitionen sind hilfreich, aber klären Sie die Frage: Passen wir zueinander? Haben wir den gleichen Stil? Persönliche Differenzen entzünden sich gerne an verschiedenen Arbeitsweisen, die nicht kompatibel sind, und an fehlendem Respekt voreinander. Es ist selten die Sache, an der sich Konflikte entzünden, es sind die Befindlichkeiten, die Gefühle auf der Ebene darunter.

> Seien Sie kritisch, aber souverän und großzügig, kritisieren Sie nicht jede Kleinigkeit, unterliegen Sie nicht dem Perfektionswahn, nörgeln Sie nicht rum, sagen Sie, was sie an der anderen schätzen.

## Fünfte Falle: Unklare Rollen

Freundin und Geschäftspartnerin, das sind zwei verschiedene Rollen, die nicht vermischt werden sollten. Die Nähe zu einer Freundin, die Großzügigkeit, das Wohlwollen sind nicht angemessen für die Geschäftspartnerin. Hier brauchen Sie Distanz, etwa zum Regeln von finanziellen Angelegenheiten. Freundschaft ist für eine gute Kooperation nicht erforderlich und schon gar keine Voraussetzung.

> Trennen Sie zwischen der Freundin und der Geschäftspartnerin. Machen Sie keine Zugeständnisse der Freundschaft zuliebe. Sagen Sie, in welcher Rolle Sie etwas beurteilen: Als wohlwollende Freundin finden Sie ein Konzept vielleicht in Ordnung, als anspruchsvolle Geschäftspartnerin fordern Sie Ergänzungen.

## Sechste Falle: Konkurrenz

Kooperationspartner bleiben auf dem Markt Konkurrentinnen, das heißt, das Hemd – das eigene Unternehmen – ist jeder näher als die Jacke – die Kooperation. Das müssen beide wissen und den Umfang des gemeinsamen Projekts genau festlegen. Die Kooperation steht für eine Unternehmerin nie an erster Stelle und die Geschäftspartnerin auch nicht. Es gibt (viele) andere neben ihr. Hinzu kommt noch die ganz persönliche Konkurrenz von zwei Frauen um die Gunst der (männlichen) Kunden zum Beispiel. Häufig ist es so, dass nur eine dann den Auftrag bekommt.

## Siebte Falle: „Schiefes" Machtverhältnis

Stärken und Schwächen, Geben und Nehmen sollten ausgeglichen sein, beide müssen aus der Kooperation einen Gewinn haben. Das setzt eine innere Haltung voraus: Die andere nimmt mir nichts weg. Das heißt auch, den eigenen Vorteil und den der anderen im Blick zu haben.

> Sprechen Sie Probleme sofort an. Achten Sie auf Anzeichen wie Nörgelei oder stille Sabotage (Termine werden nicht eingehalten). Richten Sie sich regelmäßige „Sprechstunden" ein: Jede spricht für sich, die andere hört zu, und umgekehrt. Hier wird Bilanz gezogen: Positives und Negatives kommt auf den Tisch und wird geklärt.
> Was passiert, wenn alles schief geht? Es ist wie bei echten Ehen: Wer verliebt ist, will vom Ehevertrag nichts wissen. Besprechen Sie die Katastrophen, bevor sie eintreten können. Handeln Sie klug: Treffen Sie Vorsorge für mögliche Trennungen, legen Sie schriftlich fest, wer was behält, wer wofür zahlt.

## Besondere Kooperationen: Doppelspitzen

Ein besonderes Modell der Kooperation ist die so genannte Doppelspitze: ein und dieselbe Funktion wird doppelt besetzt. Doppelspitzen sind in der Wirtschaft noch relativ selten – die Zwillingsschwestern Gisa und Hedda Deilmann führen die Peter Deilmann Reederei; die Brauerei Altenburg gehört Renate Leikeim, Petra Haase ist die Geschäftsführerin und Antje Dathe die Braumeisterin. Bekannter sind sie in der Politik. Bei den Grünen wurde die Doppelspitze für herausragende Positionen wie den Parteivorsitz satzungsgemäß verankert, um einerseits die Mindestquotierung für Frauen auf allen Ebenen zu gewährleisten, andererseits Männer von herausragenden Einzelfunktionen nicht völlig auszuschließen. Teilen von Macht, Teamarbeit, Vielfalt der Fähigkeiten, all das spielt dabei eine Rolle. „Gemischte Spitzen" sind die Regel, aber es gibt auch weibliche Doppelspitzen wie die Fraktionsspitze in der Bundestagsfraktion 2002 bis 2005, Krista Sager und Katrin Göring-Eckardt, beide Interviewpartnerinnen für dieses Buch.

Wer hier Konkurrenz meistern will, braucht neben organisatorischen Strukturen wie Regeln der Zusammenarbeit und Absprachen, einer klaren Verteilung der Arbeit und der Zuständigkeiten auch entsprechende Haltungen: gegenseitige Wertschätzung und die Prämisse, die andere sichtbar werden zu lassen. „Ein Grundrezept ist: Sich gegenseitig was gönnen!", sagt Katrin Göring-Eckardt. „Beide müssen sich profilieren können", sagt Krista Sager. Dabei ist eine möglichst große Balance zwischen den beiden Persönlichkeiten besonders wichtig: „Jede für sich hat ein Standing, denn ohne dies käme leicht eine Abwertungsspirale in Gang." (Krista Sager) Dies ist eine Dynamik, die durch die Öffentlichkeit der Funktion besonders rasant einsetzen kann. Reibereien und Konkurrenzen werden mit Argusaugen beobachtet: intern wie extern, durch Kollegen und Kolleginnen und Konkurrenten und Konkurrentinnen, durch die Presse und den politischen Gegner, auch in den eigenen Reihen. Eins ist wichtig: Auseinandersetzungen finden nur hinter geschlossenen Türen statt – unter Ausschluss der Öffentlichkeit.

# Umgehen mit Täuschungen und Enttäuschungen

Sie hatte es zu spät gemerkt. Ein Minister ihres Kabinetts trat zurück und begründete dies öffentlich im Parlament mit ihrem Stil. Sie hörte versteinert zu. Tage später stimmte die Partei über sie ab. Sie war nicht da, sie war in Paris. „Wäre sie dageblieben und hätte mit uns gesprochen, sie hätte die Mehrheit bekommen", sagt eine ihrer Parteikolleginnen. Jetzt bittet sie Minister zu Einzelgesprächen, um zu sehen, wer zu ihr steht. Das Ergebnis erschüttert sie, am nächsten Tag erklärt sie ihren Rücktritt. Dabei bricht sie in Tränen aus.

Die Rede ist von Margaret Thatcher, der ersten und einzigen englischen Premierministerin, oft beschrieben als „eiserne Lady". Sie hat sich verraten gefühlt – von ihrer Partei. Gnadenlos wurde sie abserviert, ihre Zeit war um – nur sie hatte es nicht bemerkt. Ihren eigenen Anteil daran wollte sie auch später nicht sehen.

Ein klassischer Fall von gefühltem Verrat und Enttäuschung. Hinter ihrem Rücken: Die eine hat der anderen den Mann ausgespannt, den Freund verführt, den Job weggenommen. Wird der Vorhang von Solidarität zur Seite gezogen, wird sichtbar, wie die eine die andere täuscht, ihr Vertrauen missbraucht, statt ehrlich zu sein zur Lüge greift. Kein Frauenproblem von der Sache her. Aber von den Gefühlen, denn die steigern die Dramatik zwischen Frauen meist wesentlich. Die eine ist von der anderen mehr als enttäuscht, sie stürzt in ein Gefühlschaos: Wut, Neid, Schmerz, Eifersucht, Ängste, das Gefühl, betrogen und verlassen worden zu sein.

> **z.B.** Ein Beispiel aus der Medizin: Zwei Oberärztinnen, für unterschiedliche Bereiche zuständig, aber bei Operationen auf Zusammenarbeit angewiesen, konkurrieren heftig miteinander. Kämpfe schwelen: Wer operiert wann? Wer operiert was? Wer kann es besser? Und schneller? Wessen Nähte hinterlassen schönere Narben? Streit um den OP-Tisch. Streit um Patientinnen. Wer hat mehr? Alle kennen die Konflikte der beiden, niemand spricht es an, der Chefarzt greift nicht ein, Zickenalarm eben! Die eine kann der anderen den Erfolg nicht gönnen. Dann verwendet die eine im Vortrag Dias mit OP-Ergebnissen der anderen: Die niedergelassenen Kollegen sind begeistert von den schönen Ergebnissen. Und kündigen an, nun ihr die Patientinnen zu überweisen. Die Täuschung kommt auf der nächsten Morgenbesprechung raus, eine verliert ihr Gesicht, jetzt ging nur noch eins: kündigen.

*Umgehen mit Täuschungen und Enttäuschungen*

In einem solchen Konflikt sehen sich Frauen als Opfer – meist beide Konkurrentinnen gleichzeitig. Sie blenden ihre eigene Handlungspotenz völlig aus: „Ich war das nicht ... das könnte ich gar nicht", sagen erwachsene Frauen, als säßen sie noch im Sandkasten. Aktive Beteiligung an diesem „Störfall" weisen sie zurück: „Ich bin nett!" – Das ist das Selbstbild. Und natürlich bin ich mit meiner Kompetenz keine Bedrohung für andere Frauen, dazu bin ich nicht gut genug. Wenn Frauen das Gefühl haben, nicht mithalten zu können – weil sie sich als weniger leistungsfähig, weniger schön, weniger intelligent, weniger geistreich einschätzen –, werten sie sich selbst ab und wittern überall bedrohliche Konkurrenz. „Die andere" ist dann „die Böse".
Beide Ärztinnen haben am Ende dieses Konflikts einen Imageschaden davongetragen. Rückgängig machen lässt sich ein solcher Schaden nicht: Ein Kontextwechsel – Kündigung auch derjenigen, die erst mal blieb – ist meist angezeigt.
Es gibt keine Rezepte, wie Verrat verhindert werden kann. Vor Täuschungen und Enttäuschungen ist keine gefeit – banal, aber so ist das Leben. Sie können aber vorbeugen: sich selbst reflektieren, die Perspektive der anderen einnehmen, die Wirkung eigenen Handelns auf andere kalkulieren. Das lernen Sie zum Beispiel im Coaching.
Im Coaching begreifen Frauen oft, dass Platz ist für beide. Dass keine gehen muss. Aber manchmal geht es nicht anders, weil der Ruf ruiniert oder die eigene Motivation verloren ist. Gehen Sie, verlassen Sie die Abteilung, das Unternehmen, die Partei, die Kolleginnen, wenn Sie wissen, dass es Zeit ist, etwas Neues zu beginnen. Gehen Sie klug vor. Treten Sie den geordneten Rückzug an, verschaffen Sie sich einen stilvollen Abgang. Sagen Sie Ihrer Chefin, dass Sie in der Arbeit mit ihr viel gelernt haben. Dass Sie aber nun getrennte Wege gehen möchten. Bedanken Sie sich.
Für Chefinnen: Etablieren Sie ein Trennungsritual: mit öffentlichem Dank, Blumen, einer kleinen Abschiedsfeier. Egal ob die Trennung freiwillig erfolgt oder unfreiwillig. So lässt es sich für alle leichter ertragen, für Sie, für die Kolleginnen und vor allem für die Betroffene – vor allem wenn sie nicht ganz freiwillig geht.

Bei Geschäftspartnerschaften: Klären Sie, wer gemeinsam entwickelte Konzepte verwenden darf, die Rechte bekommt, das Geld oder die Schulden. Hier werden geschlossene Vereinbarungen und Verträge wichtig. Scheuen Sie sich nicht, Hilfe zu holen; aber meiden Sie juristische Auseinandersetzungen, solange es geht; versuchen Sie zunächst eine außergerichtliche Einigung mittels Mediation. Schließen Sie einen Friedensvertrag. Feindschaften kosten Sie zu viel Geld und Energie. Wählen Sie ein Ritual hierfür, und wenn es nur der Handschlag ist.

Stehen Sie in der Öffentlichkeit, etwa als Politikerin? Machen Sie sich durch Streiterei nicht Ihren guten Namen kaputt, reden Sie nicht schlecht über die andere.

Natürlich gibt es Ausnahmen auch von dieser Regel: Manchmal brauchen Sie den Befreiungsschlag, die Demonstration „bis hierher und nicht weiter", eine „inszenierte Kündigung". Das setzt voraus, dass Sie (vorher!) kühl kalkulieren, Vor- und Nachteile abwägen, vor allem aber die Folgen abschätzen. Und dann: Lieber ein Ende mit Schrecken, als ein Schrecken ohne Ende.

## Wie Sie Ihre Ziele mit den richtigen Partnerinnen erreichen

Unterschiedliche Kompetenzen sind der große Vorteil von Kooperationen. Also nicht Gleichheit, sondern Verschiedenheit. Deshalb: Kooperieren Sie nur, wenn Sie die folgende Frage eindeutig beantworten können und positiv bewerten: Was hat sie, was ich nicht habe, aber wir für das Projekt gut brauchen können? Und klären Sie die Erwartungen: Denken Sie sich ein Bild aus – die Metapher für eine für Sie ideale Kooperation. Das Gleiche macht die Partnerin. Dann schauen Sie: Passen wir zusammen, ergänzen wir uns wirklich?

*Wie Sie Ihre Ziele mit den richtigen Partnerinnen erreichen*

Die ideale Kooperation kann sein wie parallele Rolltreppen im Kaufhaus: Beide führen nach oben, wenn eine ausfällt, fährt die andere dennoch, beide laufen unabhängig voneinander. Oder wie Yin und Yang: Gemeinsam ein ausbalanciertes Ganzes, die Schwächen der einen sind die Stärken der anderen, zusammen bilden sie eine runde Sache. Wie Schlüssel und Schloss? Das ist allerdings nicht sehr gleichberechtigt. Denken Sie für sich allein nach und dann gemeinsam, „denn Denken schadet der Illusion" (Hildegard Knef).
Wir erlauben Ihnen nun einen Blick in unsere Zusammenarbeit und uns einen kleinen Rückblick.

## Erste Phase: Kennen lernen

Natürlich gibt es die Situation: Sie haben ein Projekt und suchen dazu eine Kooperationspartnerin. Das Leben ist aber häufig anders: „Situationen machen Kooperationen."
Kennen gelernt haben wir uns während einer Fortbildung. Wir hatten genug Zeit, die andere zu erleben und zu beobachten, zu vergleichen: Wie ist sie? Welche Stärken und welche Schwächen hat sie? Was kann sie? Was kann ich? Was kann sie besser? Was unterscheidet uns? Was nervt mich?
Fähigkeiten schätzen lernen, über Schwächen hinwegsehen, das ist leicht, wenn ihre Schwäche meine Stärke ist. Wir haben zusammengearbeitet, zu zweit und in der Gruppe, und wir haben gewohnte Orte verlassen, sind verreist. In der Schweiz, auf neutralem Boden kam die Idee – war es ihre, war es meine? – über Konkurrenzen, Intrigen, Verrat „etwas zu machen", und zwar zusammen.

> Nehmen Sie sich Zeit für diese Phase; sie ist wichtig als Basis und das, was Sie noch Jahre später miteinander teilen, wenn schon „alles vorbei ist": Weißt du noch? Damals? Als du und ich ...!

Entwickeln Sie in dieser Phase das gemeinsame Bild. Bei uns fügte es sich nahtlos ein in unsere Kennenlernphase. Wir gehen zusammen wandern in den Bergen; mal gehst du vor, mal ich. Mal geht es rauf, mal runter. Du weißt, wo wir hinwollen, ich weiß, wo wir sind. Wenn wir da sind, haben wir einen Berg gemeinsam erklommen und eine jede hat ihren Lieblingsausblick.

## Zweite Phase: Testphase „Partnerin"

Wir entschlossen uns, mit einem kleinen Projekt zu beginnen, und entwickelten den ersten Workshop. Ein Test: Können wir zusammenarbeiten? Haben wir gleiche oder zumindest kompatible Vorstellungen über Inhalt und Ablauf?
Das Ergebnis: wir haben Unterschiedlichkeiten, die versprechen, für das gemeinsame Projekt hilfreich zu sein. Wir sprechen eine ähnliche Sprache – mit unterschiedlichen Akzenten. Wir haben beide Führungserfahrungen: in der Wirtschaft und der Wissenschaft, in Projekten wie in Verwaltungen, in Ost- und Westdeutschland wie international. Also wieder Gemeinsames in unterschiedlichen Bereichen. Beide haben wir Erfahrung in verschiedenen Bereichen der Erwachsenenbildung und Beratung. Und wir haben einen ähnlichen Arbeitsstil: Übereinstimmung in Fähigkeiten, Arbeitsethos, Termineinhaltung zum Beispiel. Das entspannt sehr. Und wir balancieren zwischen Geben und Nehmen: „Jetzt bist du aber mal dran!" – mit dem Fahren zwischen Leipzig und Berlin. Und: Wir können uns aufeinander verlassen.

> Tauschen Sie sich aus über Ihre Erfahrungen. Einfache „Facts" (das gleiche Studium, Geburtsjahr etc.) sind häufig irreführend, der zweite Blick auf Unterschiede bringt Gemeinsames hervor.

## Dritte Phase: Testphase „Produkt" (Alphaversion)

Wenn eine neue Software entwickelt wird, so wird sie erst im kleinen Kreis getestet. So machten wir es mit unserem KoKon-Karriere-Prinzip (siehe Kapitel 9). Wir „verkaufen" die Workshops. Marketing, Flyer, Preisvorstellungen, Image, Außendarstellung. Es kommen die Reaktionen der „realen Welt": Zwei Frauen leiten einen Workshop über Konkurrenz unter Frauen: Wie konkurrieren sie? Unsere Teilnehmerinnen sind unsere schärfsten Beobachterinnen. Wir werden verglichen und bewertet. Wir sind „kompatibel", das heißt, es gibt Übereinstimmungen und doch sind wir verschiedene Persönlichkeiten und zeigen das auch – das schätzen sie. Die Workshops „laufen" ... es macht Spaß ... wir haben ein wichtiges Thema getroffen ... „Wo kann man das lesen?", fragen die Teilnehmerinnen. Wir entschließen uns zu „mehr". Wir machen daraus ein Buch. Mit unserem Konzept treten wir an verschiedene Verlage heran. Wer verhandelt? Die, die es am besten kann, oder die andere, damit sie etwas dazulernt? Wir legten gemeinsam Ziele fest; die Verhandlerin aber hatte Spielraum und das Vertrauen der anderen.

> Am Ende dieser Phase sollten Sie die wichtigsten Rahmenbedingungen geklärt haben: Aufgaben, Geld, Ziele, Zeitplan ...

## Vierte Phase: Testphase „Produkt" (Betaversion)

Wie mit jeder Software gibt es Probeläufe im größeren Kundinnenkreis. Bei uns waren es weitere Workshops mit anderen Zielgruppen und die Arbeit am Buch.
Stichwort Unterschiedlichkeit: Wir haben Schreiberfahrungen: als Journalistin und als Wissenschaftlerin. Wissenschaftlich sollte das Buch nicht sein, mehr journalistisch, ein Ratgeber mit

einem bestimmten Stil: sachlich, frech, humorvoll. Wie finden wir einen einheitlichen Stil? Wer macht die letzte Überarbeitung? „Nein, dieses Beispiel will ich unbedingt drin haben!" „Aber das passt doch überhaupt nicht!"

Stichwort Sichtbarkeit. Das Titelbild liegt vor: Wer redet mit dem Verlag? Egal, aber darauf achten, dass beide für den Verlag „sichtbar" bleiben.

Stichwort Konkurrenzen. Autorennamen: Wer steht vorne? Traditionell alphabetisch? Oder Münze werfen? Darf ich die Reihenfolge ändern (wenn die andere im Skiurlaub ist und sie dann an zweiter Stelle steht)? „Na, klar", sagt sie, „jede stünde gerne vorn, aber so ist das mit dem Alphabet."

## Fünfte Phase: Controlling

Erste Controllingfrage: Ist das Projekt tragbar? Kommen die Unterschiede konstruktiv zum Tragen? Ein Werk zusammen schreiben ist wie zusammen kochen, wir mailen Texte hin und her: „Soll ich verlängern oder reduzieren? Pfeffern oder mehr Sahne dran?" „Ich mag's scharf!" „Willst du wissen, was ich da gemacht habe? – Also die Änderungen alle verfolgen?" „Nein, mach mal! Hauptsache es schmeckt nachher!" Lohnt sich die Zusammenarbeit? Ja. Immer wenn eine ein Tief hatte, war der anderen gerade etwas gelungen, das hat uns beiden geholfen.

> Ziehen Sie regelmäßig Bilanz! Warten Sie nicht, bis die roten Zahlen, die Ärgerpunkte, ins Unermessliche steigen.

Zweite Controllingfrage: Sind wir Freundinnen oder Kolleginnen? Ich habe ihre beste Freundin kennen gelernt, sie hat meine beste Freundin kennen gelernt. So ist klar, was wir nicht füreinander sind. Stand: Wir sind Kolleginnen – mit freundschaftlichen Grenzerfahrungen.

Denken Sie drüber nach. Und reden Sie drüber. Bleiben Sie offen für Veränderungen. Controlling ist eine ständige Aufgabe!

# 6   Von Idolen, Vorbildern und Gegenbildern

Konkurrenzfähigkeit ist eine Schlüsselkompetenz auch für Frauen, ein Meilenstein auf dem Weg zu den selbst gesteckten Zielen. Zur Orientierung brauchen Frauen Vorbilder und Idole – aus der Vergangenheit, der Gegenwart und für die Zukunft.
Eine Frau, die ein Vorbild wäre, müsste für Maria Schäfer eine sein, „die nicht diese männlichen Züge hat, wie sie die Frauen, die es weit gebracht haben, oft haben. Sie müsste weiblich sein, selbstbewusst, zu sich stehen, wie sie ist. Mir ist es wichtig, dass Frauen Mut haben, ihre Andersartigkeit durchzuhalten."
Marie Curie und Mutter Theresa, Pippi Langstrumpf und Tante Anne, Rosa Luxemburg, Renate Schmidt oder Hildegard Hamm-Brücher, meine Mutter, Angela Merkel oder Marilyn Monroe … Ein Vorbild haben – zwischen Mama und Marie Curie. Zwischen der vertrautesten Frau, der eigenen Mutter, und der Außergewöhnlichsten, Unerreichbaren, der Nobelpreisträgerin. Vorbilder sind Menschen, die wir bewundern, die so sind, wie man selbst gerne wäre, oder bei denen wir uns ganz direkt Rat holen können, Wegweiser sozusagen.
Idole und Vorbilder wechseln mit der Zeit und unseren Bedürfnissen: aus Pippi und Barbie werden heute Lara Croft oder die Junghexe Hermine aus Harry Potter zu konkreten Vorbildern. Den Übergang beschreibt Katja von der Bey. Zu ihren schönsten Erlebnissen als Geschäftsführerin der WeiberWirtschaft gehören Führungen mit jungen Frauen: „Zunächst haben sie keine Lust darauf. Aber spätestens wenn wir gemeinsam Unternehmerinnen besuchen, ändert sich das. Da eröffnen sich neue Perspekti-

ven für die jungen Frauen. Die Unternehmerinnen und ihre Unternehmen beeindrucken sie dann zutiefst!"

„Ich hatte wechselnde Vorbilder und immer mehrere gleichzeitig", sagt Anke Domscheit. „Immer einzelne Komponenten verschiedener Frauen oder Männer. Eine Geschäftsführerin meiner Firma beispielsweise. Sie hat vier Kinder und ist nicht nur sehr selbstbewusst und erfolgreich, sondern auch sehr gelassen. Gerade das gefällt mir. Gelassenheit wünsche ich mir mehr bei mir."

> Wann immer Sie eine erfolgreiche Frau beobachten können, tun Sie es. Wenn Sie mit ihr sprechen können, umso besser. Das Lernen am Vorbild ist durch nichts zu ersetzen. Lesen Sie Biografien von Frauen, die ungewöhnliche Wege gegangen sind, die aus der Reihe getanzt sind, von Frauen mit Mut, von erfolgreichen Frauen.

Vorbilder fungieren als Anreger und Mutmacher noch während der Karriere. Für Cornelia Pieper, Generalsekretärin der FDP, ist es „eine, die sich mit Leidenschaft und Verve für eine Sache einsetzt, diese Persönlichkeiten motivieren mich; gerade wenn sie mal selbst gegen den Strom schwimmen müssen."

Vorbild ist eine, die „schon heute die Schuhe trägt, die einem selbst noch einige Nummern zu groß sind", sagt Susanne Klöß, Geschäftsführerin von Accenture, „die aber in Zukunft passen könnten." Davon gibt es mittlerweile einige – in allen Bereichen. Für die Medizinerin Jutta Mansfeld ist es die Biochemikerin Christiane Nüsslein-Volhard, erste und einzige deutsche Nobelpreisträgerin für Medizin.

Wie es genau geht, gegen den Strom traditioneller Leitbilder zu schwimmen, sehen Sie bei Vorläuferinnen und Leitbildern. Denn es nützt wenig, die alte Rolle nur kritisch zu reflektieren: „Obwohl die Männer um uns herum die Hauptrollen spielten, waren es die Frauen, die die Show in Gang hielten, aber sie durften nie auf die Bühne. Es war ein Matriarchat, das vorgab, ein Patriarchat zu sein, nur damit die Jungs zufrieden waren. Ich [glaube,] dass die ganze Welt so ist." (Alison Pearson)

Heute dürfen Frauen auf die Bühne, sie dürfen sich in die erste Reihe stellen. Die Erlaubnis allein reicht nicht, denn wenn eine Frau sich von traditionellen Leitbildern und Rollen löst, hängt sie in der Luft. „Ich hatte immer das Gefühl, dass ich nicht nur einen Schritt vor den anderen setzen muss, was mich anstrengt, sondern dass ich auch die Straße, auf der ich laufe, wirklich jeden Zentimeter selbst pflastern muss."

Frauen verfügen noch nicht über ein breites Spektrum weiblicher Rollen, in denen im vollen Umfang weibliche Fähigkeiten ausgedrückt werden können. Im weiblichen Lebensentwurf mangelt es immer noch an geeigneten Vorbildern, die einem Mädchen zeigen, wie sich eine Frau ihren eigenen Fähigkeiten, Neigungen und besonderen Begabungen gemäß entwickeln kann.

> „Rollenmodelle sind wichtig. Wir müssen die Frauen als Manager sichtbarer machen! Wir müssen uns selbst sichtbarer machen." (Anke Domscheit)

Frauen brauchen Menschen, die ihre Fantasie beflügeln, von denen sie sich etwas abgucken können, mit denen sie sich auseinander setzen können. Können das auch Männer sein?

## Männliche Vorbilder und ihre Grenzen

„Bei Vorbildern ist es unwichtig, ob es sich dabei um einen großen toten Dichter, um Mahatma Ghandi oder um Onkel Fritz aus Braunschweig handelt, wenn es nur ein Mensch ist, der im gegebenen Augenblick ohne Wimpernzucken gesagt oder getan hat, wovor wir zögerten", behauptet Erich Kästner. Männer haben es leicht. Männer leben in einer Welt voller Bilder, die ihr Geschlecht bestätigen. Kein Wunder, dass im Olymp der Vorbilder die meisten Götter männlich sind. Gerade einmal zwei Prozent der Männer können sich eine Frau als Vorbild vorstellen. Dabei würde ihnen ein bisschen Mutter Theresa gut tun, meint Ulrike Detmers, Professorin und Unternehmerin: „Wir haben zu wenig barmherzige Manager, die ihre Olymp-Etage verlassen und sich nach unten begeben. Sie sollten sich mit Nöten, Elend und Alltagssorgen vertraut machen, die sie überhaupt nicht kennen."

Wer neue Rollen, neue Lebenskonzepte entwirft und leben will, braucht Orientierung. Jede braucht eine oder besser mehrere – für bestimmte Lebenskonzepte –, die konkret vorleben, dass und wie zum Beispiel Karriere und Familie vereinbar sind, wie Führung in Jobsharing oder in Teilzeitarbeit gelingt. Frauen, die ihnen Rückhalt geben, sich das zuzutrauen, und die ihnen vorleben, was möglich ist und was nicht. Frauen, an denen sie sich orientieren können, die sie ermutigen und ihnen helfen, wenn Selbstzweifel zu überwinden und Krisensituationen zu bestehen sind.

> Halten Sie Ausschau nach Vorbildern! Oder nach Facetten davon! Setzen Sie sich Ihr eigenes Puzzle zusammen!

Natürlich sollten Frauen sich auch von Männern ermutigen lassen. Es ist auch leichter, mit deren Segen den eigenen Weg zu gehen. Doch es ist eben nicht unwichtig, wer als Vorbild fungiert – eine Virginia Woolf, Mutter Theresa oder Tante Erika aus Braunschweig sollte schon dabei sein.

## Vorbild sein

„Ich möchte auch Vorbild sein", sagt Susanne Schlichting, Präsidentin des Verwaltungsgerichtes Leipzig. Dass eine Frau

*Vorbild sein*

das selbstbewusst sagt, ist eher die Ausnahme. Traditionell gibt es ein regelrechtes Verbot für Frauen, sich als Vorbild zu begreifen, jedenfalls wenn es nicht aus der Mutterrolle geschieht. „Denn das hieße ja, dass eine Frau sich selber ernst nimmt. Das hieße, dass sie der Auffassung ist, sie habe Beispielhaftes geleistet. Das hieße, dass sie glaubt, sie sei prägend für den Lauf der Dinge und für nach ihr Kommende. Kurzum, es hieße, dass sie sich erkühnt, aus der ersten Reihe vorzutreten – statt sich in der zweiten zu verstecken."

Karrierefrauen sagen gerne, es sei alles Zufall gewesen mit der Karriere, jedenfalls nicht geplant. Berühmte Frauen wollen von der Zuschreibung „Vorbild" oder „Idol" in der Regel nichts wissen, vorbildlich sein wollen sie nicht (das hieß ja früher auch, keinen Fehler machen dürfen). Das Bescheidenheitsgebot wirkt noch ganz oben. Es sind also auch die Frauen selber, die sich daran hindern, ihre eigene Größe zu erkennen und wertzuschätzen. Warum? Eine Frau, die sich selbst achtet, die stolz ist auf ihre Leistung und auf sich selbst und das auch zeigt, ist eine Herausforderung für alle Frauen. Sie verkörpert den Beweis, dass es geht, dass es ein erfolgreiches Leben von Frauen geben kann – jenseits aller Lamenti über ungleiche Chancen ist sie das Beispiel für das Trotzdem. Und daran gemessen fühlen sich alle anderen als weniger erfolgreich, weniger wert. „Sie hat es geschafft, warum ich nicht?" Vorbild sein heißt auch: Macht haben, diese Macht sehen, sie nehmen und stolz darauf zu sein, eine mächtige Frau geworden zu sein, eine, nach der sich andere Frauen richten, der sie nachfolgen. Das erfordert Mut.

> Wenn Sie eine Führungsposition haben, sind Sie ein Vorbild für Ihre Mitarbeiterinnen. Nehmen Sie die Rolle an!

## Das Affidamento-Konzept in der beruflichen Praxis

Vorbilder beflügeln die Fantasie, sie dienen als notwendige Inspirationsquelle; denn es geht um mehr als nur um Orientierung: Es geht um die Schaffung einer weiblichen Identität, eine Aufgabe mit viel Spannung. Einerseits: „Um groß zu werden, in jeglichem Sinne, braucht eine Frau eine andere Frau, die größer ist als sie." Andererseits liegt hierin genau das Problem. Die zentrale Herausforderung für kompetente und erfolgreiche Frauen liegt in ihrer unterschwelligen Bedrohung für die anderen Frauen. Es ist ein kompliziertes Wechselspiel zwischen Vorläuferinnen und Nachfolgerinnen. Die Große und die Kleine, die Überragende und die, die noch alles vor sich hat, die will, aber nicht weiß, ob sie es schafft, groß und erfolgreich zu werden.

Um eine andere Frau als Vorbild zu erkennen, müssen wir sie anerkennen und wertschätzen. Sie muss verehrungswürdig sein, brillant, überragend, eine Frau mit Glanz, aber sie muss nicht alle unsere Wünsche und Vorstellungen erfüllen. Stärken „abgucken", aber ihr Leben nicht kopieren, das ist der Schlüssel zur konstruktiven Konkurrenz. Es erfordert: einen Perspektivwechsel und ein verändertes Verhalten.

Wie sprechen Frauen über Frauen, die eine besondere Karriere gemacht haben? Viele Boshaftigkeiten gibt es da. So schreibt die Journalistin Michaela Wiegel über die Europaministerin Haigneré: „Als ‚Star aus der Zivilgesellschaft' hatte Claudie Haigneré ihren Weg in die Regierung gefunden. Den Franzosen war sie als Astronautin bekannt geworden, die sich mit Lippenrot und Wangenrouge in den erdnahen Weltraum aufmachte … Frankreich blickte mit Stolz auf die 1,67 Meter große, zierliche Frau, als sie mit ihren silbernen Weltraumstiefeln über die Startbahn in Kasachstan tippelte."

Jedes Urteil ist auch die Auseinandersetzung mit der eigenen Weiblichkeit. Kein Lob der außergewöhnlichen Leistung, das nicht gleich gemindert, dem ein „Aber" angefügt wird, selbst bei Nobelpreisträgerinnen. „Sie war aber auch immer die Mitarbeiterin ihres Mannes, dies beeinträchtigt die Vorbildlichkeit ein wenig", sagt Beate Schmidt, verantwortlich für Mentoring, über Marie Curie.

Es ist selten, dass eine Frau, die es geschafft hat, in einer anderen ein Vorbild erkennt. Die Unternehmerin Ulrike Detmers tut es: „Außerdem beeindruckt mich die rationale Art von Angela Merkel, die es trotz heftigstem Störfeuer aus den eigenen Reihen immer wieder schafft, einen kühlen Kopf zu bewahren und Dinge nüchtern zu kommentieren."

Affidamento heißt wörtlich das „Sich-Anvertrauen". Das theoretische Konzept der Mailänder Frauengruppe bedeutet in der beruflichen Praxis, dass eine Frau, die Karriere machen will, sich eine andere Frau sucht, die für sie ein „Mehr" verkörpert, eine Mentorin, der sie sich anvertrauen kann, ein Vorbild. Dies erfordert ein neues Denken von Frauen über Frauen: Eine Frau kann gegenüber anderen Frauen eine herausragende Rolle einnehmen. Und: Frauen sind ähnlich, aber verschieden. Diese Ungleichheit impliziert Neid, Neid darauf, dass eine Frau ein „Mehr" besitzt. Ein Gefühl, mit dem man sich auseinander setzen muss.

Wie kann das praktisch gehen? „Ich habe eine Menge Frauen getroffen, da habe ich gedacht: Wow! Die machen das!", sagt eine junge Managerin im Coaching. Anerkennung und Respekt, das ist ein guter Zugang. Und wer bekommt eine Chance als Mentee? „Ich hab' noch nie jemanden weggeschickt, noch nie, egal wo die hergekommen sind, aber ich merke es nach einer Viertelstunde, wenn's nicht geht, und dann sag' ich das auch und dann ist das für mich erledigt." (Viola Klein)

Die, die gefördert werden, müssen zeigen, dass sie wollen. Keine, die vermittelt, man müsse sie „zum Jagen tragen", erhält eine Chance. Die Zutaten für die künftige Größe müssen schon erkennbar sein, der Glanz muss schon durchschimmern. Der

Nobelpreisträgerin Christiane Nüsslein-Volhard eilt der Ruf voraus, eine anspruchsvolle, fordernde, ja bisweilen harte Chefin zu sein, ohne diese Charaktereigenschaften hätte sie selbst es nicht so weit gebracht. Zaghaft dürfen ihre Mentees nicht sein, sondern ehrgeizig, stark, exzellent. Und wenn sie sich für Wissenschaft und Familie entscheiden? Dann werden sie besonders gefördert mit Mitteln aus der Christiane Nüsslein-Volhard-Stiftung, mit Geld für Babysitter und Haushaltshilfen, Geld zur Nutzung von Angeboten, welche die Freizeit mit den Kindern ermöglichen. Sie nennt es Eliteförderung.

Suchen Sie sich eine Mentorin und seien Sie Mentorin.

Der Schlüssel für eine gelingende Allianz und für konstruktive Konkurrenz zwischen Frauen liegt hier: „Indem wir einer anderen Frau im gesellschaftlichen Rahmen Autorität und Wert zuschreiben, verleihen wir uns selbst ... Autorität und Wert." Und indem wir das „Mehr" bei der anderen anerkennen, haben wir das Zutrauen zu uns selbst, sie auch selbst zu erreichen, sagen Libeeria delle donne di Milano. Ein großer Schritt, der schwer fällt, aber nötig ist: Eine Frau gibt einer anderen Frau „einen Maßstab für das, was sie kann und was in ihr zur Existenz gelangen will."
Es beginnt also mit einer Beziehung zwischen zweien, die miteinander konkurrieren, aber sich gegenseitig anerkennen und respektieren; die Beziehung verzweigt sich, andere Beziehungen entstehen, ein Netzwerk gegenseitiger Anerkennung und Unterstützung.
Es ist wichtig, Lehrmeisterinnen zu haben, Mentorinnen und eine positive weibliche Autorität. Wesentlich für den eigenen Erfolg ist die Orientierung an der Tradition des eigenen Geschlechts, denn wir stehen auf den Schultern von Riesinnen, nur wissen wir es häufig nicht. Vor uns gab es Frauen, die versuchten, Grenzen zu überschreiten, und dies mit anderen Frauen

gemeinsam taten, die andere Frauen brauchten, um sich mit der Männerwelt auseinander zu setzen und dort zu bestehen.
Jede Frau, die aus der Reihe tanzt, aus der Reihe der weiblichen Tradition, aus der Reihe der Gleichheit, ist eine Rollenbrecherin und eine Wegbereiterin für alle Frauen. Erweisen wir ihr also unsere Referenz.

## Drei Rollen und ein Dilemma

Opfer, Heldin, Märtyrerin – das sind die vom Publikum bewunderten Hauptrollen aus dem Stück „Frauenerbe". Auf der Bühne der Arbeitswelt funktionieren sie auch, einige spielen sie immer noch gern, darin fühlen sie sich so schön sicher. Aber der Preis (nicht die Gage) ist hoch.

❑ Als Opfer – verkannt, unterschätzt, unverstanden in der männlichen Arbeitswelt – sehen Frauen sich gerne; verfangen in den Fallstricken ihrer Bescheidenheit leugnen sie ihren Anteil als Täterinnen, übernehmen keine Verantwortung für ihr Handeln; das selbstbewusste „Ich will" ist so selten wie „Ich war's". Eine Selbstbehinderung. Doch diese Sicht und dieses Handeln hat Vorteile, sonst gäbe es sie ja nicht mehr: Über Ohnmacht sich erfolgreich fühlen, für Erfolg wie für Blockade werden andere verantwortlich gemacht; „Opferpower" hat Gertrud Höhler das genannt.

> Eine, die Opferpower äußerst geschickt umgedreht hat, ist Hillary Clinton. Sie hat die Opferrolle (gedemütigte Ehefrau) nicht angenommen und sich damit ein Image geschaffen, das ihr half, als Senatorin gewählt zu werden.

❑ Heldin der Arbeit, diesen Ehrentitel bekam Frida Hockauf 1954 in der DDR. Frauen standen ihren Mann, Frauen „die durch Beharrlichkeit und Mut hervorragende Einzelleistungen erreichen, […] eine wesentliche Hebung der Arbeitsproduktivität bewirken und für die Allgemeinheit Vorbild und Zielsetzung sind". Sozialistisch gefärbt, aber doch Eigenschaften klassischer Heldinnen: couragiert, selbstloser Einsatz für andere, ein Vorbild, tapfer, kämpft für ihre Ziele. Im Westen spielten Frauen nach einem anderen Drehbuch ihre Rolle: Mütter, Heldinnen des Alltags.

❏ Märtyrerin: Aus (christlicher) Überzeugung leiden und den Opfertod sterben, längst überholt? Das eigene Leben zurückstellen, es für andere (Mann und Kinder) hingeben – in der modernen Variante: nur für den Beruf, die Firma, die Sache, die Idee arbeiten. Verzicht auf Privatleben, Schuldgefühle, wenn man nicht arbeitet – Workaholics eben. Ein Leben außerhalb jeder Balance. Und zuletzt sich selbst verlieren – Burn-out.

Junge begabte Frauen, die sich mit Elan und Ehrgeiz in die Arbeitswelt stürzen, erklären sich die Tatsache, dass so wenige Frauen präsent sind, mit einer gewissen Rückständigkeit, die schon noch verschwinden wird. Der jugendliche Ehrgeiz, etwas erreichen zu wollen, was andere nicht erreicht haben, Frau sein und Ansprüche an die Welt zu haben, sind normal, aber sie ergeben eine Kombination, der die Gesellschaft keinen Wert zuerkennt. Junge Frauen geraten nach dem erfolgreichen Start zuerst in den „Managerrausch": Sie fliegen unter der Woche um die Welt, in Zeitnot und Termindruck, mit allen Accessoires und Privilegien der Jungmanagerin ausgestattet, herausgefordert von viel Arbeit, anerkannt und unterstützt von Männern und im Genuss erster Erfolge: Ich kann es! Ihr Leben ist der Job – das ist ein gutes Gefühl. Immer mehr und immer besser arbeiten, 13- oder 16-Stunden-Tage sind lustvoll, Karriere ist sexy. Staunend erleben sie, dass sie wie nebenbei aufsteigen. Sich selber am eigenen Erfolg berauschen, das wirkt wie eine positive Betäubung. Dass das andere Leben (Ehe, Beziehung, Kinder, Freundinnen) nur am Wochenende stattfindet, nur im Urlaub oder ganz in Vergessenheit gerät, stört anfangs nicht. Erst später kommen die Fragen nach dem Sinn der Karriere, nach Perspektiven. Besonders dann, wenn die ersten Erfahrungen mit Ungleichbehandlungen gemacht werden: Frauen bekommen weniger Geld als Männer in gleichen Jobs. Die biologische Uhr tickt immer lauter. Und plötzlich werden sie von Personalverantwortlichen als potenzielle Mütter wahrgenommen, als „tickende Zeitbombe", als Schwangerschaftsrisiko. Denn die Kinderfrage ist in der Arbeitswelt eine Frauenfrage. Kein Rausch ohne Katerstimmung ...

Wer ganz nach oben will, darf anscheinend auf dem Karriereweg nichts anderes im Kopf haben. „Eindimensional" ist das Schlüsselwort für dieses Leben, entweder – oder.

# Die erfolgreiche Frau: Fünf Varianten und ein Dilemma

## Die Hosenrolle: Der Auftritt als männliche Frau

Die Hosenrolle eignet sich für Spielfilme, Lieselotte Pulver in Männerkleidern im „Wirtshaus im Spessart". Eine Verkleidung, um tun zu können, was Männern vorbehalten ist. Geeignet als Anpassung an eine männliche Welt, erfordert sie die Unterdrückung der Weiblichkeit. „Nicht auffallen unter Männern" ist das Motto.

Ganz anders die Pionierinnen: Sie trugen beim Überschreiten der traditionellen Geschlechtergrenzen Hosen – aus praktischen Gründen – und symbolisierten damit den Grad ihrer Emanzipation.

Im Beruf muss die „männliche Frau" sehr kompetent und nicht nur gut informiert sein, sondern auch sachlich überzeugend argumentieren können. Und zäh sein, vor allem einstecken können. Zart besaitet sein oder ein schöner Augenaufschlag, damit setzt sich keine durch. Das war der Rat für die ersten Frauen, die in die Arbeitswelt einbrachen, und der Rat blieb. Alibi-Frauen, sozialisiert in reinen Männergruppen, konfrontiert mit dem Vorwurf „Ihr könnt es nicht! Ihr gehört an den Herd!", versuchten dreimal so gut zu sein wie die Männer, um das Gegenteil zu beweisen. Um als „Fremde" nicht aufzufallen, schien die Anpassung bis in den Habitus hinein notwendig. Eine Überforderung und keine Lösung, denn die Diskriminierung blieb.

Frauen fügten sich ein, weil sie die Spielregeln der Arbeitswelt für übermächtig hielten, und Angst hatten, sonst nicht mehr mitspielen zu dürfen. Eine Regel war und ist, dass Frauen, nur wenn sie besser sind, den Anspruch und das Recht haben, mitzuspielen und mitzubestimmen. Das ist Unsinn. Aber die Regel wirkt sich bis heute fatal auf Frauen aus, glauben sie doch selber immer noch, nicht gut genug zu sein.

Einige nehmen das Dilemma mit Humor, wie Charlotte Whitton, Bürgermeisterin von Ottawa: „Frauen müssen doppelt so gut sein, wie Männer. Zum Glück ist das nicht schwer."

> Keine Frau muss besser sein als ein Mann, um gleiches Recht in Anspruch zu nehmen. Erst wenn so viele mittelmäßige Frauen in den Vorständen sitzen wie heute Männer, ist die Gleichberechtigung erreicht.

## Die Heilige:
## Der betont weibliche Auftritt

Das Besser-sein-Wollen, der große Glanz, den weibliche Werte (selbstloser Einsatz, Sorge für die Benachteiligten) ausstrahlen, die Überbetonung des traditionell Weiblichen wie Versagung, Opfer, Fürsorge, das bedeutet die Aufgabe eines eigenen Lebens – und dazu ist keine mehr bereit. Ein aussterbendes Lebensmo-

*Die erfolgreiche Frau: Fünf Varianten und ein Dilemma*

dell sozusagen. Die Letzte, die diesen öffentlichen großen Glanz hatte, war Mutter Theresa, eine moderne Heilige.
Mutter Theresa, Nonne und Friedensnobelpreisträgerin – sie ist der Mensch, von dem deutsche Manager am stärksten fasziniert sind. Sie ist ihr Vorbild! Auf den nächsten Plätzen folgen Männer: Bill Gates, Goethe, Mozart und Pablo Picasso. Ein solches Vorbild zu haben hat Auswirkungen: auf die Manager, auf ihre Kolleginnen, ihre Ehefrauen und ihre Töchter.
Mutter Theresa lebte unter den Ärmsten der Armen in den Slums von Kalkutta – mit der göttlichen Berufung, den Armen zu helfen. Ihr selbstloses Wirken in tätiger Nächstenliebe heißt dienen, den Menschen und Gott. Eine Märtyrerin?
Vor allem war sie auch eine Managerin, aus dem Nichts baute sie Schritt für Schritt ein Unternehmen auf – ihren Orden – mit 3.000 Mitarbeiterinnen, einer Unternehmenskultur mit festen Regeln, definierten Zielen und Ausbildungsbestimmungen. Es gelang ihr, den Segen des Papstes zu bekommen und sich und ihr Produkt „Nächstenliebe" so gut zu vermarkten, dass sie bald ein international arbeitendes Unternehmen mit 300 Klöstern, unzähligen Schulen und Kliniken betrieb. Sie erhielt Spenden in Millionenhöhe, wurde zur Medienfigur, stilisiert als „lebende Heilige". Höchste Ehrungen gehörten dazu, zuletzt wurde sie selig gesprochen. Auch so kann man es sehen.
Selbstbestimmung für alle Frauen ist in einem solchen Lebenskonzept nicht vorgesehen.

## Iron Lady:
## Weibliche Schale, harter Kern

Als Margaret Thatcher zur Vorsitzenden der Konservativen Partei gewählt und wenig später erste britische Premierministerin wurde, war das eine Sensation. Nicht nur in England.
„Iron Lady" hieß sie bald. „Ja", sagte sie selbstbewusst, „Großbritannien braucht eine eiserne Lady", und begann mit der

Arbeit. Es ging ihr nicht um Beliebtheit, es ging um Respekt. Den verschaffte sie sich. Entschlossenheit war ihr Erfolgsrezept. Sie galt als autoritär und herzlos, höchste Leistungen fordernd (die sie selber auch brachte), sie wertete ihre Minister gerne öffentlich ab, massive Persönlichkeitsverletzungen gehörten zu ihrem Führungsstil. Sie genoss es, Männer zu beschimpfen – Parteifreunde, Minister, Staatssekretäre – mit zwei Ausnahmen: ihr Ehemann Denis (angeblich der Einzige, der vor ihr keine Angst hatte) und ihr Sohn Mark, dem sie alles nachsah.

Margaret Thatcher fühlte sich mit Männern am wohlsten. Sie spielte mit ihnen das Spiel „Kampf um das Alphaweibchen" und es funktionierte, jeder wollte der Beste sein, jeder wollte gewinnen. Sie spielte mit weiblichen Waffen, indem sie den Männern tief in die Augen schaute und sagte: „Sie werden mir doch meinen Willen lassen?" Er, der Minister, sagte dann „Ja". Ihre Handtasche, Zeichen ihrer Weiblichkeit, stellte sie immer als Erstes auf den Tisch, ein Machtsymbol, denn aus der Tasche holte sie heraus, was sie brauchte, um zu gewinnen. Immer im Kostüm, mit hohen Absätzen, edlem Schmuck, Make-up und betont weiblicher Frisur trat sie auf; gerne lieferte sie Beweise ihrer Weiblichkeit: sie ließ sich beim Abwasch filmen und beim Friseur, Akten lesend unter der Haube. Eine Inszenierung.

Margaret Thatcher war eine ungeheuer erfolgreiche Premierministerin, elf Jahre lang. Sie war äußerst erfolgreich darin, Wahlen zu gewinnen und ihre persönlichen Prinzipien in Gesetze umzusetzen. Ihren letzten Wahlsieg sicherte sie sich mit dem Falkland-Krieg. Dann, sagen ihre Weggefährten, hat das Männliche sie kaputt gemacht; am Ende ihrer Amtszeit reagierte sie nur noch aggressiv und herrisch, sie verlor jedes Maß. Sie nahm für sich den Pluralis Majestatis in Anspruch: „Wir". Sie hörte nicht mehr auf andere, vernahm nur noch den Klang ihrer eigenen Stimme. Sie stürzte. Bei ihrer Abschiedsrede brach sie in Tränen aus, fing sich und erfüllte ihre Pflicht: Sie beendete ihre Rede selbst.

## Die Superfrau:
## „Ich mache alles, und zwar sofort"

Die Superfrau vereint die Rollen Opfer, Heldin, Märtyrerin auf zeitgemäße Art in zwei Varianten.

### Die offene Variante

Sie springt ruhelos zwischen Beruf und den klassischen weiblichen Rollen (Hausfrau und Mutter) hin und her. Sie führt gleichzeitig ein männliches Leben – eines mit Karriere – und ein weibliches mit gelungenen Kindern, glücklicher Ehe und immer gutem und glücklichem Aussehen. Es ist die totale Überforderung in einem durchgetakteten Leben. Superfrauen waren in der DDR die Regel, im Westen die Ausnahme, heute sind sie eine verbreitete Medienfigur und für viele Karrierefrauen alltägliche Realität: „Meine tägliche Existenz war davon bestimmt, festzustellen, wer meine Aufmerksamkeit am meisten brauchte: die Kinder, das Büro oder mein Mann. Es mag auffallen, dass ich mich selber nicht mit auf die Liste gesetzt habe ... Wenn ich nicht bei der Arbeit war, dann musste ich eine Mutter sein, und wenn ich keine Mutter war, dann schuldete ich es der Arbeit zu arbeiten. Mir Zeit für mich selbst zu nehmen, kam mir vor wie Diebstahl." (Alison Pearson) Was bleibt, ist eine nie erfüllte Sehnsucht nach Alleinsein und Ruhe, einfach nur zu sitzen und zu sitzen und nichts zu tun.

Mutterschaft im Management heißt ständiger Spagat zwischen Arbeit und Kindern und mit einer Störgröße im Hintergrund: Partner und Kollegen, die diese Arbeit infrage stellen. Saboteure sozusagen. Eine schizophrene Gesellschaft zeigt ihr Gesicht: Für ihre Leistungen werden sie bewundert; wollen sie Mütter sein, schlägt ihnen Unverständnis entgegen, negatives Denken über arbeitende Mütter („Rabenmütter"). Hinzu kommen dürftige Mittel, die die Gesellschaft wie der eigene Ehemann offerieren, um den Alltag zu meistern. Kombiniert mit dem eigenen Perfektionswahn, auch Schuldgefühl genannt, balancieren Superfrauen kontinuierlich am Rand des Super-GAUs. Bewundert

nur als Medien-Ikone und hübsch, leicht und schwungvoll nur im Film. Realistischer sieht es eine Karrierefrau, die selber Kinder hat: „Abgezehrt wie eine Süchtige ... aus der Nähe sieht man, wie die Mutterschaft ihr ihren Glanz genommen hat", sagt sie über eine Kollegin. (Alison Pearson)
Es ist ein starres Biographiemodell, das Beruf und Familie in eine zwanghafte Konkurrenz bringt. Wenn Sie Kinder und Karriere wollen, dann ist das Timing essenziell. Kinder und Studium lassen sich oft leichter kombinieren als Kinder und Job. Aber den richtigen Zeitpunkt (für alle) gibt es nicht.

> Organisieren Sie sich verlässliche Unterstützung, überprüfen Sie Ihr Selbstbild: Seien Sie nicht perfekt (das ist kein Mensch!). Und: Alles geht nicht – jedenfalls nicht gleichzeitig.

Es gibt schon Pionierinnen: die Frauen, die einen Teilzeitjob im Management durchsetzen oder einen Arbeitsplatz mit einer Kollegin teilen. Anders als Väter fühlen sie sich für mehr verantwortlich als die bloße finanzielle Versorgung ihrer Kinder.

**Die verdeckte Variante**
Sie sind hochkompetent und tüchtiger als Männer. Schon aus Tradition. Sie haben ihre Mitschüler im Gymnasium überholt, eifrig und schnell studiert, rasch Karriere gemacht. Diese Frauen brauchen wir – haben sie gehört. Sie leben in einer weltweit vernetzten Arbeitsgesellschaft, die auf ständiger Präsenz beruht. Bricht Weiblichkeit ein, Schwangerschaft, Geburt, Mutterschaft, muss diese unsichtbar bleiben. Als sei „nichts" gewesen, setzen sie ihre Arbeit fort. Aus dem Wochenbett führen sie ihre Geschäfte weiter und sitzen wenige Tage später wieder am Platz. An dieser „Frauen-Elle" werden nun alle gemessen; Scheitern ist vorprogrammiert.
Machen sich diese Frauen „überhaupt eine Vorstellung davon, dass ihre Heldentat, so zu tun, als habe sich nichts verändert, zu

*Die erfolgreiche Frau: Fünf Varianten und ein Dilemma*

dem Knüppel wird, mit dem andere Frauen geprügelt werden?" (Alison Pearson)
Die perfekte Anpassung an die männliche Arbeitswelt, in der Kinder aus der Chefperspektive erst sichtbar und vorzeigbar werden, wenn sie halbwüchsig sind oder auf der Universität. Die Gesellschaft tut im Alltag so, als gäbe es keine arbeitenden schwangeren Managerinnen, keine arbeitenden Mütter. Gleichzeitig verlangt sie von den Managerinnen Kinder, Kinder, Kinder. Nichts passt zusammen. „Ich wusste nicht, wie ich wieder in den Job zurückgehen konnte, ohne mein Herz zu verhärten. … Sie behandeln uns, als würden sie uns einen großen Gefallen tun, indem sie uns unseren Job wiedergeben, nachdem wir ein Kind bekommen haben. Und der Preis, den wir für diesen Gefallen zahlen, ist, keinen Ärger zu machen." (Alison Pearson) Es bleibt die Angst davor, zu viel zu fühlen.
Eine andere Frau, eine andere Sicht: Eine Spitzenmanagerin im Coaching spricht über das Hauptproblem in ihrem Leben: „Manchmal denke ich, ich bin ein Neutrum." Bei all ihren Reisen rund um den Globus besteht nicht die geringste Chance, eine Beziehung aufzubauen oder Kinder zu haben, obwohl sie sich das sehr wünscht. Alle ihre gleichaltrigen Freundinnen würden sich das wünschen, obwohl es keine zugeben wolle.
Konkurrenz unter Frauen heißt auch Konkurrenz unter Frauen und Müttern, berufstätigen Müttern und Nur-Müttern – ein noch immer polarisierendes Thema zwischen Ost und West. „Ein unsichtbares Niemandsland erstreckt sich zwischen den beiden Mütterlagern." Die nicht berufstätige Mutter betrachtet die andere mit Neid und Furcht, so, als habe die die Kurve gekriegt; die berufstätige Mutter schaut mit Angst und Neid zurück, denn sie weiß, dass es nicht so ist. „Ganz gleich, ob man nun in der einen oder anderen Rolle weitermacht, man muss sich einreden, dass die Alternative schlecht ist." (Alison Pearson)
„Eine Gesellschaft, die Kinderleben den Berufskarrieren [von Männern und Frauen] unterordnet, zerstört ihre Grundlagen", mahnt Gertrud Höhler.

Kinderwelt und Berufswelt sind keine Lebensinseln, das ist reine Fiktion, sie sind Teile einer ganzen Welt. Wer arbeitet an dieser „Sciencefiction"? Vor allem die Männer, die keine Kinder mehr wollen.

## Jedes Modell hat seinen Preis

Jede Frau muss ihre eigene Rechnung aufstellen und entscheiden, was sie will, was ihr nützt, was sie riskieren will und was nicht. Auch ob sie Kinder haben will oder nicht.
„Was bin ich bereit zu zahlen?" Diese Frage begleitet jede Karriere, bei jedem Karriereschritt wird sie neu gestellt. „Man bezahlt 'ne Menge, wenig Freizeit, keine Zeit für sich selbst." (Viola Klein)
Es geht also wie bei allen Entscheidungen um die Abschätzung des Risikos und der Folgen. Jedes Leben hat seinen Preis, jede Karriere auch. Welchen Preis will ich zahlen? Was ist der/mein Gewinn? Welche Verluste nehme ich in Kauf? Wie will ich leben?
„Sei du selbst!", empfehlen Karriereberater. Aber was heißt das? Zwei Antworten aus dem Coaching: „Manchmal vergleiche ich mich mit einer Wundertüte. Von außen sieht man nur die Verpackung. Aber wenn sich jemand getrauen würde, die Tüte zu öffnen, könnte ich ganz anders sein." Und: „Wer wäre ich, wenn ich zu Atem käme und diejenige sein dürfte, die ich bin?"
Das Supermodell gibt es nicht. Sie können es nicht allein entwickeln! Gesellschaftliche Rahmenbedingungen sind dafür ebenso wichtig wie persönliche Vorbilder.

# Von Vorgängerinnen lernen und ein eigenes Profil entwickeln

„Der Droste würde ich gern das Wasser reichen", bekennt Sarah Kirsch in einem ihrer bekanntesten Gedichte über die Dichterin Annette von Droste-Hülshoff. Der Droste hat sie die Naturbeschreibungen „abgeguckt" und ist damit selber berühmt geworden, sie kann ihr also auch das Wasser reichen.
Sarah Kirsch könnte auch sagen: „Das habe ich von ihr". „Das hat sie von mir", könnte Annette Droste-Hülshoff erwidern. Zwei Frauen auf gleicher Augenhöhe, die sich gegenseitig achten und bewundern.
Die junge Frauengeneration, die sich auf den Karriereweg macht, glaubt, dass sie es locker in die erste Reihe schafft. „Ich bin noch nie als Frau diskriminiert worden!", hört man häufig. Und von Emanzen und Frustrierten reden sie, wenn sie hören, was sie nicht hören wollen. Die Mutter-Tochter-Assoziation wird ausgelöst und damit die „gemischten Gefühle" aus Verbundenheit und Abgrenzung.
Die Jungen von heute konkurrieren gegen die Alten von gestern. Ob sie voneinander lernen, hängt ganz entscheidend von der Qualität der Unterstützung ab, vom Ausmaß der gegenseitigen Wertschätzung.
Die „Mutter" umsorgt, die Mentorin befähigt die „Tochter", das ist ein Unterschied. Die Mentorin und die Mentee: die Große und die Kleine, die, die „weiß", und die, die „will", nämlich Karriere machen.

❏ Die Mentorin: Die Warum-Fragen der Mentee (Warum machen Sie es so und nicht anders?) sind wie ein Spiegel; schauen Sie hinein und schätzen Sie die Reflexionsmöglichkeit. Seien Sie stolz, wenn die Karriere der Mentee gelingt. Schließlich haben Sie ihr dazu wichtiges und notwendiges Handwerkszeug beigebracht. Es ist so etwas wie geistige Mutterschaft, die andere befähigt, ihre Erfolge selbst zu erringen. Und: Am Ende müssen Sie sie gehen lassen, sie „wegschubsen". „Ich

habe ihr gesagt, sie muss jetzt Mut fassen und kandidieren. Junge Frauen brauchen jemanden, der sagt: ‚Jetzt spring!' " (Cornelia Pieper)
- Die Mentee: Sie muss ihr eigenes Profil entwickeln, sie soll nicht werden wie die andere, keine Kopie, sondern gut gerüstet den eigenen Weg gehen. Also: beobachten, wie macht sie es? Und fragen, warum so? Ausprobieren, kann ich das auch? Passt es zu mir? Schließlich anerkennen, was die Mentorin für sie getan hat. Ihr danken. Sie auf dem Laufenden halten, etwa Erfolge mit ihr teilen, per Mail und Telefon.

Ein Beispiel: Eine Chefin, Frau Cordes, erhält einen Anruf von einer ehemaligen Mitarbeiterin, die jetzt selber Chefin ist. Sie berichtet glücklich, wie sie einen schwierigen Fall gelöst hat: „Und dann habe ich mich gefragt, was würde Frau Cordes jetzt machen? Und dann ging's!" Sie ist in ihre Fußstapfen getreten.

Halten Sie zu Ihren Mentorinnen weiterhin Kontakt. Lassen Sie sie an Ihren Erfolgen teilhaben.
Gratulieren Sie Ihrer Mentee aufrichtig, erst recht, wenn sie mehr erreicht hat als Sie selbst. Es ist auch Ihr Erfolg!

Szenenwechsel: Sie übernehmen eine Führungsposition und Ihre Vorgängerin war eine Frau. Klären Sie Ihre Arbeitssituation: Wenn Sie es nicht aus den Vorgesprächen wissen, finden Sie heraus: Warum ist Ihre Vorgängerin gegangen? Und wie? Hat sie gekündigt oder ist sie gegangen worden? Arbeitet sie weiter im Unternehmen? Was wird von Ihnen erwartet, was können/ sollen Sie anders oder besser machen? Wie wird über Ihre Vorgängerin im Unternehmen geredet? Gut? Dann lassen Sie sich nicht ins Boxhorn jagen. Schlecht? Dann beteiligen Sie sich nicht daran.

Klären Sie Ihre Aufgaben, Sie sind anders als die andere und werden auch anders arbeiten und führen. Seien Sie professionell!

*Von Vorgängerinnen lernen*

Stehen Sie zu Ihrem Stil, erläutern Sie ihn (wenn die Mitarbeiterinnen sagen: „Aber das haben wir schon immer so gemacht!") und hüten Sie sich davor, mit dem Motto anzutreten: „Ich mache alles besser!" Ein Kardinalfehler. Die Abwertung der bisher geleisteten Arbeit kränkt alle und Sie riskieren, dass Sie als neue Chefin nicht akzeptiert werden. Drücken Sie Ihren Respekt für die geleistete Arbeit aus, auch wenn die Leistungen in Ihren Augen nicht gut genug waren; um das zu ändern, dafür sind Sie ja eingestellt worden. Geben Sie Ihren Mitarbeitern Zeit zur Umstellung (die berühmten 100 Tage gelten für beide Seiten). Stürzen Sie sie nicht in einen Loyalitätskonflikt: Auch wenn die alte Chefin gegangen ist, ist sie noch lange nicht weg.

> Zollen Sie Ihrer Vorgängerin Respekt. Stehen Sie zu Ihrem eigenen Stil.

# 7  Streiten – aber richtig

„Auseinandersetzungen? Lieber gar keine! Ich will Harmonie."
Kennen Sie das von sich? Ja, dann sind Sie „normal". Was aber nicht heißt, dass das eine gute Haltung ist, weder eine effektive noch eine gesunde. Und beruflich gesehen zudem keine Haltung, die Erfolg und Karriere unterstützt. Inhaltliche Debatten gehören dazu:

> Ein Kollege vertritt seine „neueste These", profiliert sich damit im Meeting; Sie meinen, er redet Unsinn – und halten den Mund. Sie wollen keine Auseinandersetzung. Wie soll man merken, dass Sie es besser wissen? Und wenn Sie in die Debatte einsteigen, zwei Konzepte gegeneinander diskutieren, auch scharfe Worte fallen („Frau Müller, das haben Sie offensichtlich nicht richtig durchdrungen!"), denken Sie „So ein Arsch" und reden nicht mehr mit ihm, zumindest nicht am Tag danach im Aufzug.

„Das muss man hinkriegen – sich in der Debatte streiten und dann zusammen ein Bier trinken gehen!" Wie oft haben wir das gehört von Frauen, die neidvoll über Männer redeten. Aber in ihrer Stimme schwang häufig ein leiser Zweifel, ob „das so richtig ist". Insbesondere in Arbeitskulturen, wo viel gestritten wird, wo die Auseinandersetzung zum Alltag gehört, fällt Frauen das Zusammensetzen danach schwer. „Frauen können schlecht trennen zwischen einem Konflikt auf der Arbeitsebene und dem privaten Verständnis", sagt Katja von der Bey, Geschäftsführerin eines „Women only"-Unternehmens, der WeiberWirtschaft. Den Sach- und Beziehungsaspekt im Konflikt zu unterscheiden und nur auf das eine zu reagieren ist schwer. Fatal, wenn sie es nicht schaffen. Frauen wirken dann beleidigt, überheblich oder unsouverän. Und sie verpassen die vielen wichtigen informellen Begegnungen: den Abend an der Bar nach oder vor dem Meeting, das Gespräch auf dem Flur, den Smalltalk in der Kantine; hier werden die wichtigen Dinge ausgetauscht, die Kontakte gemacht, die Seilschaften zusammengestellt. „Wir arbeiten dran, dies zu lernen", sagt Katja von der Bey. Genauso wie sie an ihrer Streitkultur im Unternehmen gearbeitet haben, über Jahre. Nun ist sie konstruktiv.

> Streiten will gelernt sein. Wenn Sie es (noch) nicht können, sollten Sie üben – als Mitarbeiterin und besonders als Chefin. Denn gerade hier sollten Sie mit gutem Beispiel vorangehen. Für ein gutes Betriebsklima wie für einen guten Betriebsumsatz. Denn ohne Auseinandersetzung keine Weiterentwicklung.

## Managementkompetenz „Konfliktmanagement"

„Bei mir herrscht Ruhe im Laden!" Dieser Satz drückt wahrscheinlich den Wunsch vieler Chefs und Chefinnen aus. Denn wer hat schon gern Streit und Auseinandersetzungen? Schon gar nicht in der eigenen Firma; denn das lenkt ja ab von dem Eigentlichen, von der Arbeit. Gut, vielleicht haben Sie es hinbekommen, dass es in Ihrer Abteilung nicht zum Krach kommt. Aber wissen Sie, wie es dahinter aussieht? Damit wir uns nicht missverstehen: Wir sagen nicht, Sie sollen nun nach Konflikten graben und müssten über jeden Konflikt Bescheid wissen. Aber geben Sie sich nicht der Illusion hin, es gebe keine Konflikte in Ihrem Umkreis. Konflikte gehören zum Alltag dazu, zu jeder Familie, jeder Beziehung wie zu jeder Firma und Abteilung. Meist werden Konflikte nur nicht deutlich: weil sie nicht offen sind oder laut, nicht öffentlich und verbal, nicht handgreiflich und bewusst. Expertinnen unterscheiden zwischen „heißen" und „kalten" Konflikte, „manifesten" und „latenten". Und es sind gerade die kalten und latenten Konflikte, die schwer zu handhaben sind.

Konfliktmanagement ist eine Frage ökonomischer Einsicht. Ungelöste, schwelende Konflikte verursachen viel Reibungen, Spannungen, Krankheiten und Sabotageakte. Sie kosten Motivation, Energie, Material und damit Geld!

Was aber ist überhaupt ein Konflikt? Für Friedrich Glasl, den „Papst" der Konfliktforschung, ist ein sozialer Konflikt eine Interaktion zwischen Aktoren, wobei wenigstens ein Aktor Unvereinbarkeiten im Denken/Vorstellen/Wahrnehmen und/oder Fühlen und/oder Wollen mit dem anderen Aktor in einer Art erlebt, dass im Realisieren eine Beeinträchtigung durch einen anderen Aktor erfolgt.

Übersetzt in die berufliche Alltagssprache heißt das: Die eine will dies, die andere das. Eine klare Situation. Oder auch: Die eine fühlt dies, die andere das, stellt sich dieses oder jenes vor und die andere das. „That's life", denken Sie, „der normale Alltag. Wo ist das Problem?" Zum Konflikt wird es durch die Beeinträchtigung der einen durch die andere. Auch eine „normale Situation". Solange die Beeinträchtigung geringfügig ist oder sich zwischen zwei Privatpersonen abspielt, solange werden Sie als Chefin nichts damit zu tun haben und sich auch nicht einmischen müssen. Solange Frau Schmidt einfach nicht gern sieht, dass Frau Müller mit hochhackigen Schuhen ihr gegenüber am Schreibtisch sitzt, sich jede Stunde schminkt und nachparfümiert, ist es für Sie als Chefin nicht relevant. Auch Frau Schmidt und Frau Müller werden damit leben können. Wenn aber Frau Schmidt allergischen Schnupfen bekommt, weil sie das Parfüm von Frau Müller nicht erträgt und damit in ihrer Arbeitsfähigkeit beeinträchtigt ist, wird sie möglicherweise zu Ihnen kommen und Sie in die Sache reinziehen. Oder wenn Frau Schmidt meint, dem Abteilungsleiter gefiele Frau Müller in diesen Absätzen und parfümiert besonders gut, weshalb er Frau Müller bevorzuge, dann sollten Sie froh sein, wenn Frau Schmidt mit diesen Problem zu Ihnen kommt – egal ob es wahr ist oder nicht. Aber was tun Sie dann?

Welches ist nun der adäquate Umgang mit Konflikten? Es kommt ganz darauf an – könnte man sagen. Nicht jeder Konflikt muss und kann gelöst werden. Erst recht nicht sofort. Abwarten kann von daher durchaus eine adäquate Herangehensweise sein. Meistens aber, wenn die Konflikte so deutlich sind, dass sie bei Ihnen als Chefin angelangt sind, müssen Sie handeln – und die Konfliktparteien zur Einigung veranlassen. Egal ob Sie beteiligt sind oder nicht.

Wir bauen Ihnen nicht nur eine Brücke, sondern sieben, über die Sie gehen können und damit den Konflikt sicher überwinden.

1. Schau ihm in die Augen!
   Gucken Sie erst mal genau hin! Was sehen Sie in diesem Konflikt? Was für ein Konflikt ist es Ihrer Meinung nach – ein alter oder neuer? Ein offener oder ein versteckter? Ein heißer oder kalter? Wer hat ihn überhaupt? Schauen Sie nicht weg aus Angst davor, was Sie sehen werden oder dass Sie sich damit beschäftigen müssen.

   Dabei ist es nicht unbedingt nötig, dass Sie alle Instrumentarien der Konfliktanalyse beherrschen. Das Wichtigste ist erst mal ein genauer Blick. Und gönnen Sie sich einen zweiten Blick. Geht es um eine Sache (zum Beispiel um mehr Gehalt) oder um Werte (zum Beispiel um Gerechtigkeit)? Blicken Sie ruhig auch zurück! Wie mag der Konflikt entstanden sein?

2. Moment mal!
   Auch wenn es eilt oder brennt – bewahren Sie Ruhe! Nehmen Sie sich Zeit zur Analyse, Zeit, einen Termin zu vereinbaren, Zeit nachzudenken. Das Einzige, was Sie sofort tun müssen, wenn Sie um Hilfe, Schlichtung oder Entscheidung gebeten werden, ist, deutlich zu machen, dass Sie die Aufforderung verstanden haben und sich kümmern werden, wie auch immer.

Entschleunigung ist das Zauberwort! Damit werden Konflikte auch im Bewusstsein der Betroffenen häufig entdramatisiert. (Dies gilt natürlich nicht für eskalierte Situationen, bei denen beispielsweise Gewalt angewandt wird und Sie sofort eingreifen müssen.)

3. Einen Schritt zurück!
Betrachten Sie den Konflikte von weitem, aus der Distanz. Schauen Sie sich die Konfliktparteien von außen an. Kommen Sie ihnen nicht zu nahe! Halten Sie sich „raus" und lassen Sie sich nicht reinziehen.

4. Fahren Sie aus der eigenen Haut!
Versuchen Sie, sich in die jeweiligen Personen zu „beamen". Fragen Sie sich: „Wenn ich Frau Müller wäre, warum würde ich wohl so reagieren? Was würde ich über Frau Schmidt denken?" Und als Frau Schmidt: „Wie käme das Verhalten von Frau Müller bei mir an? Wie sehe ich selbst das Verhalten des Abteilungsleiters?" Perspektivenwechsel ist das Schlagwort. Wenn Sie sich in diesem Sinne in die Akteurinnen nacheinander hineingebeamt haben, gehen Sie in die Luft: Besteigen Sie einen Helikopter (virtuell natürlich) und schauen Sie von oben auf die Szenerie, auf die beiden Angestellten und sich selbst. Was sehen Sie? Geht es vielleicht gar nicht um den Abteilungsleiter, sondern um Sie selbst als Chefin?

5. Ein Blick zurück und zwei nach vorn!
Wenn Sie in diesem Sinn „zurückgeblickt" haben auf den Konflikt und seine Entstehung, schauen Sie auch nach vorn: Was wird passieren, wenn der Konflikt so weitergeht? Was wird der Konflikt mittel- und langfristig bewirken – für die Akteurinnen, für die Firma, für Sie? Und was würde passieren, wenn der Konflikt gelöst wäre? Wäre dann alles „gut"? Was wäre möglicherweise verändert? Finden Sie für sich eine Haltung zum Konflikt. „Verstehen" heißt nicht gleich „Verständnis haben" oder gar „entschuldigen".

6. Hilfe holen, wenn nötig!
Möglicherweise haben Sie bei dieser Analyse festgestellt, dass Ihnen der Konflikt zu schwer ist: Sie fühlen sich befangen,

parteiisch oder überfordert, sind der Auffassung, Sie bräuchten selbst ein Coaching, und haben sich in der Konsequenz für das Delegieren des Konfliktmanagements entschieden. Der Personalchef ist zuständig und beschäftigt sich damit. Oder Sie kommen zu der Erkenntnis, dass der Betrieb, die Abteilung Hilfe braucht: eine externe Konfliktberatung, eine interne oder externe Mediatorin. Sehen Sie dies nicht als Schwäche! Sie müssen nicht alles können und nicht alles machen. Sich helfen lassen ist ein Ausdruck von Stärke.

7. Die Kluge baut vor!
Wenn Sie nun mit der einen oder andern Methode den Konflikt aus der Welt geschafft haben – sei es, dass Sie selbst ein Konfliktklärungsgespräch geführt haben oder die Personalabteilung dies getan hat, sei es, weil eine der Kolleginnen die Konsequenz gezogen und den Betrieb verlassen hat – lernen Sie aus diesem Konflikt! Was zeigt er Ihnen über Ihren Betrieb? Und über Ihren Führungsstil? Wie können Sie solche oder ähnliche Konflikte in Zukunft vermeiden? Wie können Sie die Konfliktkultur des Betriebes verbessern? Wie bewerten Sie Ihr eigenes Verhalten? Was würden Sie persönlich in Zukunft anders machen?

Konfliktfähigkeit gilt als eine der wesentlichen Attribute einer Führungskraft – nennenswert übertroffen nur von Kommunikationskompetenz. Für zwei Drittel der Befragten in ganz unterschiedlichen Studien ist Konfliktfähigkeit wichtig. Genauso viele glauben, der Chef oder die Chefin kann es nicht.
Konflikte sind eine Chance – also nützen Sie sie! Und was nützt Ihnen und Ihrem Betrieb ein Konflikt?
Er ist ein Zeichen, dass ein Team, eine Organisation lebt und nicht stagniert, er ist ein Indikator für Weiterentwicklung/Veränderung von Personen. Ohne Konflikt keine Entwicklung. An Konfliktsituationen klären sich Regeln und Ordnungen. Soziale Systeme – egal ob Familien oder Betriebe – verringern hierdurch Unbestimmtheiten und Unsicherheiten. Und letztlich schweißen Konflikte zusammen: Wer sich einmal „so richtig"

gestritten hat, ist sich näher gekommen, wenn es „richtig" gestritten war.

Bei Ihren Konflikten war das aber bisher immer ganz anders? Riskieren Sie einen Blick zurück auf vergangene Konflikte. Was haben sie im Nachhinein verändert – jetzt aus der Sicht Jahre später? Versuchen Sie, den nächsten Konflikt nicht nur als „störend" zu sehen, sondern mit dem Potenzial, hilfreich zu sein. Nehmen Sie Konflikte als Chance und geben Sie dem genervten Seufzer „Musste das schon wieder sein!" damit eine andere Wendung: „Ja, offensichtlich musste es sein!"

## Mobbing und Intrige – die beiden Don'ts auf dem Weg nach oben

Haben Sie als Mädchen auch Selma Lagerlöf gelesen: „Die Reise des kleinen Nils Holgersson"? Dann haben Sie sich bereits frühzeitig mit Mobbing beschäftigt – zumindest meint dies Konrad Lorenz, dessen Lieblingsbuch „Nils Holgersson" war und der die hierin beschriebenen Angriffe einer Gruppe von Gänsen auf einen einzelnen Fuchs als Mobbing beschrieb.

Später, in der Schule, lasen Sie vielleicht Maria Stuart, vom Kampf zwischen Elisabeth und Maria um den Thron, über Machtkämpfe und Intrigen am Hof und in der Gesellschaft.

Eigentlich schade, sind Frauen hier doch gut geübt, reine Spezialistinnen. Die Konkurrentin auszuschalten, dafür suchen und finden Frauen den subversiven Weg. Das ist Teil unseres Frauenerbes. Subversive Mittel sind uns geläufig. So haben wir traditionell häufig einen Gegner bekämpft und unsere Interessen durchgesetzt, hinten herum. Subversion bedient sich der List, schleicht auf krummen Nebenwegen, duckt sich unter der männlichen Linie hindurch, greift von hinten an, ironisiert, persifliert und unterminiert bestehende Herrschaftsordnungen. „Mit den Waffen einer Frau" heißt diese Strategie.

## Mobbing

Konflikte am Arbeitsplatz, Konkurrenz und Streit zwischen Frauen, gab es immer. Was aber ist Mobbing? „Mobbing beschreibt eine Konflikteskalation am Arbeitsplatz, bei der das Kräfteverhältnis zu Ungunsten einer Partei verschoben ist. Diese Konfliktpartei ist systematisch feindseligen Angriffen ausgesetzt, die sich über einen längeren Zeitraum erstrecken, häufig auftreten und zu maßgeblichen individuellen und betrieblichen Schädigungen führen können", so die offizielle Definition von Christa Kolodej.
Das Arbeitsgericht Thüringen redet von „fortgesetzten schikanierenden und diskriminierenden Verhaltensweisen".
Mobbing ist unfair, Mobbing grenzt aus, Mobbing macht krank, Mobbing kostet das Unternehmen (und die Krankenkassen) viel Geld.
Wer mobbt wen und warum? Die Opfer sind häufiger Frauen als Männer. Mobbingopfer sind zu zwei Dritteln Frauen. (Das typische Mobbingopfer ist unter 25 oder älter als 50.) Aber auch unter den Täterinnen sind Frauen zahlreich vertreten: Frauen werden zu 40 Prozent von Frauen, zu 30 Prozent von Männern und in 30 Prozent aller Fälle von beiden Geschlechtern schikaniert. Männer mobben hauptsächlich Männer und Frauen mobben hauptsächlich Frauen, und zwar auf einer Ebene der Hierarchie. Das sind die Fakten.
Welches sind die Hintergründe? Manchen Angriffen liegt eine persönliche Feindschaft zugrunde, die oft aus einer Freundschaft entstanden ist, manchmal wird die eigene Unzufriedenheit an anderen, schwächeren Frauen ausgelassen. Neid spielt eine Rolle; manchmal geht es um Gruppennormen; manchmal um Langeweile und Zeitvertreib. Meistens aber geht es um Konkurrenz: um bessere Arbeitsaufgaben, einen besseren Status, ein besseres Gehalt, um Karriere. Oder darum, wer bleibt und wer geht. Vorgesetzte sind meist mitbeteiligt: weil sie nicht eingreifen oder weil sie sich mit ihren Mitarbeitern zusammentun, um jemanden zu schikanieren, zu disziplinieren, loszuwerden.

## Mobbing und Intrige – die beiden Don'ts

Wann ist Mobbing möglich, wann nicht? Das Betriebsklima, die Organisation der Arbeit und die Vorgesetzten, das alles sind die Möglichmacher. Wie funktioniert es?

> z.B.
>
> Zwei Abteilungsleiterinnen, Frau Krüger und Frau Fischer, haben ein Mobbingproblem. Der gesamte Arbeitsbereich leidet darunter, der Vorgesetzte ist täglich mit dem Konflikt beschäftigt. Über Frau Fischer kursieren in der Firma verschiedene Gerüchte, die Kollegen und Kolleginnen meiden den Kontakt mit ihr. Betritt sie einen Raum, verstummen die Gespräche, schriftliche Notizen ersetzen jeden direkten Kontakt, viele Informationen bekommt sie gar nicht. Der Vorgesetzte scheitert mit allen Vermittlungsgesprächen. Frau Krüger will sich unter keinen Umständen einem gemeinsamen Gespräch mit „der" aussetzen.
> Frau Krüger und Frau Fischer waren über lange Jahre Freundinnen. Bis die Stelle einer Hauptabteilungsleiterin in einem anderen Bereich des Unternehmens frei wurde. Beide hatten sich beworben. Aber während Frau Krüger Frau Fischer davon erzählte, sagte Frau Fischer nichts. Frau Krüger war empört; denn Frau Fischer war kürzer in der Firma und damals von ihr eingearbeitet worden. Sie fühlte sich hintergangen und betrogen. Die Stelle bekam weder Frau Fischer noch Frau Krüger. Aber der Konflikt eskalierte, als Frau Krüger sich bei Kolleginnen und dem Vorgesetzten beschwerte, aber nie mit Frau Fischer darüber sprach, was sie so sehr geärgert und gekränkt hatte.

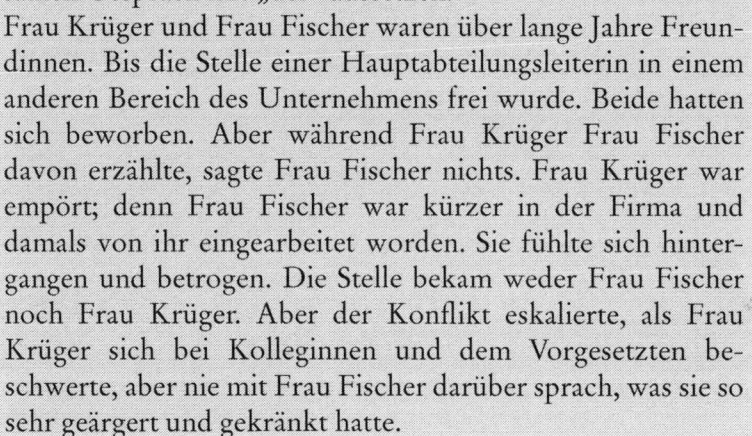

Mobbing ist ein Gruppenphänomen, alle gegen eine(n). Dabei verhält sich eine Gruppe immer verantwortungsloser, enthemmter, aggressiver, irrationaler, destruktiver, als es der Einzelne tun würde. Die Täterinnen scheuen den offenen Wettbewerb, sie sind die „heimlichen Konkurrentinnen".

Auch wenn Männer und Frauen mobben, bevorzugen Männer rationale und direkte Strategien, Frauen die Strategie der sozialen Manipulation. Sie verbreiten Gerüchte, sprechen in Andeutungen und vorzugsweise schlecht über die eine, und das gerne hinter ihrem Rücken, sie machen sie vor der Gruppe lächerlich, sprechen nicht mehr mit ihr und nehmen ihr die Möglichkeit, sich zu äußern und zu wehren. Sie machen sich über ihr Aussehen, ihre Kleidung, ihre Schwächen lustig, üben Druck aus durch ständige Kritik an ihrer Arbeit. Aus unausgesprochenem Neid wird massiver Psychoterror.

Dies ist Resultat der geschlechtsspezifischen Sozialisation: Frauen suchen das soziale Ansehen zu schädigen, ihnen geht es darum, die ganze Person auszuschalten, „die muss weg". Männern reicht ein Teilsieg, sie beschränken Mobbing auf das berufliche Ansehen des Gegners.

KollegInnen mobben KollegInnen. Wenn Chefs und Chefinnen mobben, heißt es „Bossing". Übergriffe von Vorgesetzten zeichnen sich durch unangemessene, willkürliche oder überzogene Machtausübung aus. Lob und Tadel verteilen, Informationen manipulieren, Arbeitsgruppen spalten, Mitarbeiter gegeneinander ausspielen, Misstrauen säen, Eifersucht provozieren, Aussehen und Verhalten von Mitarbeitern kommentieren, Konkurrenz- und Machtkämpfe um die eigene Person schüren. Das alles ist übrigens keine Führungsschwäche, das ist Führungsversagen. Genauso, wenn Vorgesetzte Mobbing unter ihren Mitarbeitern zulassen.

Wie wirkt Mobbing? Die Folgen sind verheerend. Mobbing ist ein krankmachender Stressor; das Opfer ist einem extremen psychischen Druck ausgesetzt, viele brauchen Jahre, um das Trauma Mobbing zu verarbeiten. Existenzängste und das Gefühl der Machtlosigkeit, Konzentrationsschwierigkeiten, Schlafstörungen, Angst, Kopfschmerzen, Depression, Suizidgedanken treiben die Opfer um. Familien zerbrechen daran und viele soziale Beziehungen. Für das Unternehmen sind die personalwirtschaftlichen Kosten hoch: Eine gemobbte Arbeitnehmerin kostet zwischen 18.000 und 50.000 Euro pro Jahr. Etwa 3,1 Prozent der Arbeitszeit gehen durch Mobber verloren, fand die Bundesanstalt für Arbeitsschutz und Arbeitsmedizin heraus.

*Mobbing und Intrige – die beiden Don'ts*

Mobbing ist teuer! Darüber hinaus verletzt Mobbing die Menschenwürde. Und verstößt gegen arbeitsrechtliche Pflichten wie die Fürsorgepflicht der Arbeitgeber, die für jedes Arbeitsverhältnis gilt. Die Verhinderung von Mobbing ist somit eine Rechtspflicht von Arbeitgebern und Vorgesetzten.

> Tipps für Prävention und Intervention:
> 
> ❏ Für Chefinnen:
> - Pflegen Sie einen demokratischen Führungsstil, regeln Sie Zuständigkeiten und Kompetenzen klar, sorgen Sie für regelmäßige Mitarbeiterbesprechungen, stellen Sie klar, dass Sie gegen Mobbing vorgehen werden.
> - Wenn Sie vorhaben, eine Mitarbeiterin zu kündigen, mobben Sie nicht, sondern kommunizieren Sie dies klar! Steuern Sie eine einvernehmliche Trennung an sowie flankierende Maßnahmen wie Outplacement.
> - Schreiten Sie ein: Wenn sich zum Beispiel eine Mitarbeiterin über eine andere beschwert, holen Sie die betroffene Person dazu und klären Sie den Konflikt.
> - Überlegen Sie, ob eine Mobbingrichtlinie in Ihrem Betrieb sinnvoll ist, die jeder unterschreiben muss (Beispiel VW). Das erhöht zumindest das Bewusstsein über Mobbing und erleichtert im Mobbingfall das rechtliche Vorgehen.
> 
> ❏ Für Kolleginnen (die Möglichmacher): Schweigen Sie nicht; schlagen Sie sich nicht auf eine Seite, grenzen Sie niemanden aus, reden Sie nicht hinter dem Rücken anderer, suchen Sie das Gespräch mit der gemobbten Kollegin und der Chefin.
> 
> ❏ Für Betroffene: Sprechen Sie die Mobberin gleich an, wenden Sie sich an Ihre Chefin, sprechen Sie mit Ihren Kolleginnen, holen Sie sich professionelle Hilfe.
> 
> ❏ Für Mobberinnen: Lassen Sie das! Mobbing kostet Sie zu viel Kraft, Nerven und Energie. Und: Im Mobbing kann keine gewinnen – alle verlieren.

„Ich bin für fairen Wettbewerb, auch zwischen Frauen, ich finde, das muss Normalität sein." (Cornelia Pieper) Ein wahres Wort. Mobbing schließt fairen Wettbewerb aus, also lassen Sie das.
Das hat Sie noch nicht überzeugt? Denken Sie an Schneewittchen und die neidische, eitle Stiefmutter, die immer fragt: Spieglein, Spieglein an der Wand, wer ist die schönste im ganzen Land? Sie sucht sich Verbündete, um Schneewittchen zu töten. Erfolglos. Zur Strafe muss sich die Stiefmutter in feurigen Schuhen zu Tode tanzen. Märchen sind grausam – aber lehrreich.

## Intrige

„Das ist aber intrigant" – eine Bemerkung, die fast ausschließlich über Frauen gemacht wird, genauso wie „zickig". Stimmt das aber überhaupt? Wer sind die Opfer, wer die Täter? Die Welt der Intrigen ist neben dem Schauspiel eher die Politik als der berufliche Alltag. Aber je höher man steigt, je höher die Summen von Geld und der Anteil an Macht, umso mehr spielen Intrigen eine Rolle. Über Intrigen gibt es – anders als über Mobbing – (noch) keine Statistiken. Opfer klagen selten öffentlich an und Täter sind schwer zu stellen. Unsere These – aus Beobachtungen, Coachings und eigenen Erfahrungen: Im Gegensatz zum Mobbing sind bei der Intrige die Täter, die Intriganten, eher männlich.
In Shakespeares „Othello" konkurriert Jago mit Othello und streut, um Othello loszuwerden, das Gerücht, Desdemona, Othellos Gattin, sei untreu; damit nimmt Jago den Mord an ihr und den Selbstmord Othellos in Kauf. So weit die Fiktion. Nun eine wahre Geschichte.

## Mobbing und Intrige – die beiden Don'ts

z.B.

> Eine Partei hatte einen Vorstand, der der Minderheit der Parteimitglieder nicht gefiel. Sie überlegten deshalb, wie sie ihn loswerden könnten. Und so spannen sie eine Intrige. Als Strategie wählten sie die „moralische Tour". Ein Vorwurf musste her: Unkorrekte Abrechnungen, Hinterziehung von Sozialabgaben. Einer hatte gute Kontakte zu einem weit verbreiteten Presseorgan. Er gab das Gerücht weiter, vertraulich. Der Redakteur freute sich, sein Chef auch: „Der Aufmacher im Sommerloch – gut für die Auflage." Redakteur und Presseorgan – beides Stakeholder, also Menschen, die ebenfalls „im Spiel sind", die indirekt beteiligt sind, mit welchen Interessen auch immer.
> Die PR-Strategie – ein Selbstläufer: Ein Staatsanwalt las die Presse und ermittelte. Auf dem nächsten Parteitag kippte die Mehrheit. Der Vorstand trat zurück, politisch wie persönlich getroffen. Die „Minderheit" übernahm die Macht. War's das? Die Staatsanwaltschaft stellte das Verfahren kurz danach ein. Die Opfer lagen verletzt auf der politischen Bühne. Da gibt es noch den Kritiker – auch ein Stakeholder? Gut informiert schrieb er über die Inszenierung, analysierte scharfsinnig die Rollenbesetzung und kategorisierte das Stück als Intrige. Zu spät für die Opfer. Er selbst bekam dafür aber viel Beifall.

Ob es sich um Parteivorstände handelt oder um Unternehmensvorstände, um die „Mehrheit" in der Partei oder die Mehrheit der Unternehmensanteile, die Struktur von Intrigen ist ähnlich. Ein Akteur entwickelt eine Strategie oder „eine hinterhältige Machenschaft, mit der jemand gegen einen andern arbeitet/ihm zu schaden sucht" (Definition Brockhaus). Dafür sucht er sich Verbündete. Weitere Akteure: Die Nutznießer, bewusst oder unbewusst gewinnen sie dazu. Und meist noch die Presse und Öffentlichkeit: als Beschleunigungsfaktor, als aktive Nutzerin oder als Benutzte.

Was uns in der Zeitung interessiert und im Theater amüsiert, ist im „richtigen" Leben Anlass für tiefe Verzweiflung. Aber mit Verzweiflung kommt man nicht weiter. Schlagen Sie die Intrige mit den ihr eigenen Waffen: Gegen Intrigen muss man strategisch vorgehen und vor allem nicht allein!

> Lesen Sie Bücher über Intrigen, Wirtschaftskrimis oder klassische Tragödien. Es gibt auch Gesellschaftsspiele. So sind Sie besser vorbereitet, um zu erkennen, ob gegen Sie eine Intrige im Gang ist.
> Wenn Sie meinen, es ist eine Intrige: Suchen Sie sich externe Unterstützung! Einen Coach – am besten mit Intrigenerfahrung.

# 8  Schönsein – aber wie und wie lange?

> „Spieglein, Spieglein an der Wand, wer ist die Schönste im ganzen Land?"
> Das fragt die Königin ihren Spiegel. Zuerst antwortet er: „Frau Königin, Ihr seid die Schönste im ganzen Land." Da war sie zufrieden. Doch als sie wieder fragt, antwortet er: „Ihr seid die Schönste hier, aber Schneewittchen ist tausendmal schöner als Ihr." Da erschrak die Königin und ward gelb und grün vor Neid. Von Stund' an, wenn sie Schneewittchen erblickte, kehrte sich ihr das Herz im Leibe herum, so hasste sie sie. Und der Neid und Hochmut wuchsen wie Unkraut in ihrem Herzen immer höher, dass sie Tag und Nacht keine Ruhe mehr hatte. Da rief sie einen Jäger und sprach: „Du sollst sie töten."

Das Märchen führt uns an den Ursprung weiblicher Konkurrenz zwischen Mutter und Tochter; zwischen älterer und jüngerer Frau, es geht um Macht und um Schönheit. Neid und Hass sind die Antreiber und die Vernichtung der Rivalin das Ziel. Um dann wieder die Einzige, die Mächtigste zu sein und die Schönste.
Das ist nicht nur im Märchen so: Trotz Emanzipation und Karriere, die „S-Frage" entscheidet häufig über das Selbstwertgefühl, sie eint Feindinnen und entzweit Freundinnen.

## Wie Sie Schönheit und Erfolg bei sich und anderen Frauen schätzen können

Wie ist es im wahren Leben? Wenn geborene Königinnen und Prinzessinnen auch schön sind, schaden tut es nicht. Angeheiratete hingegen müssen schön sein, sonst droht ihnen das Camilla-Syndrom.

Frauen haben heute gern selbst den Erfolg; die meisten Frauen haben sich darauf verlegt, keinen Doktor mehr zu heiraten, sondern selbst zu promovieren. Welches Ziel verfolgen Sie mit Ihrer Karriere: Wollen Sie Kanzlerin, Spitzenmanagerin, Chefärztin, Professorin, Ministerin werden oder Schönheitskönigin? Anders gefragt: Fördert gutes Aussehen das Fortkommen mehr als scharfer Verstand? Ist Schönheit wichtig für den Weg nach oben? „Der Beruf ist kein Laufsteg!" Gute Argumentation, strategisches Denken, Können, Sachkompetenz sind das, womit man sich durchsetzt. Gutes Aussehen ist nicht schädlich – das gilt auch für Männer: Wer von uns hat nicht auch gerne hübsche Kollegen um sich sitzen, die sich gut kleiden.

Wir sind alle „Augentiere" und auch in der Arbeitswelt kommt es auf die „Verpackung" der Kompetenzen an. Einem Menschen mit angenehmem Äußeren wendet man sich gerne zu. Die Telenovelas sagen uns, dass berufliche Träume wahr werden können, auch wenn Frauen nicht dem gängigen Schönheitsideal entsprechen. Die alte Geschichte: vom hässlichen Entlein zum schönen Schwan (der ja nur im Wasser schön und elegant aussieht). Es kommt also auf den Kontext an.

Zu gutes Aussehen ist schwierig, für Männer und Frauen, behaupten jedenfalls die Karriereberater. Aber natürlich gibt es ihn auch hier, den kleinen Unterschied. Zu gutes Aussehen kann für eine Frau karrierehemmend sein – außer sie will Model werden. Sonst kommt es nicht auf das perfekte Make-up, die Trendfrisur oder eine Modelfigur an – das behaupten männliche Personalmanager. Die Erfahrung von Frauen im Beruf ist eine

andere: „Das ist ja allgemein so: Du kommst hinein in einen Raum und du wirst taxiert – von den Frauen", sagt die Personalmanagerin Maria Schäfer.
Einer wunderschönen Bankerin traut man weniger Kompetenz zu. Frauen fragen sich: Ist sie schöner als ich? Bestimmt verbringt sie den halben Tag beim Frisör und der Kosmetikerin, statt sich um meine Geldanlagen zu kümmern. Ist sie eher unscheinbar, wirkt sie nicht bedrohlich. Männer taxieren anders, sie haben gerne auch was fürs Auge. Jede Frau hat diese Erfahrung schon gemacht: Bist du unscheinbar, nehmen dich die Menschen nicht wahr, sie laufen einfach an dir vorbei; beim Minirock ist dir alle Aufmerksamkeit sicher. Aber als was? Als Frau oder als Bankerin?
Was zählt aber nun mehr, Schönheit oder Kompetenz? Je nachdem.

> An einer großen Universität ist ein renommierter Lehrstuhl neu zu besetzen. Die Kandidatinnen „singen vor", ein Ritual: Sie hält einen brillanten Vortrag, den sie, während sie spricht, kürzt, um die Zeit dennoch einzuhalten. Sie ist schön. Die graue Reihe der potenziellen Professoren-Kollegen stellen Fragen mit leicht sexuellen Anspielungen – ganz unangemessen und am Thema vorbei. Sie bleibt souverän – antwortet sachlich wieder mit brillanter Argumentation. Sie ist die Beste – mit Abstand. Sie bekommt die Stelle nicht – sondern ein grauer Mann, der in die Reihe passt. Sie war zu gut und zu schön. Sie wäre besser bezahlt worden als die Kollegen. Das war den Herren dann doch zu viel. Zu viel Glanz für ihre Universität. Bei der nächsten Stellenbesetzung nehmen sie dann tatsächlich eine Frau, eine gute, die ein körperliches Handicap hat.

Was also ist schön? Im Chinesischen bedeutet das Schriftzeichen für Schönheit „großes Schaf", damit assoziieren wir gerne Dummheit. Die Schönheitsforscher sagen, es besteht eine positive Korrelation zwischen Schönheit und Langeweile. Normale Menschen sind interessanter, sie gewinnen bei wiederholter Betrachtung, mit ihnen will man mehr zu tun haben. Traumschöne Menschen – Models – werden bei der zweiten Begegnung nicht wieder erkannt, es ist nichts hängen geblieben. Das Individuelle dagegen wirkt stärker als die Perfektion. Schönheit kommt nur in Verbindung mit Schwäche zur Wirkung, zum Klingen. Nur dies erzeugt die „Überraschung" und den Wunsch, die andere immer wieder und interessiert anzugucken, um das „Geheimnis" zu entschlüsseln. Und überhaupt, Schönheit ist unberechenbar und nicht konstruierbar (auch nicht durch Klonen). Sie ist ein Zufall der Natur.

Aber ist das nun ein Trost? Offenbar nicht. Die propagierten Schönheitsideale 90–60–90, der Model-Kult haben Essstörungen, vor allem aber heftige Bildverzerrungen zur Folge: In einer Studie hielten sich 80 Prozent der befragten 17-jährigen Gymnasiastinnen für die jeweils Hässlichste in der Klasse. Und das hört danach nicht mehr auf. 58 Prozent der normalgewichtigen Frauen in Europa wollen schlanker sein – bei Männern sind es ganze 22 Prozent, sagt das Deutsche Institut für Ernährungsforschung. Von dem Trend Perfektsein, keine Abweichung von der Norm, davon lebt der große Markt der Schönheits- und Schlankheitsindustrie mit seinen Versprechen – Schönheitschirurgie mittlerweile eingeschlossen. „Es gibt acht Supermodels auf der Welt. Und drei Milliarden Frauen, die nicht so aussehen", damit wirbt ein Unternehmen der Schönheitsindustrie.

Authentisch sein, das ist die Zauberformel. Nicht hadern mit Idealen, sondern selbstbewusst sein: Das bin ich, so sehe ich aus – was ja nicht heißt, schöne Seiten nicht herauszustellen. Persönlichkeit gegen Stromlinie. Eine Managerin, die 1,95 Meter misst, sagt: „Ich musste mich erst mit dieser Größe abfinden – ich kann sie ja nicht ändern – und das war mein Durchbruch; jetzt sehe ich auch die positiven Seiten, mich vergisst man nicht." Auch Silvana Koch-Mehrin, Europaabgeordnete der FDP und Fraktionsvorsitzende, geht mit ihren 184 Zentimetern souverän um: „Wer nicht auffallen will, sollte nicht in die Politik gehen",

*Wie Sie Schönheit und Erfolg schätzen können*

kommentierte sie die Karikatur ihrer Fraktion, die überschrieben war „Silvana und die 6 Zwerge". Einerseits wird größeren Frauen eher zugetraut, dass sie sich durchsetzen, haben sie doch eine ähnliche Größe wie die Kollegen, andererseits wird es schwierig, wenn der Chef ein kleiner Mann ist.

Sich annehmen, wie man ist: leicht gesagt, schwer getan, solange der wunde Punkt bei Frauen ihre Attraktivität ist. Und Schönheit hat Fallen: Schöne Frauen sind unsicher, ob sie wegen ihrer Schönheit oder wegen ihrer Arbeit, ihrer Person geschätzt werden. Erfolg wird nicht der Arbeit, sondern dem Aussehen zugeschrieben, und obwohl sie alles haben, was viele gerne hätten, sind sie unsicher. Was ihnen fehlt, ist ein ehrliches Feedback.

Die Regel ist das stumme Wechselspiel: Die Chefin trägt luxuriöse Kleidung, sie will, dass ihre Mitarbeiterinnen darauf reagieren. Was keine tut. Die Mitarbeiterinnen klagen über die Chefin: „Sie guckt genau, sagt aber nichts." Und wenn doch? „Sie hat ein einziges Mal gesagt, dass ich was Schickes anhabe. Ich wusste nicht, meint sie das ausnahmsweise heute?." (Maria Schäfer)

> Zwei Freundinnen, Rita und Renate, sind verabredet – sie wollen Essen gehen und vielleicht noch tanzen. Rita holt Renate ab. Als sie die Tür aufmacht, trifft Rita fast der Schlag: Wie schön sie sich gemacht hat, neues Kleid, rote Schuhe, tolles Make-up. Sie fühlt sich sofort wie eine graue Maus. Der Abend ist gelaufen. „Hast du was?", fragt Renate. „Ach, lass' mich!"

Was wäre gewesen, wenn Rita gesagt hätte: „Mensch, bist du schick! Was für ein tolles Kleid! Du hast dich aber schön gemacht!" Komplimente machen beide glücklich. Renate zweifelt nicht mehr, ob das Kleid nicht doch zu eng ist. Rita demonstriert ihre Selbstsicherheit, mehr noch, sie probiert einen Perspektivwechsel: Renate hat sich auch für mich schön gemacht!

Wann haben Sie einer anderen Frau, einer Kollegin, Ihrer Mitarbeiterin, Ihrer Chefin, zuletzt gesagt, dass Sie sie attraktiv finden oder schön?

> Spiegeln Sie die andere. Konkurrenz hat viel mit (fehlender) Anerkennung durch andere Frauen zu tun, mit der Unsicherheit „Bin ich schön?". Sie stabilisieren damit sich und die andere. Schönheit liegt immer im Auge der Betrachterin.

Fragen Sie sich als Chefin: Stelle ich die weniger Attraktivere ein aus Angst vor der Konkurrenz? Denn schließlich: Schönheit siegt.
Wie Sie Schönheit und Erfolg bei anderen schätzen können? Christa Wolf hat dazu zwei Beispiele gegeben.

> Zur Vorbereitung ihrer berühmten Erzählung „Kassandra" bereist sie mit Freundinnen die griechische Insel Kreta. Sie essen bei einer alten Bäuerin: „Schön, sagt sie, als wir gehen, zu uns drei Frauen: schön, schön. Für diese früh gealterte, durch Plackerei gezeichnete Frau ist es die westliche Lebensweise, die schöne Menschen hervorbringt. Gut genährt, nicht körperlich abgearbeitet, mit glatter Haut, offenem, unbedecktem Haar, in bunten Blusen, unbekümmert und selbstbewusst: schön."
> Am Ende einer Veranstaltung spricht eine Leserin Christa Wolf an, die erst nicht ganz versteht: „‚Was meinen Sie?', fragte ich. ‚Dass Sie schön sind', sagte die Frau. Eine Frau zur andern – das ist auch neu."

Sie können das auch. Probieren Sie's aus. Die Überraschung ist Ihnen sicher.
Zum Schluss ein Dialog von Fortgeschrittenen: „Dann machen wir uns schön", sagt die Freundin, als sie den Abend planen. „Ich bin schon schön, schöner kann ich nicht", antwortet die andere souverän.

*Wie Sie Schönheit und Erfolg schätzen können*

## Auch die bekommt Falten!

Falten bedeuten älter werden und alt sein, ins Gesicht gezeichnete Lebenserfahrungen, Freude (Lachfalten), Sorgen und Leid und vieles dazwischen – eben gelebtes Leben.
Frauen kriegen Falten, Männer auch. Die einzige Gerechtigkeit: Alt werden alle – nur wie und mit welcher Wertung, da wird es wieder ungerecht. Was bei ihr „Alter" heißt, bedeutet bei ihm „gelebtes Leben". Längst wird nicht allein den Berufsschönheiten ewige Jugend, Schlanksein und Faltenlosigkeit und perfektes Outfit abverlangt. TV-Moderatorinnen reden vom eigenen Verfallsdatum; kein Moderator natürlich, hier sind altersgemäße Gesichter mit Falten ja attraktiv. Männer mit grauen Schläfen eben.
In der Politik, da werden Alterungsprozesse öffentlich und öffentlich diskutiert: „Macht macht Falten", stellt Heide Simonis fest und meint, Frauen ließen sich deshalb von der Macht abschrecken. Herlinde Koelbl hat diese Prozesse mit vielen Fotos eindrücklich dokumentiert; „Spuren der Macht" hat sie es genannt. Bei Gleichheit der Spuren sind die Unterschiede in der Bewertung bedeutsam: „Wenn der Kanzler Tränensäcke hat, sagt man: ‚Ach, der Arme ist überarbeitet.' Bei Frauen sagt man: ‚Die sieht aber fertig aus.'" (Katherina Reiche)
Was tun? Keine Angst vor Falten, tröstet uns die Hirnforschung. Frauen haben mehr Furchen im Hirn, ihres ist stärker gefaltet. Ein Vorteil. Denn beim Denken entsteht viel Wärme, die Falten sorgen für Kühlung und eine funktionierende Kühlung ist entscheidend fürs Denken. Aber wer sieht sie schon, unsere Hirnfalten. Bleiben wir an der Oberfläche: „Für meine Falten nehme ich nur Hormocenta", warb Marika Rökk; sie stand noch mit 90 in Wien auf der Bühne und tanzte – faltenfrei natürlich.
Jung ist schön! Wir alle bleiben nicht jung. „Weniger Falten – mehr Erfolg!", wirbt ein Arzt für Faltenunterspritzung. Sein Rezept ist neu, das Thema uralt: „Jungbrunnen", ein Thema, verschiedene Variationen und die immer gleiche Hoffnung –

jung, reich, schön, glücklich. „Der Jungbrunnen", das berühmte Gemälde von Lucas Cranach, entstand 1546, die Bildbeschreibung für Kinder lautet so: „Auf der linken Seite kommen alte Frauen an; in Wagen und auf Tragen gebracht, weil sie nicht mehr gut laufen können und gebrechlich sind. Die Alten mit faltiger gelblicher Haut, grauem Haar und hängendem Busen steigen nackt in ein rechteckiges Steinbecken. […] das ist der Jungbrunnen. […] Auf der rechten Seite entsteigen sie dem Bade als junge schöne Frauen mit strahlend weißer Haut und goldblondem Haar. Die jungen Mädchen sind glücklich. Sie erhalten von Edelmännern prächtige Kleidung und gutes Essen […]" Bescheidener, auch im Versprechen, heißt es heute „Wellness" oder „Anti-Aging", erhältlich als Lotion und als Creme. „Wie gehen Sie denn mit dem Altern um?", wird eine Schauspielerin gefragt. „Das bin ich gewöhnt", sagt sie, „schließlich altere ich seit 36 Jahren – täglich." Andere sehen es pragmatisch: „Wenn ich mich so angucke, der Lack ist ab und ein paar Abnäher könnten auch nicht schaden!", sagt eine alternde Schönheit. Aber für wen? Ein plastischer Chirurg jedenfalls fragt aus Erfahrung immer: „Was stört Sie selbst?", bevor er das Messer ansetzt. Und dann kommt heraus, dass es selten eine nur für sich selbst tut. Oft ist es der Wunsch des Ehemanns, der zur Angst der Ehefrau geworden ist, Angst vor einer jüngeren Frau, im Bett wie im Beruf.

> z.B. Eine junge Praktikantin kommt in das Unternehmen. Sie ist höchstqualifiziert: MBA mit Note 1, mehrere Sprachen, Auslandsstudium, Auslandserfahrung und sie ist ungewöhnlich attraktiv. Die Abteilungsleiterin, der sie zugeordnet ist, merkt, dass ihr Chef „voll auf sie abfährt". Sie amüsiert sich: Männer! Doch dann kommt von ihm die Bemerkung: „Die kann ich mir auf Ihrem Posten auch gut vorstellen!" Sie ist gekränkt und gerät in Panik. Nach einem Coaching spricht sie mit der Praktikantin über die Situation.

*Auch die bekommt Falten!*

> Dabei stellt sich heraus, dass die Praktikantin lieber etwas weniger angeschwärmt und weniger häufig zum Mittagessen ausgeführt worden wäre. „Lange Beine, schöne Haare, große Titten", sagt sie bissig, „das sehen sie. Was ich will, ist Anerkennung für meine Leistung, meine Intelligenz, meine Arbeit. Und einen Job. Und den bekomme ich hier definitiv nicht."

Männer säen gerne Zwietracht zwischen einer älteren und einer jüngeren Frau. Aus gutem Grund: Die Allianz zwischen der alten und der jungen Frau macht ihnen Angst. Die Saat geht auf: Eine uralte, hoch emotional besetzte Konkurrenz wird aktiviert, die zwischen Mutter und Tochter.
Älter sein bedeutet, Wissen zu besitzen, in das Erfolge und Niederlagen eingegangen sind, jung bedeutet, Ansprüche zu haben. In der Kommunikation miteinander potenzieren sie sich, wenn es gelingt, die Konkurrenz konstruktiv zu nutzen.

> Jung gibt Alt Schwung. Alt gibt Jung „Sicherheit". Verbünden Sie sich. Gemeinsam sind Sie unschlagbar.

Altern ist ein körperlicher Prozess, aber auch ein Kulturphänomen. Es gibt einen Sinn des Alterns. Die Alten überliefern Traditionen, Wissen und Erfahrung. Ginge es im Leben nur um das Jungsein, also ursprünglich um die Fortpflanzung, gäbe es keinen Grund, weshalb wir älter werden sollten als 40 Jahre. Auch wenn sich die Möglichkeiten heute zeitlich erweitern lassen – „Schütteres Haar und ewige Jugend" schließen sich nicht aus, verspricht ein Potenzmittel; von den so genannten „jungen Alten" ist die Rede in der Marktforschung, Älterwerden bedeutet, dass das Mögliche vom Wirklichen immer mehr verdrängt wird, bis schließlich keine Option mehr bleibt.
Alles hat eben seine Zeit. Auch die Falten. „Falten entlasten", sagt die 90-Jährige, „ich muss und kann nicht mehr mit der glatten 20-Jährigen konkurrieren." Das ist der Vorteil der wirk-

lich Alten: Konkurrenz ade. Für die Mittelalten heißt Konkurrenz „Maske" gegen „Echtheit": „Heute bin ich mehr ich selbst als vor 20, 30 Jahren […] Es gibt ja diese Frauen mit diesen angsterfüllten Gesichtern, diese mittelalterlichen, die so perfekt geschminkt sind, mit Rouge und so, wie aus der Brigitte rausgelesen. Das ist wirklich alt – weil es so verzweifelt ist", sagt Hannelore Elsner.

Und die jungen Frauen, träumen sie vom Ältersein? Jedenfalls glauben sie, es entspannt, jedenfalls den Kontakt zu Männern: „Man konnte ja nicht mal alleine mit seinem Chef im Labor sein, ohne dass es missverstanden wurde. Ich erinnere mich, dass ich mir damals gewünscht habe, 60 zu sein: damit man miteinander arbeiten kann, ohne als Frau Objekt zu sein", so Christine Nüsslein-Volhard, Biochemikerin und Nobelpreisträgerin.

Tröstet uns das? Oder möchten Sie doch noch mal 20 sein? Im Rückblick bleibt ein Rest Bedauern, auch darüber, zur falschen Zeit am falschen Ort zu sein:

Christa Wolf begegnet in Ostberlin einer jungen Frau aus dem Westen: „Eine junge Frau, Anfang zwanzig, stieg aus einem Bus, kam auf mich zu. Sie hatte einen schwarzen Fledermausmantel an, schwarze moderne Schuhe mit breiten Absätzen […] Auch ihre Augen waren schön schwarz umrändert, aber sie hatte braunes Haar, glatt, schön frisiert. […] Ich sah ihr nach, […] das war eine von den jungen Frauen, in die ich mich gerne verwandeln würde. Vor Bedauern versuche ich dann hochmütig auszusehen."

Ziehen Sie Bilanz: Was hatten Sie mit 20, 30, 40, 50 Jahren, das Sie heute nicht haben? Positives, Negatives? Was haben Sie heute, das Sie damals nicht hatten? Sie können die Zeit nicht zurückdrehen, aber Ihre Bewertung ändern oder wie eine Therapeutin sagt: „Es ist nie zu spät, eine gute Kindheit gehabt zu haben." Oder: Es ist nie zu früh, das Älterwerden zu schätzen.

Und noch ein Trost: „Sie hat aber innere Werte", diese Rechtfertigung, wenn eine Frau nicht schön nach gängigen Kriterien ist, bekommt durch eine Studie eine erweiterte Bedeutung: Wer die körperliche Attraktivität steigern will, sollte ein wertvoller

Sozialpartner werden. Je positiver wir einen Menschen einschätzen, desto attraktiver finden wir ihn.

## Wie Sie weibliche Waffen im Konkurrenzkampf nutzen können

Was zieh' ich an? Die Kleiderfrage ist für Karrierefrauen als Teil der Gesamtinszenierung eine wichtige Frage, für Politikerinnen gar hochpolitisch. Denn: „Wenn sie etwas Falsches anhaben, reden die Leute nur über ihre Klamotten und nicht mehr über das, was sie zu sagen haben." (Heide Simonis) Jeder Berufsbereich, jedes Unternehmen hat Kleidervorschriften. Die Chirurgin erscheint im grünen OP-Kittel an ihrem Arbeitsplatz und nicht im Kostüm. Passend eben. Abgesehen von vorgeschriebener Berufskleidung ist es klug und souverän, sich an der jeweiligen Unternehmenskultur zu orientieren. Die Codes sind fein abgestimmt: Die Präsidentin ist eleganter und teurer gekleidet als die Abteilungsleiterin, also tragen Sie nicht Armani, wenn Ihre Chefin im Gerry-Weber-Outfit erscheint.

> Orientieren Sie sich mit Ihrer Kleidung am Team, aber tun Sie es so, dass Sie sich wohl fühlen.

„Ihre Kleidung funkt der Welt nicht nur, wer Sie zu sein glauben, sondern auch, wer Sie sein wollen", sagt Gail Evans. Kleidung ist wesentlicher Teil des Auftretens, sie sagt anderen, wer Sie sind: ein Arbeitstier oder eine Revolutionärin, kreativ, gesellig, selbstsicher, schüchtern, konservativ oder gehemmt. Die Aussagen gehen noch viel weiter: „Wenn eine Frau etwas trägt, das nicht sitzt oder schlecht zusammenpasst, schließen viele Menschen daraus, dass ihr Leben ebenso desorganisiert ist." (Evans, 2000, S. 59) Von der Kleidung auf den Charakter schließen, vom

Aussehen die Aussagen abhängig machen. Die Kleidung prägt das öffentliche Bild, jede Abweichung wird in den Medien interpretiert. Politikerinnen können davon ein Lied mit vielen Strophen singen. „Wenn eine Politikerin spricht, gleitet das sofort ab ins Äußere. Da haben die geschrieben, dass ich Cowboystiefelchen anhatte, ich besitze überhaupt keine.", sagt eine bekannte Politikerin.

Katrin Göring-Eckardt, Fraktionsvorsitzende der Grünen im Bundestag, hat daraus einen pragmatischen Schluss gezogen: „Wenn man halt hier Anzüge trägt, dann trägt man sie. Ich mag auch Miniröcke. Würde sie aber nicht anziehen in meiner Funktion, jedenfalls nicht ganz kurze."

Sie hat die Anzugfrage mit Krista Sager abgestimmt, der anderen Fraktionsvorsitzenden. Die Doppelspitze tritt ähnlich gekleidet auf und signalisiert damit nach außen Einigkeit. Aber nicht Gleichheit. Bis auf ein Mal, als die beiden aus Versehen die gleiche Farbe, das gleiche Stoffmuster trugen. Sie reagierten souverän, lachten über sich selbst und die Mode.

Mit der Kleidung können Sie also alles richtig und alles falsch machen. Zu viel Weiblichkeit ist falsch, zu wenig auch. In dem Moment, in dem eine Frau als beruflich kompetent wahrgenommen wird, wird ihr mangelnde Weiblichkeit unterstellt. Und in dem Moment, in dem eine Frau als weiblich wahrgenommen wird, spricht man ihr die Professionalität im Beruf ab. Ein unlösbares Dilemma, aber es gibt Annäherungen.

Nicht zu bunt schminken, nicht in zu engen Kleidern oder im zu kurzen Rock auftreten, nicht in durchsichtigen Spitzenkleidern oder Rüschenblusen erscheinen, nur ja keine geblümten Kleidchen. Das sind die Kleidungs-Tabus für Karrierefrauen.

Immer gepflegt und hübsch, so steht es in jedem Karrierehandbuch. Britta Steilmann, Vorstand in der Steilmann Unternehmensgruppe, sagt: „Man sollte versuchen, nicht durch die Kleidung den ersten Stein des Anstoßes zu erregen." Sie selber hat es mit Jeans, Boots und Lederjacke aus ihrer eigenen Kollektion probiert: „Das hat mich so viel Energie gekostet. Sie haben mit sehr vielen Vorurteilen zu tun, wenn Sie derart

gekleidet in eine Gruppe von Anzug- und Kostümträgern kommen." Also doch eine Annäherung an den langweiligen Kleidungsstil der Männer?
Heide Simonis trägt meist dunkle Hosenanzüge oder Kostüme – aus Erfahrung –, denn damit kann man nichts falsch machen, sagt sie.
Eine Erfahrung, die Angela Merkel mit ihr teilt, die sich dann aber als nominierte Kanzlerkandidatin neu orientierte.
Ihre Kleidung und ihre Frisur pflegten Männer und auch Frauen zu kommentieren: zu dunkel, zu kurz, zu lang, zu hell, immer irgendwie „falsch". Sie selbst ist da souverän: Wenn die deutsche Nation keine wichtigeren Probleme habe als ihren Haarschnitt, dann müsse es ja gut stehen um das Land, sagte sie zu Beginn, unwillig, in der Öffentlichkeit ein bestimmtes Bild zu präsentieren. Und sah das Graumäusige als Stärke: „Es ist ein Schutz, wenn man immer so ernst und mausgrau aussieht." Denn dann wird sie unterschätzt: „Unterschätzung ist was Schönes, weil man im Schatten ungestört leben und seine Sachen machen kann". Aber wenn es sein muss, schrecke ich vor keinem Angriff zurück – und der macht mir auch noch Spaß! Jede Sache hat ihre Stunde!" Das ist ihre Strategie, Kalkül und Kampfansage gleichzeitig, ihre Botschaft aus dem Girlscamp an die alten und jungen Boygroups in der Union. Das haben ihre Kollegen offenbar verstanden: „Sie ist eine Frau, die traumhaft damit umgeht, unterschätzt zu werden", findet Christian Wulff, niedersächsischer Ministerpräsident, der sicher auch gerne Kanzlerkandidat wäre.
Wie soll eine Frau in der grauen Männerriege bestehen? „Eine Frau darf auch in der Politik Frau bleiben", sagt die FDP-Generalsekretärin Cornelia Pieper. „Dass man bestimmten Stereotypen gehorchen muss, dass man bestimmte Kleiderordnungen befolgen muss, dafür bin ich nicht. Das ist kein Schönheitswettbewerb und ich will meine eigene Persönlichkeit leben."
(Cornelia Pieper) Die Beraterin Angela Feldhusen pflichtet ihr bei: „Nicht das Gleichgetaktete, die gleichen Kostüme, mög-

lichst alle in der gleichen Farbe: der Tick des Außergewöhnlichen ist es."

Angela Merkel bricht die Konvention auf ihre Art, die ehemalige Justizsenatorin von Hamburg und Berlin, Lore Maria Peschel-Gutzeit, auch: Sie stand konsequent auf Faltenrock und Rüschenkragen. Sie konnte es sich leisten. Sie war anerkannt und alt genug. Und sie stand zu ihrem Stil. Konnte auch über sich selbst lachen – selbst als sie öffentlich auf ihre eigene Persiflage traf. Andere suchen sich ihr Markenzeichen wie Heide Simonis ihre Hüte. Persönliche Eigenarten und Vorlieben stellen ein Image her. Aber das ist eine Gratwanderung: „Wir hatten wirklich viel damit zu tun, dazwischen auch die politische Botschaft zu platzieren: ‚Sie präsentiert nicht nur ihre Hüte, sie kann auch was … sie tut auch was. Sie hat Ideen für dieses Land und für seine politischen Probleme anzubieten.'"

Noch weiter geht Helle Thorning-Schmidt, erste weibliche Vorsitzende der dänischen Sozialdemokratischen Partei, vor ihrer Wahl bespöttelt als „die mit der Gucci-Tasche". Sie sei „gar keine richtige Sozialdemokratin", hielt man ihr vor. Ich will „etwas Neues darstellen", sagte sie im Wahlkampf, die breite Mittelklasse vertreten, eben einen politischen Neubeginn. Mit ihrer unpassenden Handtasche verpasste sie der Sozialdemokratie ein neues Image.

Warum aber bevorzugen viele Frauen doch die Business-Uniform, den dunklen Anzug, das dunkle Kostüm? Das hat schlicht und ergreifend mit Macht zu tun, mit der Demonstration und der Ausübung von Macht. Zum Gewinnen einer Schlacht in der Wall Street setzt eine Investmentbankerin kühl kalkulierend weibliche Waffen ein: „Ich habe mir die Haare gekämmt, Lippenstift aufgelegt und [dann] machte ich den Schrank auf und ließ meine Hand über die Kleiderstange laufen, bis ich auf meine edelste Armani-Rüstung stieß. Ein krähenschwarzes Kostüm. Vom Regal darunter nahm ich ein Paar Lackschuhe mit hohen Absätzen und Schlangenhaut an den Spitzen – auf diesen Absätzen konnte man unmöglich laufen, aber zum Laufen brauchte ich sie heute auch nicht. Während ich mich anzog, ging ich alle stillen Reserven durch, die Armeen, die ich heute mobilisieren würde ... Als ich mein Jackett überzog, war das, wie in Uniform zu sein: dem Wollstoff haftete der Geruch der Macht an, der Geruch nach Geld, das verdient, und Dingen, die erledigt wurden." (Alison Pearson)

Was ziehe ich an? Was steht mir? Was ist passend? Wenn Sie nicht gerade ein Naturtalent sind, holen Sie sich Hilfe. Das spart Zeit (suchen und anprobieren) und Geld.

> Lassen Sie sich typgerecht und berufskompatibel von Profis beraten. Betonen Sie Ihre Stärken und Ihre Persönlichkeit.
> Sie bekommen Sicherheit im Auftreten und Sie fühlen sich wohl – Entspannung, die Sie brauchen, für welche Kämpfe auch immer.

Und nun zu den Extravaganzen: Brillis, Handtaschen, Schuhe, die den korrekten Anzug (die langweilig-männliche Arbeitskleidung) weiblich machen; lauter Möglichkeiten, Persönlichkeit zu zeigen, Zeichen zu setzen, ein Image zu kreieren.

## Die Schuhe

Einen Schuhtick hat die Mehrheit der Frauen, findet Anke Domscheit, Unternehmensberaterin bei Accenture, also nichts Besonderes. Die Geschmäcker sind dabei unterschiedlich: Einige beschwören die Bodenhaftung und propagieren flache Schuhe. Sie signalisieren Komfort und Funktionalität, Mobilität und damit „Freiheit". Und sie vermitteln der Trägerin sicheren Halt, physisch wie psychisch. Andere schwören auf Stöckelschuhe: Denn Bequemlichkeit ist nicht alles, worauf es ankommt. Ultrafeminine und hypermaskuline Aspekte sind hier verbunden, keine eindeutige Symbolik und vor allem sicher nicht allein Symbol weiblicher Hilflosigkeit und Abhängigkeit (nicht weglaufen können). Stöckel sind Symbol der Liebe wie der Herrschaft. Als Stilettos werden sie mit dem Bild der phallischen Frau verknüpft, die die Macht hat, den Mann zu dominieren; sie gelten als erotisch aufgeladene gefährliche Waffen, die Fantasien mythischer Allmacht auslösen können: „Ich fühlte eine Kraft in mir aufwallen und wusste, ich hatte die Macht, jeden Mann zu vernichten, wenn ich es nur wollte", sagt Angelika Schaarschmidt im Coaching. In den 90er Jahren avancierten Stilettos zum Symbol für die anspruchsvolle, moderne Frau, Ausdruck einer Rebellion gegen die etablierten Konventionen „netter" Weiblichkeit. Sie suggerieren Autorität und Macht – Schuhe für Frauen, die sich chauffieren lassen und andere für sich laufen lassen, ein Statussymbol (teuer), das die Trägerin im wahrsten Sinne des Wortes erhöht, fast ein Kultgegenstand. Eine Mentee, die das Überleben an der Wall Street gelernt hat, geht mit ihrer Mentorin zum Abschied gemeinsam Schuhe kaufen, ein Initiationsritus sozusagen: „Wir suchen einen gläsernen Schuh, der den größtmöglichen Druck pro Quadratmillimeter aushält und mitternachts nicht vom Fuß fällt. Und dann haben wir die schwarzen Stilettos genommen. ‚Ich liebe die schwarzen', sagt sie, ‚aber ich kann ehrlich gesagt nicht darin laufen.' ‚Ums Laufen geht es hier nicht. Du sollst darin nur gut dastehen.'" (Alison Pearson)

> Probieren Sie an und aus, was Sie brauchen: Sicherheit und Bodenhaftung oder die Stöckel-Provokation. Das kann von Tag zu Tag, von Anlass zu Anlass wechseln. Spielen Sie, Sie müssen nur wissen, was Sie vermitteln.

## Die Handtasche

Das Bild einer Frau im Business-Kostüm und mit Aktenkoffer assoziieren Männer und Frauen in Umfragen regelmäßig mit „Powerfrau" und „karrieregeil". Mittlerweile ein Klischee. Die unterkühlte „Kompaktfrau" mit Aktenkoffer gilt als unweiblich und unerotisch. Immerhin ist es der eigene Aktenkoffer, den sie

## Weibliche Waffen im Konkurrenzkampf nutzen

trägt. So reagierte die österreichische Vizekanzlerin und FPÖ-Chefin Susanne Riess-Passer auf den Vorwurf, sie sei Jörg Haiders Aktenkoffer-Trägerin, wütend: „Als Kofferträgerin kann man nicht Vizekanzlerin und Parteichefin sein und ein Ministerium leiten."
Für die Business-Frau gehört zum „männlichen" Aktenkoffer die „weibliche" Handtasche. Taschen waren lange Männersache und Ausdruck von Freiheit und Unabhängigkeit und Mobilität. Erst in den 1920er Jahren waren Handtaschen ein Mittel progressiver Frauen, das Ausmaß ihrer Emanzipation zu demonstrieren. Frauen mit Handtaschen zeigten den Männern, dass sie womöglich einen Haustürschlüssel besäßen und eigenes Geld. Frauen, die sich selbstständig und ohne Herrenarm in der Welt bewegten. Manche besaßen und nutzten gar eine Reisetasche. Heute ist die Handtasche Waffe und Schutzschild in einem. Sie birgt alles, was es einer Frau ermöglicht, in einer Großstadt zu überleben und sich zu verteidigen – und darüber hinaus die Mittel, mit denen eine Frau die Welt im Sturm erobern kann: Seht her, ich bin immer unterwegs und auf alles gefasst.
„Schön soll sie sein. Und schon nach ‚executive' aussehen. Und nicht ganz superschräg sein. Aber spezielle Marken? Nein. Das muss nicht sein." (Anke Domscheit) Für viele Frauen ist eine schöne Handtasche ein Objekt der Begierde, manche können sich dabei „ins Koma shoppen", andere wählen unkonventionellere Wege: „Frauenbande soll 2.000 Handtaschen gestohlen haben", meldet eine Tageszeitung.
Aus einem rein männlichen Transportbehälter wurde ein weibliches Accessoire mit zahlreichen Nebenbedeutungen. Wer die Geschlechterfrage vernachlässigt, hat die Dimension der Taschenfrage nicht verstanden: Handtaschen werden zu den tertiären weiblichen Geschlechtsmerkmalen gerechnet und entsprechend interpretiert. Die Taschen der Frauen und ihr Inhalt fordert eine Psychologie der Handtasche heraus: Lässt der Inhalt auf ihre Trägerin schließen? In dem Kieslowski-Film „Die zwei Leben der Veronika" fragt Veronika ihren Liebhaber: „Was

willst du noch von mir wissen?" Er antwortet: „Alles." Sie schüttet darauf den Inhalt ihrer Handtasche auf das Bett.

Auf den Inhalt kam es auch bei Margaret Thatcher an, aber nicht nur. Ihre Ferragamo-Handtasche wurde zum Markenzeichen. Und was war drin? Der Minister Colin Powell behauptet: „Ein Zitat, eine Statistik, ein Killerargument hatte sie immer in ihrer Handtasche." Sie holte es heraus und ließ ihre Handtasche danach zuschnappen „wie ein Krokodil".

Den Zeichencharakter der Tasche nutzt auch Queen Elizabeth II: Tasche in der Hand, über dem Arm – die Zeremonienmeister wissen dann, was sie will.

## Brillis

Brillanten sind ein Statussymbol; von Diamantsplittern bis zu Einkarätern. Traditionell haben Frauen sie zur Verlobung, zur Hochzeit, zu Geburten von ihren Männern und Ehemännern geschenkt bekommen – oder auch nicht. Der Brilli an ihrem Finger zeigt seinen Erfolg und ihren, sie hat ihn schließlich erobert. „Diamonds are a girl's best friends", singt Marilyn Monroe. Business-Frauen sehen das genauso, aber sie sagen stolz: „Die kauf' ich mir selber."

Kaufen ja, aber im Job tragen? Die Empfehlungen der Karriereberaterin Gail Evans gehen in eine andere Richtung: „Tragen Sie nichts, das ablenkt, wie zum Beispiel auffälligen Schmuck", rät sie. Auch Angela Feldhusen meint: „Zu bestimmten Anlässen sollte frau schon mal was Schickeres anziehen oder einen Brilli mehr an sich haben – ganz konventionell. Aber ‚höher, schicker, schneller' sein, das haben wir nicht nötig."

> Brillanten sind ein altes Neidsymbol zwischen Frauen, überlegen Sie, was Sie auslösen, wenn Sie Ihre „Großen" tragen.

## Die Wahl der Waffen

„Sie blickte den Männern tief in die Augen. Ihr war jedes Mittel recht, wenn sie sich damit durchsetzen konnte." Auch Margret Thatcher benutzte weibliche Waffen in der politischen Männerwelt. Viola Klein, Vorstand eines IT-Unternehmens, rät ihren Mitarbeiterinnen: „Gnadenlos ausspielen, ihr habt das, ihr seid was; die Welt funktioniert so!"

Fachkompetenz und die Weiblichkeit einsetzen, „das ist unglaublich wichtig. Ich bezahle für meine Mitarbeiterinnen Farb- und Stilberatung. Damit die sich bewusst sind, ich bin Frau und ich bin schön. Das hat was mit Selbstbewusstsein zu tun. Wenn sie sich als Frau nicht wohl fühlen, haben sie keine Chance in der Männerwelt. Ich muss auch wissen, dass ich die zur Not um den Finger wickeln kann und wie ich das mache." (Viola Klein)

# 9 Neue Modelle zur Konkurrenz unter Frauen und ein Karriereprinzip

Es gibt ein Konkurrenzmodell, von dem wir abraten – **die Gleichheit im Krabbenkorb.** Doch, wir fangen damit an. Quasi als abschreckendes Beispiel, damit Sie danach offen sind für all die besseren Modelle. Brigitte Dorst beschrieb es als „Urmodell" für Konkurrenz unter Frauen: Fischer werfen gefangene Krabben in einen Korb und lassen diesen stehen, ohne sich die Mühe zu machen, ihn mit einem Deckel zu verschließen. Sie wissen, dass die Tiere nicht entkommen können. Zwar versuchen diese unablässig, an der Korbwand hochzukriechen; aber bald sind andere Krabben zur Stelle, die sie ihrerseits zu besteigen suchen, worauf beide gemeinsam auf den Boden zurückfallen und das Spiel von Neuem beginnt.
Gleichheit ist die Regel, keine tanzt aus der Reihe, keine fällt aus der Rolle, keine stellt sich alleine ins Licht. Tut sie es doch, erlebt sie Neid, der zu aggressiven Energien führt: Entwertungen, Verletzungen, Kränkungen, Beschädigungen – wir kennen das alle.
Die Gleichheit und eng damit verbunden die Solidarität des „Wir", die „Schwesterlichkeit", war und ist ein wichtiges Paradigma. „Das Zusammenhalten der Frauen rührt daher, dass sie sich miteinander identifizieren", sagte Simone de Beauvoir, die mit ihrem 1949 erschienenen Buch „Das andere Geschlecht" die Frauenbewegung maßgeblich geprägt hat. Und sie fährt fort:

„Aber gerade deshalb ist jede in Abwehrstellung gegen ihre Genossinnen." Frauen gemeinsam sind stark. Aber: Gleichheit verhindert Differenz und Divergenz, also Anderssein, Kreativität durch Vielfalt, konstruktive Konkurrenz.

Und genau dort liegt der Knackpunkt. Wir sind uns ähnlich, aber wir sind doch verschieden – das ist die Herausforderung und darin steckt die Möglichkeit zu wachsen. Die Ähnlichkeit beruht darauf, dass sich alle stark fühlen, als Gemeinschaft, als Schwestern. Aber Gleichheit schafft auch gegenseitige Abhängigkeit; Gleichheit wirkt als „Wachstumshemmnis".

Solidarität fungiert häufig als Ersatz für fehlende Regeln zwischen Frauen; besonders in Konkurrenz- und Konfliktsituationen zwischen ihnen bleibt daher vieles dem Zufall überlassen. Wie schaffen wir nun den Sprung von der altbekannten Gleichheit zur Differenz und damit zur konstruktiven Konkurrenz unter Frauen? Zuerst einmal brauchen wir eine neue Perspektive: „Die Vielfalt von Frauen finde ich toll. Ich glaube, ich bewundere Frauen." (Ellen Seßar)

Sich für das Andere in der anderen interessieren, es annehmen und als Bereicherung ansehen; die Verschiedenheit akzeptieren und schätzen, das ist der erste Schritt. Die Erkenntnis, voneinander verschieden zu sein, bewirkt Distanz und die Überzeugung, einen eigenen Weg vor sich zu haben, ein eigenes Leben, obwohl man eine Frau unter anderen Frauen ist. Das ist gleichzeitig der Impuls für jede Frau, „die zu werden, die sie ist", ins berufliche und gesellschaftliche Leben zu treten, sichtbar zu sein, keine Angst mehr davor zu haben, was die anderen Frauen über sie denken könnten.

Es sind viele Barrieren (innere und äußere) zu überwinden und etliche Fallen, in die wir nicht tappen sollten auf dem Weg nach vorn. Welches aber wäre die richtige Strategie? Welches wäre das richtige Modell zur Orientierung? Die schlechte Nachricht gleich vorweg: Das richtige Modell gibt es nicht. Denn Frauen sind so verschieden wie ihre Lebenswege, ihre beruflichen Interessen und die Konstellationen, in denen sie arbeiten, und so sollte es auch sein. Und nun die gute Nachricht: Alle folgenden

Modelle bieten Erfolgsregeln, Zutaten zu Ihrer Karriere und zu einer konstruktiven Konkurrenz unter Frauen. Also suchen Sie sich die passenden Zutaten und komponieren Sie sich Ihr Erfolgsrezept – am besten gleich verschiedene – für die verschiedenen Einladungen, die so kommen.

# Die Seilschaft – eine muss die Letzte sein

Auch dieses Modell ist negativ besetzt, und zwar zu Unrecht. Die „Seilschaft" ist ein Erfolgskonzept aus der langen Geschichte des Bergsteigens. Hier ist sie eine Gemeinschaft derjenigen, die einen Gipfel erklimmen wollen. Eine Gemeinschaft von Menschen, die ein gemeinsames Ziel haben – für einen Tag, für ein paar Stunden oder auch für Monate. Sie ist eine Gemeinschaft, die nicht unbedingt eine Freundschaft ist. Eine Gemeinschaft von Unterschiedlichen – unterschiedlich auch in ihrer Erfahrung und Kompetenz, was das Bergsteigen angeht.
Wie funktioniert sie konkret? Schon der Einstieg in die Route muss sehr sorgfältig gewählt sein. Man fängt nicht einfach irgendwo an hochzuklettern, sondern tut dies geplant, gut durchdacht und ausgewählt. Dabei wird festgelegt, wer die Seil-Erste ist, die so genannte Vorsteigerin. Sie geht ein Stück voran, sichert sich selbst und meldet „Stand!". Wichtig ist, die erste Zwischensicherung möglichst früh nach dem Stand zu legen.
Nach dem Kommando „Stand" kommt von der Nachfolgerin der Ruf „Seil ein!". Die Vorsteigerin zieht das Seil oder die Seile für die eine oder die beiden Nachsteigerinnen ein und fordert „Nachkommen!".
Darauf meldet zunächst die erste und dann die zweite Nachsteigerin „Komme!". Beide Nachsteigerinnen können gleichzeitig im geringen Abstand nach oben klettern und werden entspre-

chend ihrem Vorankommen von der Vorsteigerin gesichert. Wer sichern will, muss selbst gesichert sein.

Die Seilschaft ist kein Netzwerk. Sie hat ausgeprägte vertikale Strukturen, die auf dem Prinzip gegenseitiger Fairness und Unterstützung, Verantwortung und Vertrauen aufbauen. Das Wesen der Seilschaft besteht darin, dass diejenigen, die unten sind, auch Chancen haben, nach oben zu kommen. Und diejenigen, die vorangehen, wissen, dass sie auf die Nachgehenden angewiesen sind. Das Prinzip der gegenseitigen Sicherung und einer eindeutigen Kommunikation ist ein absolutes Muss. Soweit das Modell der Seilschaft.

Nicht jede Aufgabe im Beruf muss hierarchisch gelöst werden; und nicht bei jeder gehen Frauen strikt hintereinander her. Aber meistens ist eine klare Reihenfolge, eine klare Rollenaufteilung hilfreich. Sie müssen nicht immer die Erste sein; aber wenn Sie es sind, haben Sie eine besondere Verantwortung. Nicht immer bedeutet ein Fehltritt gleich eine Lebensgefahr; aber sich aufeinander verlassen können, sich gegenseitig sichern, das vermindert unnötige und gefährliche Risiken finanzieller, strategischer oder sonstiger Art. Nicht jeder Aufstieg ist lange und ausführlich geplant; aber Voraussicht erhöht den Erfolg und vermindert die Risiken. Haben Sie Mut zur Seilschaft! Stehen Sie zu ihr! Denn ohne kommen Sie nicht den Berg hinauf, zumindest nicht, wenn er einen hohen Schwierigkeitsgrad hat.

## Eine wird gewinnen im Wettlauf

Akzeptierter als die Seilschaft und auch häufiger praktiziert ist der Wettkampf. Er hat viel mit Aggression zu tun, mit dem Willen zu gewinnen. Eine übertrumpft eine andere, um zu siegen. Gewinnen – und verlieren – haben wir gelernt und geübt beim Spielen: Monopoly, Mensch ärgere dich nicht, Mau-Mau. Alles lief nach festen Regeln. Es gab Strategien, um zu gewinnen.

*Eine wird gewinnen im Wettlauf*

Wettkampf kennen Frauen auch aus dem Sport. Konkurrenz ist also erlernbar und berechenbar – vom Glück oder Pech im Spiel einmal abgesehen.
Wettbewerb läuft auf zwei Ebenen – mit den anderen (Konkurrentinnen) und mit sich selbst. „Dieses eigene Streben, die Energie, nach vorne zu kommen, dass ich selbst weiterkommen will. Ich habe das Gefühl vor allem in mir selbst. Ich bin auch mit mir in einem Wettbewerb. Weil ich einen eigenen Anspruch habe. Dem ich immer mehr gerecht werden will." (Maria Schäfer)
Konkurrenz bedeutet immer Wettkampf zwischen Individuen, die das Gleiche erreichen wollen, aber nicht können. Weil sie verschieden sind. Das Modell Wettkampf setzt nicht auf Gleichheit – im Gegenteil, es geht vom Gesetz der Ungleichheit aus. Frauen konkurrieren offen gegeneinander darum, wer die Beste ist. Eine gegen alle. Wie im Wettlauf: Die Konkurrentinnen starten gleichzeitig von einem Punkt aus, der 1000 Meter von der Ziellinie entfernt ist. Wer die 1000 Meter in der kürzesten Zeit läuft, gewinnt das Rennen. Es gibt keinen vernünftigen Grund, warum bei einer Gruppe durchtrainierter Teilnehmerinnen nicht alle gleichzeitig die Ziellinie berühren sollten. Ein solches Ergebnis hat es aber noch nie gegeben – weil sich selbst in gut trainierten Gruppen die Menschen unterscheiden. Die Unterschiedlichkeit der Läuferinnen wird in den Ergebnissen sichtbar. Je besser sie trainiert sind, desto mehr ist jede Läuferin motiviert, Bestzeit zu laufen. Ungleichheiten (Unterschiede, wie momentan und flüchtig auch immer) bei den für den Wettlauf relevanten Eigenschaften machen aus den Teilnehmerinnen eine Gewinnerin und Verliererinnen. Die Gewinnerin ist jetzt der Star.
Im Beruf gibt es viele einflussreiche Faktoren für den Erfolg. Aber jede bestimmt mit: ihre Kondition, ihr Können und an erster Stelle ihre Motivation, zu siegen, die Beste zu sein, die Erste, die den Job, den Auftrag, das Stipendium, die Prämie bekommt. Sieg oder Niederlage, ein Ergebnis, das beim nächsten „Lauf" ganz anders aussehen kann.

Wettkampf heißt sich stellen, sich mit anderen vergleichen, sich offen (öffentlich) aneinander messen, ein Test der „Fitness". Ob Sieg, Platz oder Niederlage, ob der nächste Karriereschritt gelingt oder (noch) nicht, die Erfahrung fördert das Wachstum.

## Ein Solo für jede Jazzband

Lieben Sie Jazz? Auch wenn nicht, beobachten Sie mal eine Jazzband.
Jede spielt ihr Instrument. Sie spielen zusammen. Im Verlauf des Stückes bekommt jede ihr Solo; sie tritt in den Vordergrund, die anderen bleiben auf der Bühne. Sie hören und sehen zu. Sie wippen mit. Die Solistin kann frei improvisieren: musikalisch auf dem sicheren Hintergrund eines festen Themas, der festen Melodie, sozial auf dem Hintergrund der Band, ihrer Eigenschaft als Mitglied im Team, in einem Klima der Zuwendung, der Freude über das Können der anderen, gegenseitiger Wertschätzung. Ein gegenseitiges Sich-Anfeuern gehört dazu: durch entsprechende Blicke, Körperbewegungen oder auch akustisch. „Gog!o!", heißt der Zuruf. Lauf los; wir stützen dich. Die Band hat die Fähigkeit, diese Unterstützung zu geben, die Solisten haben die Fähigkeit und Bereitschaft, diese wahrzunehmen und anzunehmen. Dabei muss jede Solistin wissen, wann sie aufhören muss, wann die Aufmerksamkeitskurve des Publikums und der Band nachlässt, wann sie zurücktreten muss, um der Band Platz zu machen. Ein Solo ist eine Einlage, kein Soloprogramm. Gute Musik entsteht durch das gemeinsame Können, das Zusammenspiel, in dem die Individualität jeder Einzelnen Raum hat. Natürlich ist Zusammenspiel in jeder Band ein Muss, nicht nur in der Jazzband. Beim Jazz ist der Wechsel von Band und Solo, von Vorgegebenem und Improvisation, von Kollektivem und Individualität aber geradezu ein Strukturelement, das den besonderen

Reiz dieser Musik ausmacht – und den Reiz beruflicher Kooperation.

# Die Besten im Team – beim Frauenfußball

„Tor!" Mit einem Golden Goal besiegt die deutsche Nationalmannschaft die Schwedinnen und wird 2003 zum ersten Mal Fußballweltmeisterin. „Es ist ein unglaubliches Gefühl", sagt die Torschützin Nia Künzer.
Eine Fußballmannschaft ist ein Team mit festen Rollen: Verteidigerinnen, Stürmerinnen, Mittelfeld und Keeper, eine Teamchefin und eine Trainerin. Ein Spiel mit festen Regeln, darüber wachen Schieds- und Linienrichter. Fußball verheißt (Chancen-)Gleichheit beider Teams – gleiche Rechte und Regeln im Spiel gegeneinander. Unterschiedliche Trikots symbolisieren Zugehörigkeit und ermöglichen Identifikation. Initiative, Wettbewerb und Konflikt sind gefragt, auf beiden Seiten. Die Rollen sind verteilt: die eigene Rolle spielen und die Rollen der anderen achten – die Verteidigerin soll nicht stürmen, die Abwehr kein Tor schießen. Jede Spielerin hat die Aufmerksamkeit der Zuschauerinnen. Eine, die sich etwas traut, nach vorn sprintet, schießt und trifft, lässt alle in ihrem Licht ein bisschen mitglänzen. Triumphgesten gehören dazu, Jubelsprints, der erhobene Arm, das kollektive Sich-um-den-Hals-Fallen. Zuschauerinnen spielen mit: mit Jubel, Pfiffen, Fangesängen und La Olas.
Fußball ist ein „Mannschaftsspiel": Es geht ums Ganze, um das Team. Und dennoch ist Fußball immer ein Zweikampf!
Die Strategie ist wichtig und wird vorher festgelegt, gemeinsam. Aber das Spielen erfolgt flexibel und immer situationsadäquat.
Teamfähigkeit heißt sich einordnen und nach der Teamchefin richten, aber auch mal alleine Star sein: „Flankengöttin" zum Beispiel, die aus vollem Lauf, ohne den Ball zu stoppen, eine

Flanke schlagen kann. Oder Publikumsliebling. Missgunst entsteht, genauso wie Freundschaften und Feindschaften. Um eine gute Mannschaft zu sein, muss man sich nicht gut verstehen, muss nicht „11 Freundinnen" sein. Man muss sich respektieren und verzeihen können.

Es geht um die Balance von ICH und WIR, vor allem aber geht es ums Gewinnen: „Never train for a second place", steht auf dem Plakat im Gruppenraum der Frauenfußballnationalmannschaft.

## Abhängig von Wind und Wetter – die Segelcrew

„Machst du meine Vorschoterin, so mache ich deine Vorschoterin", so war das beim Segelschein in der Prüfung. Eine saß an der Pinne – am Steuer –, die andere am Vorsegel und schaute, dass es auch richtig im Wind war. Dabei war das Vorsegel nicht unwichtig – obwohl es so klein ist gegenüber dem „Groß". Mit den Kommandos gab es noch Schwierigkeiten. Aber spätestens beim „richtigen Segeln", wenn der Wind etwas stärker wurde und das Boot größer, wurde klar, wie wichtig es ist, dass eine das Kommando hat und die anderen die Befehle verstehen und ausführen. Ohne Diskussion.

Niemand kann gegen den Wind segeln! Das war eine der ersten Erfahrungen. Mit Rückenwind geht's, aber passen Sie auf, dass Sie genau den Kurs halten und ihn immer wieder anpassen. Hart am Wind fordert, aber es bringt nicht die größte Geschwindigkeit! Es gibt Gewässer, da müssen Sie ständig damit rechnen, dass der Wind dreht. Oder dass Sie in einer Flaute plötzlich eine Böe abbekommen. Seien Sie vorsichtig! Deshalb: Rettungswesten für jede! Dies ist kein Zeichen, dass Sie nicht schwimmen können, sondern ein Zeichen, dass Sie wissen, was alles passieren kann.

Egal wie groß oder klein Ihr Schiff ist: Schauen Sie sich ständig um, wer Ihren Weg kreuzt, Sie überholt, wo sich in der Ferne die Wellen kräuseln. Ihr Schiff und Sie selbst können noch so gut sein: Ihr Vorwärtskommen können Sie nur begrenzt planen; es hängt nicht nur von Ihnen ab, sondern auch von Wetter und Wind.

# Von jedem das Beste: Das KoKon-Karriere-Prinzip

Jedes der vorherigen Modelle hat einen Teil, der es wert ist, übernommen zu werden. Aber keines überzeugt allein. Vielleicht wird es auch nie ein Modell geben, das für alle Frauen und alle Situationen passt. Aber immer ist es hilfreich, ein Bild vor Augen zu haben.

In unserer Arbeit und am Ende dieses Buches finden wir persönlich ein Bild besonders tragfähig. Wir nennen es das KoKon-Karriere-Prinzip©.

Das KoKon-Karriere-Prinzip nimmt die zentralen Aussagen und Tipps der verschiedenen Modelle auf und verbindet sie zu einem Ganzen. Es berührt drei Ebenen:

1. **Ko**nkurrenz und **Kon**flikt wagen, sich beidem aussetzen als notwendige Erfahrungen, das Rüstzeug für den „Gipfel".

   In Konkurrenz treten, jemandem Konkurrenz machen, dazu gehört auch eine Portion Aggression. Aggression ist wichtig für die Abgrenzung, die Selbstbehauptung, für das Sich-wehren-Können, alles wichtige Aspekte der Identität. Konkurrenz, sich aneinander messen können, ist eine für die Karriere notwendige Fähigkeit und gleichzeitig ein Akt gegenseitiger Wertschätzung. Wenn Frauen sich wirklich gegenseitig ernst nehmen, ihre Vielfältigkeit, ihr Anderssein anerkennen, müssen sie sich gegenübertreten und ihren Rang untereinander bestimmen. Eine Neuorientierung in der Konkurrenz unter Frauen ist dazu notwendig.

Karriere geht nicht ohne Konkurrenz und Konkurrenz nicht ohne Konflikt. Konflikte sind Interaktion, soziale Begegnung. Kommunikation und Verhandeln, Streit und Gewinnen oder Verlieren gehören dazu. Wer Interessenkonflikte sieht, muss seine Interessen kennen. Ein Ziel sehen, um es zu erreichen – mit oder gegen eine andere.

Konkurrenz und Konflikt, beides kommt aus dem Lateinischen: Das eine heißt **zusammen** laufen, das andere **zusammen**treffen, und beides im „vollen Lauf", in der Karriere. Ein schnelles Spiel!

2. Ruhepause (Achtsamkeit)

Schnelligkeit verlangt nach Ruhe. Im Coaching haben wir immer wieder die Erfahrung gemacht, dass Frauen der Alltag der Karriere zuweilen zu viel wird. Auch noch so konstruktive Konkurrenz und gut geplante Karriere ist anstrengend. Konflikte gehören unbedingt dazu. „Manchmal möchte ich mich verkriechen. Verstecken. Einpuppen!", sagte Brigitte nach einem erfolgreichen Coaching und einem gelungenen Karriereschritt. Da war es! Der Schutz, das Schild, das Versteck. Vorübergehend. Eine Etappe auf dem weiteren Weg. Eine Zuflucht. Der Kokon eben.

Kokon kommt aus dem Französischen und ist die Hülle der Insektenpuppen; der Duden nennt speziell das Gespinst der Seidenraupe, aus der die Seide gewonnen wird. Also eine sehr wertvolle Hülle. Seide, ein feiner, schmiegsamer, doch sehr fester Stoff.

Ein Kokon ist aber nicht einfach ein passives Instrument, etwas, das einfach da ist. Er wird hergestellt mit dem Saft aus der Drüse der Raupe; „s'enfermer dans son cocon", „sich einspinnen" ist figurativ gemeint, genauso wie coconner: einen Kokon bilden. Beides sind aktive Strategien: des Schutzes, der Schaffung einer Ruhezone, um sich weiterzuentwickeln, achtsam sein und Gelassenheit, Vertrauen in die eigenen Stärken bis zum nächsten Schritt.

3. Veränderung
Wie war das noch mal mit der Entwicklung der Schmetterlinge? Alles beginnt mit Ei und Raupe, dann Puppe, schließlich Schmetterling – vier Entwicklungsstadien. Es ist ein Häutungsprozess. Zur Häutung schwillt die Raupe an, bis die alte Haut platzt, sie reckt und streckt sich, bis die Haut abgestreift ist, gleich mehrfach, bis sie ihre endgültige Größe erreicht hat, das heißt erwachsen ist. Jetzt ist sie eine Puppe, sitzt in einer Hülle aus Spinnfäden – dem Kokon – und verwandelt sich in eine völlig andere Gestalt: zum Schmetterling. Welche Ressourcen hat die Puppe, um den Kokon zu knacken, wie also kommt sie groß raus? Ein Veränderungsprozess, nichts bleibt, wie es war, es wird abgebaut, umgeformt und umgebildet, schließlich platzt die Puppenhaut auf und der Schmetterling entfaltet sich, startet zu seinem ersten Flug. Ein bemerkenswertes Flugverhalten: Die Flügel bewegen sich nicht einfach auf und ab; sie rütteln sich und schütteln sich und beschreiben eine Acht. Schmetterlinge sind exzellente Flieger, die auf der Stelle „stehen" und sogar kurze Strecken rückwärts fliegen können.
Soweit zur Biologie. Nun zum Beruf.
„Ich fühle mich heute sehr frei und sehr leicht", sagt Hannelore Elsner. Das war sie nicht immer. „Ich habe immer mein Licht unter den Scheffel gestellt. Ich hab gedacht, ich bin nicht gut genug. ... Ich habe lange gebraucht, bis ich mich entpuppt habe. ... irgendwas hat mich früher unendlich verschlossen, richtig zugemacht. Es war wie eine Mauer um mich herum. ... Erst vor fünf, sechs Jahren bin ich endlich aus mir rausgekommen, endlich das geworden, was ich bin."

Karriere wagen heißt in den offenen Wettbewerb gehen – aber nicht ungeschützt und nicht allein, sondern unterstützt durch Wissende und durch Regeln. Karriere machen bedeutet Auseinandersetzung und Anstrengung, Aufregung und Kampf, Sieg und Niederlage. Dazu gehören auch Ruhepausen – sich einspinnen –, um den Erfolg zu verwalten und den nächsten Schritt zu bestimmen und vorzubereiten. Karriere wagen heißt verschiedene Entwicklungsstadien durchlaufen, sich verändern und wachsen: aus dem traditionellen Verhalten von Frauen, dem Kokon, ausbrechen, sich entpuppen zu dem, was Frauen eigentlich sind. Wie das geht? „Sich Ziele stecken, Träume haben, Visionen entwickeln. Nach den Sternen greifen. Das geht natürlich nur, wenn man auch mal den festen Boden unter den Füßen aufgibt. Dazu muss man die Flügel ausbreiten und fliegen! Und natürlich Vertrauen in die eigenen Flügel haben und in Kauf nehmen, dass man sich bei einer unsanften Landung auch mal eine Feder knicken kann." (Anke Domscheit)

# 10  Service und Anhang

## Checkliste Konkurrenz

„Wenn man kein Ziel hat, ist kein Weg der richtige!", soweit eine alte Weisheit. Im beruflichen Alltag ist es ein Zweischritt: Wenn Sie ein Bein vorsetzen, müssen Sie das andere nachziehen. Sonst machen Sie einen Spagat oder stehen wackelig.

❏ Der Anfang: Setzen Sie sich ein Ziel!
 Und zwar am besten so konkret wie möglich und positiv! Und so formuliert, dass es klar ist, dass Sie es erreichen: „Ich werde ...."
 Sie schaffen es nicht? Sie formulieren immer wieder negativ und unkonkret?
 Geben Sie nicht auf! Machen Sie mit den Zielen weiter, die Sie aufgeschrieben haben. Aber kommen Sie darauf zurück! Immer wieder! Bis Sie Ihre Ziele konkret und positiv formuliert haben. Beispielsweise: „Ich werde in meiner Firma befördert zur Leiterin der Abteilung Marketing." Oder: „Ich bekomme bis zum 1.1. des nächsten Jahres in meinem Job mindestens zehn Prozent mehr Gehalt."
❏ Wer A sagt, muss auch B sagen!
 Machen Sie eine Analyse Ihrer Ressourcen: Was befähigt mich, meine Ziele zu erreichen? Als kleine Hilfestellung und um möglichst viel zu erfassen, folgende Unterteilung:
 • Meine Fachkompetenzen:
 • Meine Problemlösefähigkeiten:
 • Meine sozialen Kompetenzen:
 • Meine Motive und Einstellungen:

Gehen Sie auch ein Stück zurück in die Vergangenheit:
- Meine bisherigen Leistungen:
- Welche Fähigkeiten brauchte ich dazu?
- Meine bisherigen berufsrelevanten Erfahrungen:

Wenn Sie tiefer in eine Analyse einsteigen möchten, nehmen Sie sich einen Ratgeber zur Potenzialanalye, zum Beispiel für Bewerbungsverfahren.

❏ Der Konkurrentinnen-Check:
„**Sie**": Welches sind ihre Stärken/Schwächen (siehe oben)?
Was hätten Sie gern von ihr? Wie kann sie Ihnen behilflich sein, dieses zu erlangen?

❏ Wir als Duo:
Welche Ihrer Stärken und der Ihrer Konkurrentin könnten sich ergänzen? Wo wäre es eine „gelungene Kooperation"? Skizzieren Sie für sich ein Kooperationsabkommen mit ihr! Überlegen Sie, ob Sie es ihr im Gespräch vorschlagen!

# Checkliste Konflikt

Die Ameisen der Spezies Cephalotes tratus lassen sich einfach fallen, wenn ein Feind auf sie zukommt. Von 27 Meter hohen Bäumen. Sie landen aber nicht unten, sondern richten nach einem kurzen freien Fall ihren Körper mit dem Hinterteil zum Stamm aus und beenden den Sturz mit einem kurzen Gleitflug, 85 Prozent der Tiere landen sicher an ihrem Stamm und klettern wieder in die Höhe.

Eine Fluchtmethode mit Strategie. Auch Sie müssen nicht immer „standhalten". Adäquate Methoden, auf Konflikte zu reagieren, gibt es von A bis Z. Abwarten ist eine adäquate Methode, wenn Konflikte sich sicher mit der Zeit lösen; wenn Ihre Mitarbeiterin wegen PMS gestresst ist, Ihr Mitarbeiter in einem Monat in Rente geht.

*Checkliste Konflikt*

Sie können den Konflikt nicht lösen? Delegieren Sie – an die Personalabteilung, den Coach oder die Mediatorin. Das Einverständnis vorausgesetzt. Sie fühlen sich massiv bedroht und wollen flüchten? Unsere Fluchtinstinkte werden in Millisekunden wach; bei beruflichen Konflikten empfiehlt sich eine Verzögerung: Laufen Sie nicht gleich weg, es sei denn, Sie werden massiv bedroht. Schlagen Sie nicht gleich zu, es sei denn, Sie haben eine reelle Chance, sich oder jemand anders zu retten. Und machen Sie nicht gleich den Mund auf, um loszubrüllen, sondern machen Sie stattdessen drei tiefe Atemzüge. Nehmen Sie sich ein paar Sekunden, um Ihren Instinkt wahrzunehmen, zu prüfen, ob er adäquat ist, und erst dann zu handeln.
Riskieren sie im Konflikt einen zweiten Blick, um zu entscheiden, was Sie tun. Konfliktmanagement kostet Nerven, Zeit und Geld. Aber Konflikte zu ignorieren kostet langfristig noch mehr Nerven, noch mehr Zeit und noch mehr Geld. Es ist also eine ökonomische Entscheidung, sich mit Konflikten zu beschäftigen. Fragen Sie sich:

1. Was ist das für ein Konflikt? Worum geht es – der einen, der anderen?
2. Wer hat den Konflikt? Diese beiden? Jemand anders?
3. Bin ich selbst beteiligt? Wie?
4. Was wäre eine Lösung – bei meinem jetzigen Stand der Einschätzung? Was kann ich dazu tun? Wer sonst kann etwas tun? Was?

Nicht immer haben Sie die Zeit, sich diese vier Fragen gründlich zu stellen. In manchen Konflikten findet man sich ganz plötzlich wieder. „Analyse" ist nicht mehr angesagt, es geht um **Erste Hilfe** und **Haltung**:

❏ Zuwendung
   Vermitteln Sie Ihrem Gesprächspartner, dass Sie ihm zuhören, sich mit ihm beschäftigen, sich ihm widmen. Unterstreichen Sie Ihre verbalen Aussagen durch entsprechende Gesten.

❏ Distanz
Beachten Sie alle persönlichen Sicherheitsschranken, treten Sie Ihrem Gegenüber nicht auf die Füße (weder wörtlich noch im übertragenen Sinn); hüten Sie sich, Ihr Gegenüber zu berühren. Vermeiden Sie Hinweise persönlicher Natur wie „Ihre Ehe ist ja auch in einer schwierigen Phase" oder „Ihr Kind hat ja Schwierigkeiten in der Schule", es sei denn, Sie sind sich sicher, dass dies von Ihrem Gegenüber gewollt wird, als Verständnis interpretiert wird und deeskalierend wirkt.

❏ Entschleunigung
Achten Sie darauf, möglichst langsam zu reden, und gestikulieren Sie gezielt, aber nicht übertrieben oder hektisch. Im Konflikt ist man bereits überreizt.

❏ Grenzen
Seien Sie sich Ihrer Grenzen bewusst und machen Sie diese auch klar: Sei es Ihre Rolle als Chefin, Ihre Nichtverantwortung für die betroffene Abteilung, die konkrete Zeitknappheit oder Ihre eigene Befangenheit durch persönliche Bekanntheit, Konfliktscheu, Hintergrundwissen oder auch eigene Interessen. Bedenken Sie neben den inhaltlichen, inneren Grenzen auch die körperlichen, äußeren und machen Sie diese klar: weil Ihnen der Betroffene sonst gleich trostsuchend auf dem Schoß zu sitzen droht oder Sie bereits beim Arm packt.

❏ Klarheit
Versuchen Sie, in Ihrer Kommunikation besonders klar und deutlich zu sein – der Konflikt verschluckt vieles. Seien Sie sich über Ihre Ziele und Interessen klar wie darüber, welches Ihre Botschaft sein soll. Und bringen Sie diese dann möglichst klar rüber. Trennen Sie vor allem Sach- und Beziehungsebene – in Ihrer Aussage wie in der Wahrnehmung der Aussagen des/der anderen.

❏ Redundanz
Da die Wahrnehmung Ihres Gegenübers eingeschränkt und nur auf den Konflikt konzentriert ist, müssen Sie möglicherweise Ihre Botschaften wiederholen. Tun Sie dies mit den gleichen Worten. Sie müssen durch eine verengte Wahrneh-

mung hindurchdringen. Unterstützen Sie dies durch Ihre Körpersprache: Wenn Sie sagen, dass der Betroffene nicht nur die Alternative hat, die Tür hinter sich zuzuschlagen, sondern auch, sich mit Ihnen an einen Tisch zu setzen, weisen Sie direkt mit einer Handbewegung auf den Tisch im Raum.

Wenn all dies nichts nützt und Sie den Eindruck haben, an Ihr Gegenüber nicht heranzukommen, so verlassen Sie die Situation, aber kommunizieren Sie das auch. „Ich habe den Eindruck, Sie hören mir überhaupt nicht zu. Wir sollten das Gespräch lieber später fortsetzen." Sagen Sie auch dieses möglichst klar, verbal wie nonverbal.
Meist werden Sie jedoch mit diesen Mitteln erreicht haben, dass Ihr Gesprächspartner seine Verschlossenheit aufgibt und Sie eine Ebene der Kommunikation finden. Dann können Sie wieder auf Ihr gutes Repertoire an effektiver Kommunikation zurückgreifen.

# Hilfe holen – Coaching und Mediation

Gewusst wann! Wenn Sie meinen, alleine kommen Sie nicht mehr weiter oder es würde Ihnen helfen, jemanden zu Rate zu ziehen, so ist dies keine Schwäche, sondern eine Stärke. Die kompetentesten Fachleute sind die, die auch mal zugeben, dass sie nicht weiterwissen – und nachfragen, sich informieren, weiter verweisen.

## Coaching

Coaching ist in der Wirtschaft längst akzeptiert; es gehört dazu wie der Dienstwagen. Schwieriger ist es in kleinen Unternehmen oder in der Politik, wo Coaching oft noch als Tabu gilt. Aber nicht bei allen: „Mein Ziel ist, dass es bei uns heißt: ,Ich bin gut, deshalb lasse ich mich coachen' und nicht ,Mir fehlt was! Deshalb!'", sagt Steffi Lemke, politische Bundesgeschäftsführerin von Bündnis 90/Die Grünen.

Verschiedene Unternehmen beschäftigen interne Coachs, etliche Führungskräfte haben sich fortgebildet und coachen ihre Mitarbeiter selbst. Andere Unternehmen und Organisationen setzen externe Coaches ein und viele Führungskräfte suchen sich selbst „Ihren" Coach.

Coaching ist bei aller Empathie eine Dienstleistung, sie vermittelt Selbstbewusstsein, klare Vorstellungen von der Arbeitswelt, ein klares Bild der eigenen Stärken und Schwächen. Erst einmal sind es konkrete Fragen der Laufbahnplanung (Ziele und Wege), zu beruflichen (und privaten) Entscheidungen, vor allem aber zum Führungsverhalten: Soll ich CEO werden? Oder mich selbstständig machen? Wie hoch ist der Preis? Kann ich jetzt schwanger werden oder noch nicht? Mit welchen Folgen? Ich bin Abteilungsleiterin, wie gehe ich nun mit meinen Exkolleginnen um? Wie soll ich führen? Mit Themen wie diesen wenden sich Karrierefrauen immer häufiger an Coachs. Es geht um Karriere und Beruf, aber auch um die Frage nach dem „Leben an sich". Beim Coaching geht es darum, das individuelle Potenzial zu erkennen und zu leben, um Erfolg und Lebensfreude zu steigern, sowie „Altlasten" loszulassen. Coachen hat etwas mit gezieltem Optimieren zu tun. Im Executive Coaching zeigt sich immer wieder, dass die eigene Einstellung und die Entwicklung der individuellen Stärken ein Schlüsselfaktor zum Erfolg sind und auch für ein gelingendes Leben. Coaching ist Hilfe zur Selbsthilfe – unter vier Augen. Es verlangt von Ihnen viel Aktivität. Denn Sie entwickeln Ihre Lösungen selbst – der Coach unterstützt dabei. Immer sind es individuelle Strategien und Lösungen, die gefunden werden, denn keine ist gleich. Jede Strategie funktioniert nur, wenn sie individuell entwickelt und angepasst ist, bezogen auf die Persönlichkeit, die Lebensumstände und die Lebenspläne, und vor allem flexibel.

## Mediation

Ursprünglich aus den USA stammend, ist Mediation ein Verfahren, das heute auch in Deutschland häufig Anwendung findet: in Familien und Beziehungen, in Politik und Verwaltung, im Beruf und in der Wirtschaft. Mediation geht davon aus, dass eine „Win-Win-Lösung" gefunden werden soll. Sie arbeitet gezielt am Konflikt mit dem Ziel einer einvernehmlichen Lösung für alle Beteiligten. Mediation geht davon aus, dass die Menschen am besten selbst wissen, was für sie gut ist, nicht ein externer Experte. Der Mediator/die Mediatorin ist für den Prozess verantwortlich und stärkt die Konfliktlösungskompetenz der Mediandinnen. Das kann aber nur funktionieren, wenn beide beziehungsweise alle Seiten – es können auch mehr als zwei sein – freiwillig kommen und bereit sind, gemeinsam an einer Lösung zu arbeiten.

Wenn nur eine Seite sich des Konflikts bewusst ist und externe Hilfe sucht, so ist ein Konfliktcoaching hilfreich. Ein Betrieb, der im individuellen Konflikt ein Gesamtproblem des Betriebes oder des Teams sieht, wird Konflikttraining oder Konfliktberatung nachfragen.

Häufig kommt es noch zur „alteingesessenen Lösung", dem Gerichtsverfahren. Das kostet mehr Geld, Energien, Zeit und zerschlagenes Porzellan und führt nicht unbedingt zu Win-Win-Lösungen.

# Zum Nachlesen

Sich in der Fülle der Literatur zurechtfinden ist nicht einfach. Und vieles wiederholt sich. Sie finden hier nicht alles, was es gibt, dafür aber viel Ungewöhnliches, worauf Sie nicht unbedingt kommen, wenn Sie sich mit „Business" beschäftigen.

Accenture: Frauen und Macht. Anspruch oder Widerspruch? München 2002

Accenture: Zwischen Mama und Marie Curie. Frauen und Vorbilder. München 2005

Akademie für Führungskräfte der Wirtschaft und EWMD (European Women's Management Development Network): Wenn Frauen führen ... Tendenzen und Trends aus Führungsetagen. Bad Harzburg 2004

Akademie für Führungskräfte der Wirtschaft: Führen in der Krise – Führung in der Krise? Führungsalltag in deutschen Unternehmen. Bad Harzburg 2003

Asgodom, Sabine: Balancing – das ideale Gleichgewicht zwischen Beruf und Privatleben. München 2002

Asgodom, Sabine: Eigenlob stimmt. München 2000

Barber, Jill/Watson, Rita: Frau gegen Frau. Rivalinnen im Beruf. Reinbek 1999

Barnett, R.C./ Shibley Hyde: Women, men, work and family. American Psychologist, Vol 56, S. 781–796, 2001

Bergmann, Ulrike: Start frei zur Kooperation. Wie Sie die richtigen Geschäftspartner finden und erfolgreich zusammen arbeiten. München 2002

Bischops, Klaus/Gerards, Heinz-Willi: Trainingsbuch Mädchenfußball. Aachen 2000

Catalyst: Women in Leadership. A European Business Imperative. www.catalystwomen.org

Deutscher Gewerkschaftsbund: Chancengleich. Berlin, Dezember 2004

Dorst, Brigitte: Psychodynamische und gruppendynamische Besonderheiten von Frauengruppen, in: Supervision 1991, S. 20

*Zum Nachlesen*

Duff, Carolyn/Cohen, Barbara: Wenn Frauen zusammen arbeiten. Solidarität und Konkurrenz im Beruf. Frankfurt am Main 1995

Europäische Kommission: Frauen in der industriellen Forschung: Ein Alarmsignal für Europas Unternehmen. Brüssel 2001

Evans, Gail: Business Games. Spiele wie ein Mann, siege wie eine Frau. Frankfurt am Main 2000

Evolution and Human Behavior, 25, 2004

Fechtig, Beate: Frauen und Fußball, Dortmund 1995

Filliozat, Isabelle: Sei, wie du fühlst. Mit Emotionen besser leben. Ein Praxisbuch. München 2004

Fiorina, Carly: Deutschland tritt auf der Stelle! In: Cicero 12/2004, S. 98 ff.

Fischer-Epe, Maren/Epe, Claus: Stark im Beruf – erfolgreich im Leben. Persönliche Entwicklung und Selbst-Coaching, Reinbek 2004

Foth, Silke: Erfolgsrituale für Business-Hexen. Zürich 2004

Gallese, Liz Roman: Von den Folgen des Erfolgs. Reinbek 1985

Glasl, Friedrich: Konfliktmanagement. Stuttgart 2002

Goldberg, Christine/Rosenberger, Sieglinde K. (Hrsg.): KarriereFrauenKonkurrenz. Innsbruck 2002

Goleman, Daniel: Emotionale Intelligenz. München 1995

Goos, Gisela/Hansen, Katrin: Führungsfrauen in der Wirtschaft. Studie zu Situation, Verhaltensweisen und Perspektiven. Ministerium für Frauen, Jugend, Familie und Gesundheit Nordrhein-Westfalen. Düsseldorf 2000

Hausladen, Annie/Laufenberg, Gerda: Die Kunst des Klüngelns. Erfolgsstrategien für Frauen. Reinbek 2001

Helgesen, Sally: Frauen führen anders. Vorteile eines neuen Führungsstils. München 1990

Hite, Shere: Wie Frauen Frauen sehen. Neue Wege zwischen Zuneigung und Rivalität – Analyse einer Gesellschaft im Umbruch. München 1999

Höhler, Gertrud: Wölfin unter Wölfen. Warum Männer ohne Frauen Fehler machen. München 2001

Höhler, Gertrud: Herzschlag der Sieger. Die EQ-Revolution. München 2004

Heintz, Bettina/Honegger, Claudia: Listen der Ohnmacht. Frankfurt am Main 1981

Initiative Soziale Marktwirtschaft: Managermeinungen zur Chancengleichheit von Frauen im Beruf. Köln 2005

Kaczmarczyk, Gabriele/Dettmer, Susanne: Karrierehandbuch für Ärztinnen. Heidelberg 2005

Kast, Verena: Neid und Eifersucht. Die Herausforderung durch unangenehme Gefühle. München 2003

Kast, Verena: Die beste Freundin. Was Frauen aneinander haben. Stuttgart 1992

Kets de Vries/Manfred F.R.: Putting leaders on the coach. In: Harvard Business Review 1/2004

Keupp, Heiner: Was ist „Identität" in der Spätmoderne? In: Psychologie heute, November 2004

Klasen, Birgit/Klasen, Heiko: Elf Freundinnen. Die Turbinen aus Potsdam. Berlin 2005

Könnecke, Ole: Anton und die Mädchen. Ein Bilderbuch ab 4 Jahre. München, Wien 2004

Kolodej, Christa: Mobbing. Psychoterror am Arbeitsplatz und seine Bewältigung. Wien 2005

Konnekt self & management: homepage www.konnekt-berlin.de. 2004

Libreria delle donne di Milano: Wie weibliche Freiheit entsteht. Eine neue politische Praxis. Berlin 2001

Macchiavelli, Niccolo: Der Fürst. Stuttgart 1986

Managermeinungen zur Chancengleichheit von Frauen im Beruf. INSM-Studie. Leipzig 2005

Mautner, Gabriele: Frauenkarrieren an der Universität. Erfahrungen und Beobachtungen. In: Goldberg, Christine/Rosenberger, Sieglinde K. (Hrsg.): KarriereFrauenKonkurrenz. Innsbruck 2002

Miner, Valerie/ Longino, Helen E. (Hg): Konkurrenz. Ein Tabu unter Frauen. München 1990

Orbach, Susie/Eichenbaum, Luise: Bitter & Süß. Frauenfeindschaft – Frauenfreundschaft. Düsseldorf 1996

Pearson, Alison: Working Mum. Reinbek 2003

Posche, Ulrike: Weibliche Übernahme. Wie Frauen in Deutschland sich die Macht nehmen. Frankfurt am Main 2004

Radatz, Sonja: Beratung ohne Ratschlag. Systemisches Coaching für Führungskräfte und BeraterInnen. Wien 2002

Rubin, Harriet: Macchiavelli für Frauen. Strategie und Taktik im Kampf der Geschlechter. Frankfurt am Main 2000

Scheler, Uwe: Erfolgsfaktor Networking. München 2003

Schillen, Ida: Glühwürmchen in der Betonhauptstadt. Über Frauen und Berliner Hauptstadtplanung und ‚Seilschaft in Aktion'. In: Freiräume. Positionen feministischer Planung, Band 10. Bielefeld 1998

Schiller, Friedrich: Maria Stuart. München 2003

Schössow, Peter: Noch ist alles drin. Hamburg 2002 (Bilderbuch für jedes Alter)

Schössow, Peter: Gehört das so? München 2005 (Bilderbuch für jedes Alter)

Schreyögg, Astrid: Konfliktcoaching. Frankfurt am Main 2004

Schulz von Thun, Friedemann/Ruppel, Johannes/Stratmann, Roswitha: Miteinander Reden: Kommunikationspsychologie für Führungskräfte. Reinbek 2004

Schwarzer, Alice: Alice Schwarzer porträtiert Vorbilder und Idole. Köln 2003

Simonis, Heide: Unter Männern. Mein Leben in der Politik. München 2003

Simpson, Ruth: Presenteeism, Power and Organizational Change: Long Hours as a Carreer Barrier and the Impact in the Working Lives of Women Managers. In: British Journal of Management, 9 (June Special Issue) 1998

Strasser Sabine,/Schliesselberger, Eva: Mentoring: ein widersprüchliches Konzept als Instrument der Frauenförderung in der Wissenschaft. In: Goldberg, Christine/Rosenberger, Sieglinde K. (Hrsg.): KarriereFrauenKonkurrenz Innsbruck 2002.

Tanenbaum, Leora: Catfight – Weibliches Konkurrenzverhalten und wie Männer davon profitieren. Kreuzlangen/München 2004

Thich Nhat Hanh: Zeiten der Achtsamkeit. Freiburg 1996

Thiel, Marita: Erfolgsstorys. Deutsche Topmanagerinnen machen's vor. Frankfurt am Main 2002

Topf, Cornelia/Gawrich, Rolf: Das Führungsbuch für freche Frauen. München 2002

Valian, Valerie: Why so slow? The advancement of women. Cambridge, Massachusetts: MIT Press 1999

Vopel, Klaus W.: Die zehn Minuten Pause. Mini-Trancen gegen Stress. Salzhausen 2000

Wolf, Christa: Ein Tag im Jahr 1960–2000, München 2003

Wolf, Christa: Kassandra. Darmstadt 1983

Wolf, Christa: Voraussetzungen einer Erzählung: Kassandra. Darmstadt 1983

Und außerdem: Lesen Sie Biographien! Einen guten Überblick finden Sie auf unserer homepage www.kokon-karriere-prinzip.com

# Zum Nachschauen und Nachhören

Sie entspannen bei Vorabendserien – mit schlechtem Gewissen? Dann wissen Sie ja, was man da alles lernen kann. Egal ob es sich um Landarzt- oder Förstergattinnen, goldene Mädels oder verzweifelte Hausfrauen handelt.
Im Folgenden ein paar alte und neue Spielfilme, die Sie in Videotheken ausleihen können, sowie neuere Dokumentationsfilme – für dunkle, regenreiche Nachmittage, als Anschauungsmaterial für Konkurrenztechniken.

- ❏ **Aldrich, Robert: What ever happened to Baby Jane?**
  Zwei Schwestern kämpfen um Anerkennung, lebenslänglich, bis dass der Tod sie scheidet. Stellenweise schwer zu ertragen in der psychischen Brutalität und Subtilität, aber sehenswert!

- ❏ **P.J. Hogan: Die Hochzeit meines besten Freundes**
  Die Uraltfreundin entdeckt, dass ihre alte Freundschaft doch noch attraktiv ist – just als dieser Freund heiratet. Und tritt in Konkurrenz mit der „Auserwählten".

- ❏ **Ozon, Francois: 8 Frauen.**
  8 Frauen – teilweise verwandt – treffen in einem Landhaus aufeinander, in Gemeinschaft einer Leiche. Wer Anregungen für Dialoge will, mit denen sie eine Konkurrentin niedermachen kann, wird hier fündig.

- ❏ **Liebe an der Macht – Margret und Denis Thatcher**
  Petra Nagel und Annette Zinkant; ARD 2005; ein Beispiel für eine Ehe zwischen einer starken Frau und einem Mann, der seine Rolle annahm.

- ❏ **Liebe an der Macht – Nancy und Ronald Reagan**
  Barbara Biemann und Ulrike Brincker, ARD 2005; die Technik, Karriere über einen Mann zu machen, wird überzeugend dargestellt.

- ❏ **Nichols, Mike: Working Girl**
  Über Modelllernen zwischen Chefin und Angestellter, Frauensolidarität und Konkurrenz zwischen Frauen. Empfehlenswert vor allem für jene, die sich in das Abenteuer „Mentoring" stürzen.

- ❏ **Petrie, Donald: Wer ist Mr. Cutty?**
  Eine (schwarze) Angestellte einer Unternehmensberatung macht aus Konkurrenzgründen ihre eigene Firma auf und erfindet einen (männlichen weißen Chef), um in der Konkurrenz bestehen zu können. Viele anschauliche Beispiele über weibliche Karrierestrategien, nonverbale und symbolische Kommunikation sowie die Kooperation unter Frauen.

- ❏ **Ramesh, Satyan: Schöne Frauen**
  Fünf Schauspielerinnen treffen sich beim Casting für einen TV-Krimi. Sie lassen das Casting sausen und machen einen Kurztrip, bei dem sie über Gott und die Welt, Männer und Frauen reden, kooperieren und konkurrieren und sich am Ende wieder treffen. Ein Beispiel für Freundinnenclans und ihre Höhen und Tiefen.

- ❏ **Szabó, István: Beeing Julia**
  Eine Schauspielerin konkurriert mit einer jüngeren Kollegin um Rollen und Anerkennung. Sie greift zu Rachewerkzeugen.

# Netzwerke und Hinweise im Internet und anderswo

- Akademie für Führungskräfte
  www.die-akademie.de
- B.F.B.M. e.V.: Bundesverband der Frau im freien Beruf und Management e.V.
  www.bfbm.de
- Bundesverband Mediation (BM)
  www.bmev.de
- Cross-Mentoring-Programm von Cross Consult
  www.crossconsult.biz
- Deutsches Gründerinnenforum e.V.
  www.dgfev.de
- EWMD e.V., European Women's Management International Development Network Europe
  www.ewmd.org
- Femmes geniale, Karrierenetzwerk für Frauen, von Susanne Westphal, Unternehmerin des Jahres
- FIM, Vereinigung der Frauen im Management
  www.fim.de
- Frauen machen Karriere: Seite des Ministeriums für Frauen, Familie und Gesundheit, Mentorinnen, Tipps et cetera
  www.frauenmachenkarriere.de
- Kollegin.net: Virtueller Treffpunkt von Gewerkschaftsfrauen
  www.kollegin.net
- Netzwerk Chancengleichheit (DGB)
  www.chancengleich.de
- ProFil: Pilotprogramm Universitäten zur Professionalisierung von Frauen in Forschung und Lehre
  www.profil-programm.de
- Verband Deutscher Unternehmerinnen
  www.vdu.de

❏ webgrrls – business-net-working in den neuen Medien. www.webgrrls.de

Soweit eine kleine Auswahl. Außerdem gibt es Austausch und Tipps über unsere Homepage: http://www.konkon-karriere-prinzip.com

## Zum Schluss ein Dank

An erster Stelle danken wir all unseren Ideengeberinnen aus den Coachings und Workshops, die wir leider nicht namentlich nennen können. Sie wissen schon, wer gemeint ist. Und natürlich den vielen Frauen im Hintergrund – aus den Hintergrundinterviews. Vor allem Katja von der Bey, Geschäftsführerin WeiberWirtschaft e.G.; Anke Domscheit, Business Development, Director im Geschäftsbereich Post & Public Services, Accenture; Gisela Erler, Gründerin und Geschäftsführerin von pme Familienservice; Angela Feldhusen, Leiterin Akademie für Führungskräfte, inhouse, Senior-Beraterin; Katrin Göring-Eckardt und Krista Sager, Fraktionsvorsitzende von Bündnis 90/Die Grünen im Bundestag; Prof. Dr. med. Gabriele Kaczmarczyk, Frauenbeauftragte der Charité; Viola Klein, Vorstand Saxonia Systems; Steffi Lemke, politische Bundesgeschäftsführerin Bündnis 90/Die Grünen, Anastasia Mavridis-Bögelein, Beauftragte für Chancengleichheit, Robert Bosch GmbH; Cornelia Pieper, ehemalige Generalsekretärin der FDP, stellvertretende Parteivorsitzende; Stefanie Porsch-Ringeisen, ehemalige Marketingmanagerin; Katherina Reiche, Mitglied des Deutschen Bundestages; Susanne Schlichting, Präsidentin i.R. des Verwaltungsgerichtes Leipzig; Dr. Ellen Seßar-Karpp, Geschäftsführerin International Network for Training (INET) e.V., Gründerin der FrauenTechnikZentren; Prof. Dr. Rita Süssmuth, Bundesminis-

*Zum Schluss ein Dank*

terin und Bundestagspräsidentin a.D.; Ruth Wagner, ehemalige stellv. Ministerpräsidentin des Landes Hessen.
Nicht alle wollten namentlich erscheinen, deshalb haben wir Namen verändert, die Funktionen beibehalten: Barbara Pross, Managerin einer Bank; Barbara Schmidt, Personalmanagerin eines Unternehmens der Stahlbranche; Barbara Mansfeld, Ex-Marketingchefin; Karin Lübeck, Managerin bei Thyssen-Krupp; Marianne Mittelstedt, Führungskraft in einem Landesversicherungsamt; Margret Kreutz, Ex-Marketingmanagerin; Angela Schaarschmidt, Personal Managing Director im IT-Bereich; Maria Schäfer, Personalmanagerin einer Bank; Christine Hundhammer, International trade marketing Manager einer Firma im Konsumgüterbereich.
Außerdem danken wir der Arbeitsgruppe Mediation und Politik des Bundesverbands Mediation, der Supervisionsgruppe von Prof. Dr. Stefan Busse, Jürgen Linke (†), Berliner Institut für Familientherapie; Silke Krawetzke für ihr bergsteigerisches Know-how; den Angestellten der Videothek „Videodrom" in Berlin-Kreuzberg, die mit Energie und Ehrgeiz nach unseren Wünschen recherchierten, auch wenn „Frauen und Konkurrenz" bisher nicht als Stichwort in ihrem Katalog zu finden war; Silke Koch für die Inspiration durch ihre Installation „the winner is"; Dr. Ursula Seitz für die Reflexion über „Superfrauen"; Leonard Reles (5 Jahre) für seine Kommentare zum Kapitel 2; Dr. Angela Reles für ihr medizinisches Know-how; Minas und Lasse Voigt (3 und 5 Jahre) für ihre anschaulichen Beispiele; Johann Müller-Gazurek für seinen juristischen und musikalischen Sachverstand und Dr. Joachim Tegeler für die Beiträge zum Thema „Was ist weiblich?". Last bust not least unserer Intervisionsgruppe für die anregenden Stunden miteinander. Ohne euch, die Schweizer Berge und das Schweizer Käsefondue wären wir nie so weit gekommen!

# Allerletzte Ratschläge

Am Ende aller Interviews haben wir nach Karriererezepten gefragt, zum Nachkochen sozusagen. Keine hatte ein Rezept, aber jede hatte noch mindestens eine Idee, manchmal auch per SMS nachgereicht.

- Ich wähle mir ein Motto – als Begrüßung auf dem Handy, als Codewort im Bankingprogramm. Und das ändere ich, wenn sich ein Etappenziel ändert.
- Ich muss was essen vor stressigen Sitzungen, auch wenn ich keinen Hunger habe. Sonst werde ich aggressiv, ohne zu wissen, warum.
- Trinken Sie „Veuve Cliquot"! Wir Frauen und Witwen müssen zusammenhalten!
- Bevor Sie eine Handtasche kaufen, machen Sie einen Persönlichkeitstest: Sind Sie impulsiv und wollen damit werfen? Haben Sie sadistische Tendenzen und wollen sie zuschnappen lassen?
- Sie brauchen einen guten Friseur.
- Sie haben keine Kinder und wollen welche? Heiraten Sie einen Opa, dann werden Sie zumindest Beute-Oma!
- Trinken Sie guten Rotwein, dann schlafen Sie ruhiger.
- Wenn Sie heiraten, schließen Sie einen Ehevertrag – sonst wird der Teure teuer.
- Sich trauen, über sich selbst zu reden, und sei es mit zwei Buchautorinnen, gehört auch zum Erfolg. Es geht Ihnen danach deutlich besser.
- Versuchen Sie nicht, in Stöckelschuhen zu laufen! Das wäre Zweckentfremdung!
- Und vergessen Sie die Männer nicht! Sie können sie gebrauchen.
- Wenn Sie das Wort Erfolg nicht mehr hören können, denken Sie kurz an Beckett: „Scheitern, wieder scheitern, immer scheitern, besser scheitern!"

Sie haben weitere Ratschläge? Wir sind gespannt! info@kokon-karriere-prinzip.com

# Stichwortverzeichnis

**A**
Affidamento-Konzept 162 f.
Alte, junge Frauen 201
Attribuierungsbremse 69
Auseinandersetzungen 179
  – *siehe auch* Konflikte

**B**
Barrieren 17
Beifall 66, 80
Beißhemmung 57
Bescheidenheit 20 f, 105, 161
Bossing 188
Brillanten 210

**C**
Chefinnenrolle 74, 114
Chef-Rituale 114
Coaching 151, 229 f., 240

**D**
Delegieren 116
Differenzen, persönliche 146
Distanz 118, 228
Doppelspitzen 148

**E**
Eigen-PR 88
Emotionen 128 ff.
  – Nothilfekoffer 131 ff.
Enttäuschungen 149 f.
Entscheidungsvermögen 100

**F**
Fallen 27
Falten 199
Familienleben 101
Feedback-Ritual 84
Frauenförderung 26

Freundinnen 139, 141
Frisur 205
Frustrationstoleranz 94
Führung 115 ff., 189
Funktionsbezeichnungen 51
Fußball 219

**G**
Gefühle 127, 129, 134, 137, 150
Gewinnsysteme 63
Gleichstellung 24
Grundstrategien 96, 99, 102

**I**
Imagepflege 88
Intrigen 190 ff.

**J**
Jazzband 218
Ja-aber-Ritual 85
Jobsharing 160

**K**
Karrierebrüche 53
Karriereplanung 38, 54,
Kinder 124 f., 172
  – *siehe auch* Mutterschaft
Kleidung 203, 205 ff.
KoKon-Karriere-Prinzip© 221 ff., 240
Kommunikation 94, 216
Konflikte 180 ff., 221, 223, 233
Konkurrenz 17, 109 f., 147, 159, 195, 215, 223
  – neue Modelle 213 ff.
  – weibliche Waffen im Konkurrenzkampf 203 ff.
Kooperation 94, 136, 143 f., 152, 159
Körpersprache 116
Krabbenkorb 213
Krisensituationen 160
Kritik 87

*Stichwortverzeichnis*

**L**
Leadership, Mixed  105
Lebensentwurf, weiblicher  159
Lippenstift  127
Lob  87, 118
Lobbyingdefizit  58

**M**
Macht  44, 47 ff., 51, 111, 114, 147
Mate-Matching-Problem  122
Mediation  229, 231
Mentoring  164, 175 f.
Mobbing  186 ff., 190
Mutterschaft  86, 112, 171, 174, 175

**N**
Neid  163
Networking  29, 38
  – Cross over-Netzwerke  36
Niederlagen  78
Normen  25, 186

**O**
Ohmacht  45, 137
Old-Boys-Netzwerk  15
Opferpower  165

**P**
Personalverantwortung  66
Perspektivenwechsel  162
Planung, strategische  95
Platzhirsche  41
Privatleben  125 f.

**Q**
Quotenfrau  26 f.

**R**
Regeln, organisatorische  142
Resonanz, gesellschaftliche  111
Respekt  119
Rituale  76, 82, 114, 115, 133
Rollen  43, 110,, 142, 147

**S**
Schlüsselqualifikationen 93 ff.
Schönheit und Erfolg 194 ff., 200
Segeln 220
Seilschaft 217
Selbstbild 151
Selbst-PR 58
Soft Skills 92
Solidarität 16, 143, 150, 213 f.
Stress, emotionaler 128, 135
Superfrau, Rollen der 171 ff.

**T**
Team 72 ff.
Teilzeitarbeit 160

**U**
Unberechenbarkeit, emotionale 127
Unterstützer 35, 43

**V**
Vater-Tochter-Verhältnisse 42
Verdrängungsfähigkeit 128, 134,
Verzweiflung, stille 101
Vorbilder 158, 160 f., 163 f.
Vorurteile 23, 29, 96, 111 f., 204

**W**
Weinen 129
Wertschätzung 14
Wettlauf 216f

**Z**
Ziele 30, 145
Zuhören, analytisches 91

Printed in Germany
by Amazon Distribution
GmbH, Leipzig